# 경험의
# 멸종

# 경험의 멸종

기술이 경험을 대체하는 시대, 인간은 계속 인간일 수 있을까

# The Extinction of Experience

크리스틴 로젠 지음 | 이영래 옮김

어크로스

일러두기

- 본문 각주는 옮긴이주다.
- 본문의 강조는 저자에 의한 것이다.
- 국내에 소개된 작품은 번역된 제목을 따랐고, 국내에 소개되지 않은 작품은 원어 제목을 우리말로 옮기고 원제를 병기했다.
- 외국 인명과 지명은 외래어표기법에 따르되, 널리 쓰이는 인명과 지명은 그에 따라 표기했다.

휴고와 세바스찬을 위해

경험을 했으되 의미는 놓쳤다.

– T. S. 엘리엇T.S.Eliot〈네 개의 사중주Four Quartets〉

# 차례

기술…… 세상을 깔끔하게 정리해서
경험의 필요성을 없애는 재주

— 막스 프리슈,《호모 파버》

프롤로그
경험이 사라져가는 시대

이 책은 경험의 멸종에 관한 책이다.

물론 모든 경험이 멸종하는 것은 아니다. 우리는 매일 새로운 경험을 쌓아간다. 그 경험들은 자아감을 확인해주기도 하고 거기에 도전하기도 하며, 세상에 대한 우리의 지식을 바꾸기도 한다.

사람들은 대개 경험을 우리가 세상을 접하고 익히는 방법으로 여긴다. 직접 경험은 우리의 첫 번째 선생님이다. 우리는 주변 세계를 탐색하는 법을 배우면서 마주하는 것들에 의미를 부여한다. 이 경험과 의미는 시대와 문화에 따라 달라지지만 거기에는 공통된 맥락이 있다. 저마다 언어와 관습은 다르지만, 모두 언어와 관습을 갖고 있다는 사실은 우리의 공통된 인간성을 드러낸다.[1]

특정 유형의 경험들이 우리 삶에서 서서히 사라지고 있다. 서로 얼굴을 맞대는 상호작용이나 쾌락을 추구하는 여러 활동과 같이 진화의 역사에 깊이 뿌리내린 경험들이 그렇다. 최근의 문화적 규범을 반영하는 경험, 즉 공유하는 환경이나 장소에 대한 인식도 마찬가지다. 이런 경험은 역사 내내 우리가 인간으로서 공유하는 현실을 만들고 유지하고 강화해주었다.

매개 기술은 이런 변화를 뒷받침하는 중요한 힘이었다. 여기서 '기술'이란 컴퓨터, 스마트폰, 스마트 스피커, 웨어러블 기기, 미래에 등장할 삽입형 기구는 물론, 이런 장치들이 수집할 데이터를 번역해줄 소프트웨어, 알고리즘, 인터넷 플랫폼을 의미한다. 이런 도구들을 통해 경험하는 가상현실과 증강현실도 기술에 포함된다. 이들 도구가 일상에 파고들면서 온라인이나 매개 기술을 통해 접하는 '가상'의 것들과 물리적 공간에 근거한 '실제'의 것들 사이의 경계가 모호해졌다.

이런 기술들은 우리와 세계 사이에서 관계를 맺어주는 매개자 역할을 한다. 아직은 이런 매개자의 역할을 어디까지 허용할지 선택할 권리가 우리 손에 있다. 코로나19 팬데믹 기간에 일, 교육, 사회생활이 온라인으로 옮겨가면서 어쩔 수 없이 많은 사람이 매개자를 활용한 삶을 살아야 했다. 문화적으로는 이미 크고 작은 스크린에 많은 시간을 할애하고 있었다는 점, 이런 형태의 상호작용을 점점 더 선호하게 되었다는 점을 생각하면 변화는 벌써 싹트고 있었던 셈이다.

굳이 사람 간의 상호작용을 개선하지 않고도 새롭고 편리한 경험을 얼마든지 수용할 수 있게 되면서 경험을 이해하는 방식에서 명확성과 일관성이 사라졌다. 자신의 경험을 불신하는 사람도 늘고 있다. 점점 더 많은 사람이 주위의 세상과 어울리는 대신 자신만의 현실을 만들어가고 있다. 이제 현실은 더 이상 합의의 결과가 아니다.

우리는 세계를 경험하는 새로운 방식, 즉 더 많은 매개를 거친, 더 개인화되고 즉각적이며 물질 세계에 덜 얽매인 방식이 현실에 대한 우리의 이해를 어떻게 변화시켰는지 알아채기 시작했다.

2018년 네바다주 헨더슨에 사는 매슈 라이트는 후버댐까지 검은색 방탄 트럭을 몰고 가서 길을 막고는 '딥 스테이트deep state'에 대한 조사를 요구하는 피켓을 들고 섰다.[2] 그는 웹사이트와 온라인 채팅방에서 극우 음모론인 큐어논QAnon에 대한 글을 읽고 불의를 막기 위해 행동에 나서기로 했다. 더그 젠슨 역시 온라인에서 많은 시간을 보낸 열렬한 큐어논 음모론자다. 2021년 1월 6일 미국 국회의사당을 습격한 혐의로 기소된 수백 명 가운데 한 명이기도 했던 그는 FBI 조사에서 "나에게 일어난 모든 일이 영화와 같다. 나는 지금 일어나는 모든 일에 대해 알고 있다. 내겐 이미 오래된 뉴스이기 때문이다"라고 말했다.[3] 마이크 스파크스는 1월 6일 습격에 가담하기 몇 주, 몇 달 전부터 소셜 미디어가 건강과 기분에 부정적인 영향을 주는 것을 알았지만 이를 통제하지 못했다. 그는 이런 글을 남겼다. "손에 성경보다 휴대전화를 들고 있는 때가 많다는 것을 깨달았다. 페이스북에서 이런 일들이 벌어지는 것을 지켜보면서 점점 화가 났다." 그는 소셜 미디어를 완전히 끊어야겠다고 생각했다.[4]

이는 극단적인 사례이지만 사람들이 일상의 경험에 심각한 혼란을 느끼고 불신을 품고 있음을 보여준다. '현실' 세계를 이해하기 위해 온라인 커뮤니티에 의지하고 가상의 영역에서 배운 것으로 현실 세계를 재구성하려는 사람들이 늘고 있다. 큐어논은 보통의 범주에서 벗어난 이상치(아웃라이어)이지만 안심할 수는 없다. 평범한 소셜 미디어도 현실 세계의 행동에 영향을 미치기 때문이다. 한 의사는 많은 환자가 보이는 단절감에 대해 말했다. "팬데믹 기간에 디지털 세계에 빠졌다가 아예 가상과 현실을 확실히 구분하지 못하게 된 환자가 많다. 온라인 활동을 마친 후에 긴장, 불안, 우울감, 비현실감을 느낀다는 환자가 점점 늘고 있다."[5]

개인화된 기술 덕분에 우리는 깨어 있는 대부분의 시간에 '나만의 현실'을 만들고 그 안에서 살 수 있게 되었다. 역사학자 대니얼 부어스틴Daniel Boorstin은 이미 20세기에 《이미지와 환상》에서 "가짜 사건pseudo-event"이라는 용어를 만들어냈다.[6] 이 용어는 "저절로 일어난 것이 아닌, 누군가가 계획하고 배치하고 선동해서 발생한" 것임에도 진짜처럼 보이도록 조작된 미디어 환경을 의미한다. 오늘날에는 많은 사람이 알고리즘을 기반으로 개인화된 경험이 지배하는 가짜 현실pseudo-reality 속에서 살아간다. 진짜 경험으로 여겨지는 많은 것이 사실은 가상의 경험이다.

많은 매개 경험이 엄청난 지지를 받으면서 이익을 보는 사람과 기업이 생기긴 했지만 의도적으로 이런 삶이 장려되었던 것은 아니다. 이것은 인터넷을 받아들이면서 우리가 내준 것들 때문에 의도치 않게 야기된 결과다. 처음 인터넷이 등장했을 때 너무 비현실적이고 비관적이라는 생각에 이 문제를 해결하려던 사람이 거의 없었던 것이 이런 결과를 낳았다. 더구나 새로운 온라인 세상은 무척 재미있었다. 지금도 그 점에는 변함이 없다.

조금씩 현실에 흘러들기 시작한 것이 이제는 문화를 흔드는 힘이 되었다. 현실은 증강된 형태와 대안적인 형태의 가상 세계 모두와 경쟁하고 있다. 인터넷 기반의 가상 세계였던 세컨드 라이프Second Life는 메타버스Metaverse나 일론 머스크의 뉴럴링크Neuralink와 같이 온전히 온라인에서만 삶을 영위하자는 야심찬 계획에 밀려났다.

이 새로운 세계에서 우리는 개인이 아닌 사용자다. 이 세계는 우리가 현실보다 더 선호하도록 설계되어 있다. 이 책은 우리가 때로는 의도적으로, 때로는 의도치 않게 소중한 인간 경험을 시들어 죽게 내버려두었기 때문에 이런 상황에까지 이르렀다고 주장한다. 잃어버린 것을 되찾겠다는 의지를 계속 갖지 않는다면 기술로 진보한 세계는 만날 수 없다. 소멸하고 있는 근본적인 인간 경험을 붙잡지 못한다면 공통의 현실과 목적에 대한 의식이 약해진 세상, 인간의 판단에 대한 불신으로 문화와 정치가 양극화된 세상을 만나게 될 것이다. 지난 20년간 우리가 경험한 기술 변화는 사회적 안정이나 도덕적 진화를 이끌지 못했다. 사실 정교한 발명품과 플랫폼들은 인간 본성의 가장 나쁜 면을 끌어내도록 설계되었다. 인스타그램의 정신적 지주는 루미*가 아닌 홉스**다.

---

\*     영성, 사랑, 내면의 평화를 강조한 13세기 시인이자 신비주의자

디지털화, 매개, 초연결, 감시, 알고리즘에 의한 통제가 점점 심각해지는 세상에서 어떤 인간이 만들어질까? 인간의 조건이 아닌 사용자 경험에 집중하면서 우리는 무엇을 얻고 무엇을 잃을까?

인간은 몸을 갖고 있고, 자신의 취약성을 인식하며, 매개된 경험과 매개되지 않은 경험 사이를 자주 오가고, 성찰을 위한 시간과 공간을 필요로 하며, 결국 유한하다. 반면 사용자 경험은 실체가 없는 디지털이고, 추적 가능하며, 데이터베이스화되어 있고, 항상 매개자가 있다. 사생활이 보장되지 않고 무한을 약속한다(몇몇 신기술이 장담하듯이 죽음 이후에도 남은 디지털 데이터를 모아 챗봇을 설계함으로써 비통해하는 가족을 위로할 수 있다).

기술이 현실 인식을 약화시킨다는 우려는 전혀 새로운 것이 아니다. 철학자 테오도어 아도르노는 1954년에 텔레비전이 만드는 "허위의 사실성false realism"을 비판했다.[7] 그는 우리가 단순히 텔레비전을 보기만 하는 것은 아니라고 주장했다. 정기적으로 TV를 볼 경우 TV가 세상에 대한 이해 방식, 즉 우리의 기대와 공통된 문화적 관심사에 영향을 미친다는 것이다.

디지털 기술은 TV보다 더 큰 규모로 미래에 대한 우리의 예상 방식을 바꾼다. TV 광고는 미리 정해진 일정에 따를 수밖에 없지만, 소셜 미디어 플랫폼은 사용자에게 면밀하게 맞춤화한 정보를

---

**     17세기 철학자로 인간은 본질적으로 이기적이며 자기 보존의 욕구에 의해 움직인다고 주장했다.

계속 제공해 실시간으로 행동을 유도한다. 따라서 디지털 기술은 의사 결정에 영향을 미치는 훨씬 더 공격적인 도구가 된다. 사람들이 끌릴 수밖에 없게 하는 디지털 기술의 반응성과 정확성은 우리의 주체 의식에 영향을 준다.

일상적인 디지털 도구조차도 인간의 기량을 조금씩 깎아 먹는다. GPS는 종이 지도나 육분의 같은 도구보다 정확하지만, 사용자를 조종사가 아닌 방관자로 만든다. 우리의 위치는 GPS 지도의 중심에 있지만 우리는 자신이 어디에 있는지, 어디로 가야 하는지 생각하지 않는다. 캘리포니아의 외딴 지역에서 GPS가 꺼진 적이 있었다. 아들과 나는 낡은 지도를 보고 기억하고 있는 표지판들을 꿰맞추면서 길을 찾아야 했다. 살짝 겁이 나기는 했지만(돌아가는 길을 찾을 수 있을지 확실치가 않았다) 몇 번의 실패 끝에 고속도로에 이르는 시골길을 찾아냈을 때는 보람을 느꼈다.

기술은 무엇이 가능한지에 대한 인식에도 영향을 미친다. 새로운 도구들은 점점 더 많은 것을 해결해야 할 문제로 보게 한다. 줄서기, 손 글씨, 원격 학습, 길 찾기, 권태 등을 말이다.

현재 많은 기술은 사람조차 문제로 보는 것 같다. 장치, 플랫폼, 알고리즘을 통해 해결책을 제시해야 하는 문제로 말이다. 과거의 기술이 인간의 감각을 증폭시키는 것이었다면 오늘날의 기술은 자신의 감각을 불신하고 대신 기술에 의존하도록 우리를 훈련시킨다. 인간에 대한 이런 기술적 접근법은 인간 경험을 묘사하는 단어까지 활용한다. 예를 들어, '센서리엄sensorium'이라는 단어는 우리가 받아들이는 감각 정보, 자극을 해석하는 생리적 과정, 감각을 통해 이해를 도출하는 문화적 과정을 모두 설명한다.

그리고 센서리엄이라는 이름을 가진 디지털 엔터테인먼트 회사는 "현실감과 몰입감을 느끼게 하는 혁신적인 디지털 커뮤니케이션으로 실제 경험을 가상 세계로 옮기겠다"고 약속한다. 이 회사는 "당신이 아끼는 대상을 그 어느 때보다 가까이 느끼게 될 것이다. 그들의 실제 존재가 아니라 그들과의 상호작용을 차세대 소셜 가상현실 플랫폼으로 옮김으로써 말이다. 이 플랫폼은 당신이 **진정한 자아**를 찾게 해주고 세속적인 한계에서 벗어나게 해준다. 진정한 당신의 자아는 디지털의 세계에서 **불멸**할 것이다"라고 단언한다.[8]

기술은 우리와 세상 사이에 끼어든다. 기술이 현실을 해석하는 방식에는 우리를 위한다는 목적만 있는 것이 아니다. 설계자의 엄청난 이익이라는 목적도 있다. 기술은 많은 인간 경험을 변화시켰다. 기술이 인간 경험을 막거나 금지한 것은 아니다. 기술은 직접적인 커뮤니케이션을 비롯해 매개가 없는, 실제 세계에 뿌리를 둔 즐거운 경험들이 일상생활에서 갖는 중요성과 의미를 약화시킴으로써 인간 경험을 변화시켰다.

이 책은 우리가 매개 기술을 받아들이는 동안 잃어버렸거나 잃어버리고 있는 사고의 방식, 이해의 방식, 존재의 방식을 되찾고 발전시키도록 격려한다. 이 책은 디지털 기술이 등장하기 전에 어린 시절을 보내고(나는 X세대다) 성인기에야 이 새로운 세상을 접하고 이 세상의 전망과 위험성을 헤쳐 나가고 있는 나 자신의 경험에서 발전한 것이다. 냉소주의로 유명한 X세대는 시간이 지남에 따라 디지털 이전 시대에 대한 향수를 노골적으로 드러내게 되었다. 그 시절에는 아이들이 사회적 형태의 놀이에 참여하는 것을 막는 것이 고작 텔레비전(넉넉한 가정이었다면 아타리Atari 게임기) 정도였다. 그러나 X세대의 향수는 모호한 감정이 아니라 의미 있는 무언가를 실제로 상실한 경험에 기반을 둔다. 디지털 기술이 포화된 세상에서 거의 성인으로 성장한 아들들을 보면 그 상실이 더욱 뚜렷하게 드러난다. 나는 역사를 공부했고 수십 년간 기술이 문화에 미치는 영향에 대해 글을 써왔다. 하지만 다른 많은 사람처럼 여전히 매개된 경험과 매개되지 않은 경험 사이에서 어떻게 적절한 균형을 찾을 수 있을지 고민하고, 다른 사람의 눈보다 화면을 바라본 시간이 훨씬 많았다는 사실에 대해 고민한다.

이런 고민은 반기술주의에서 비롯된 것이 아니다. 오히려 인간에 대한 우리의 이해가 기술에 의해 계속 변하고 재편되고 있다는 인식에서 비롯된 것이다. 비기술적 가치와 지식 흡수의 방식이 대체되고 사라지는 것을 마냥 받아들일 필요는 없다.

경험의 소멸은 불가피한 것이 아니다. 그것은 선택이다.

## 작가의 말

　나는 이 책에서 '우리'라는 집합명사를 사용하기로 했다. 기술 사용이 광범위하게 퍼진 일이라는 것을 감안해, 설사 이 책에 소개된 모든 도구를 받아들이지 않기로 결심한 사람일지라도 다른 사람들의 기술 사용에 영향을 받을 수밖에 없다는 점을 암시하기 위해서다. 그렇다고 해서 모든 사람이 기술과 갖는 경험이 비슷하다거나, 기술 사용에 대해 동일한 가정 또는 가치관을 갖는다는 뜻은 아니다. '우리'란 기술적 특이점Singularity 또는 다른 형태의 아웃소싱된 의식에 도달하거나 인공지능이 우리를 모두 대체하는 날까지는 실체를 가진 모든 인간을 포함하는 인간 공동체를 뜻하는 약칭이다.

## 1장

# 직접 경험의
# 내리막

이곳이 우리가 사는 세계다.

여기는 우리가 살고 싶은 곳인가?

이런 상상을 해보자. 좀 어둡고 지저분한 식당이다. 사람들이 음식을 먹으며 이야기를 나누고 있다. 당신은 테이블로 안내를 받았다. 사람이 많고 주방에서는 맛있는 냄새가 난다. 메뉴가 낯설어서 웨이터에게 예루살렘 아티초크가 뭔지, 일반 아티초크와 비슷한지, 맛은 어떤지 묻는다. 당신은 주문을 하고는 기묘하지만 맛있는 요리를 먹는다. 현금으로 음식값을 지불하고 흡족한 마음으로 식당을 나선다.

또는 술을 마시면서 친구와 키아누 리브스를 스타덤에 올린 영화가 무엇인지 얘기하다가 서로 이견이 있어 내기를 하게 된다(이런 일이 일어날 때의 당신은 좀 취해 있을 것이다). 스마트폰으로 인터넷 영화데이터베이스(imdb.com)에 접속해 키아누 리브스의 필모그래피를 확인하거나 유벳미YouBetMe와 같은 앱을 이용하지는 않는다. 그저 다음번에 만났을 때 누가 이겼는지 결정하고, 진 사람이 술값을 내기로 한다.

또는 20달러짜리 지폐를 페디캡pedicap 운전자에게 건네고 최대한 빨리 맨해튼 34번가에 데려다 달라고 부탁한다. 캐리어는 옆자리에 둔다. 지하철은 끔찍하고, 러시아워에 택시를 잡는 것은 불가능하고, 집에 가는 기차는 시간이 아슬아슬하다.

이런 일 중 어떤 것도 X, 인스타그램, 스냅챗에 게시하지 않는다. 이것들은 모두 데이터베이스에 축적되지 않은 경험이며 모두가 한 번의 뉴욕 여행 중에 내게 일어난 일이다. 당시에는 그런 일이 얼마나 드물어졌는지 알지 못했다. 신용카드를 사용했거나 식당을 선택하기 전에 옐프Yelp를 참고했거나 내기의 승패를 결정하기 위해 구글을 검색했더라면 나의 경험은 달라졌을 것이다. 그야말로 데이터 기반의 경험이 되었을 것이다.

우리가 기술을 통해 휘두르는 힘의 이면에는 위험에 대한 반감과 소심증이 자리하고 있다. 옐프, 구글, 아마존이 "당신과 비슷한 다른 고객"이 좋아할 거라고 제안하는 아이템을 받아들이는 편이 추측에 시간과 돈을 낭비하는 것보다 훨씬 긍정적이고 편하다. 하지만 이런 소심증은 테오도어 아도르노가 기계화되고 균질화된 현대인의 문화와 여가 접근법에 대한 분석에서 말했던 "경험의 약화"로 이어지지 않을까?[1] 디지털 경험의 세계에서 우리는 더는 그것들을 진짜 경험의 대체물로 생각지 않는 것일까?

## 육체 없이 경험할 수 있다는 착각

경험에는 역사가 있고 그것은 우리 육체에 흔적을 남긴다. 소뿔에 들이받힌 투우사의 상처는 일종의 지식을 나타낸다. 출산 이후 생긴 튼 살은 인간의 몸이 할 수 있는 기적 같은 일들을 상기시킨다. 또한 '눈 밖에 났다', '앓던 이가 빠졌다', '손을 씻었다', '입이 무겁다'와 같은 표현에서 볼 수 있듯이 우리 육체는 은유의 기초가 되기도 한다.

수학자 아이작 밀너가 1794년에 남긴 말처럼, 계몽주의 시대의 걱정거리가 "높은 자리에 있는 위대한 자들이 자신들에게 영혼이 있음을 잊은 것"이었다면, 오늘날의 문제는 많은 사람이 자신들에게 몸이 있음을 잊어버린 것이다.[2] 온라인과 소셜 미디어를 통해 신체적 한계에서 벗어나 자아를 표현하고 자신을 추적·수량화할 다양한 방법(오늘 나는 ×걸음을 걸었다!)을 갖게 되면서 우리는 신체를 무시하거나 통제할 수 있다는, 아니 최소한 자신의 신체적 특징에서 벗어날 수 있다는 자신감을 얻게 되었다.

레이먼드 커즈와일Raymond Kurzweil 같은 트랜스휴머니스트transhumanist*는 우리가 타고난 수명을 극복할 수 있다고 생각한다. 그들은 우리가 신체의 약하거나 비효율적이거나 불만스러운 부분을 포기하고 정신을 업로드해 '특이점'을 달성해야 한다고 주장한다. 신

---

\* 첨단 기술로 인간이 가진 몸과 마음의 한계를 극복하는 것을 옹호하는 사람들

체의 직접적인 경험을 거부하는 것은 기술긍정주의 시대의 특징이며, 철학자들이 수천 년 동안 믿어서는 안 된다고 경고해온 오만한 허구다.

컴퓨터 과학자 요제프 바이첸바움Joseph Weizenbaum은 시계로 인해 사람들이 배고픔에 대한 자신의 경험을 의심하고 시계의 지시를 따르게 된다는 글에서 시계가 사용자가 경험하는 새로운 물리적 현실을 만들어냈다고 말했다. "사람들은 배가 고프다는 느낌을 식욕을 자극하는 요소에서 제외시켜버렸다. 대신 추상적인 모델이 특정 상태에 도달했을 때, 즉 시곗바늘이 문자판의 특정한 지점, 가령 문자판의 정오 표시를 가리킬 때 식사를 했다."[3]

모바일 기술을 통해 장소와 시간의 제약이 사라지면서 우리는 더 이상 배고픔의 신호를 거부하지 않게 되었다. 이런 신호는 식료품을 배달해주는 앱이나 도어대시DoorDash 같은 수많은 음식 배달 앱을 통해 바로 충족시킬 수 있다. 우리가 거부하는 것은 대면 소통에 따를 수 있는 불편함과 작은 위험, 직접 손으로 하는 수고스럽지만 꼭 필요한 관행, 매개가 없고 정량화되지 않는 쾌락의 경험들이다.


날씨 앱 뒤에는 기상학자가 없다

아이가 2학년일 때 학교를 찾은 적이 있었다. 아들이 벤저민 배너커에 대해 발표하는 수업을 참관하기 위해서였다. 배너커는 노예가 아닌 자유인으로 태어난 아프리카계 미국인으로 18세기에 일련의 연감을 펴냈다. 아들이 경작 시기의 날씨 예측을 기록한 배너커 연감의 특징과 유용성 등을 설명하자 친구 한 명이 물었다. "왜 날씨를 책에서 찾아봐야 해?"

선생님이 물었다. "우리 친구들은 어떻게 날씨를 알아내는데?" 몇몇 아이가 대답했다. "텔레비전이요!" 어떤 아이는 "우리 엄마는 라디오에서 들어요"라고 말했다. 그러자 한 아이가 다들 이상한 소리를 한다는 듯 단호하게 말했다. "날씨는 스마트폰으로 확인하는 거죠." 대부분의 반 친구들이 고개를 끄덕였다.

매일 외출하기 전에 스마트폰으로 날씨를 확인하는가? 나는 그렇다. 나는 약간 날씨에 집착하는 편이어서 여기 워싱턴 D. C. 캐피털 웨더 갱Capital Weather Gang*의 열혈 독자다. 기상 전문가들이 활발하게 활동하는 이 인기 있는 사이트의 일일 예보는 인간 기상학자에 의해 만들어진다. 나는 최근까지 이것을 당연하다고 생각했다. 내 아이폰의 날씨 앱도 마찬가지라고 생각한 것이다.

하지만 캐피털 웨더 갱의 기상학자가 지적했듯이 "사람들이 즐겨 사용하는 많은 스마트폰 날씨 앱의 예보들은 인간이 아닌 컴퓨터에 의해 만들어진다. 이런 예보는 해당 지역 날씨의 특성을 이해하고, 풍부한 역사적 지식을 가지고 있으며, 컴퓨터가 가끔 저지르

---

*     날씨 중심 블로그와 예보 서비스를 운영하는 전문 기상학자와 날씨 애호가 그룹

는 명백한 오류를 수정할 수 있는 현지 기상학자의 전문 지식을 활용하지 않는다."[4] 그 결과, 다크스카이DarkSky와 같은 인기 높은 날씨 앱은 비가 쏟아질 때 맑은 하늘을 표시하는 경우가 많다.

내가 좋아하는 기상학자의 날씨 앱에 대한 논평과 마찬가지로 이 책은 기술과 관련해 우리가 내린 결정의 위험성에 대한 경고다. 또한 우리가 새로운 기술을 우리 삶에 들일 때 얻는 것과 잃는 것이 무엇인지, 기업들이 우리의 개인 정보를 '공유'하는 데 왜 그렇게 열을 올리는지 의문을 가져보자는 호소다. 페이스북 데이터팀의 책임자 캐머런 말로는 몇 년 전 〈MIT 테크놀로지 리뷰MIT Technology Review〉에서 이렇게 말했다. "페이스북이 사람 간의 소통에서 점점 더 중요한 역할을 하면서 페이스북과 별개인 '실제 세계의 사회적 행동'이 무엇을 의미하는지 구분하기가 어려워지고 있다."[5]

나는 페이스북(지금의 메타)과 별개인 실제 세계가 어떤 모습인지 반드시 알아야 한다고 생각한다. 그리고 기술과는 독립적이어야 할 것들이 위협받을 때, 그 세계를 기술로부터 보호할 수 있어야 한다고 생각한다. 감각 세계를 보호하고, 육체의 중요성, 물리적 공간의 완전성, 내면의 삶을 가꿔야 할 필요성을 자신에게 상기시켜야 한다. 여기에서 기계로는 만들 수 없는 것들이 흘러나온다. 뜻밖의 행운, 직관, 공동체, 자발성, 공감 말이다. 수도사이자 신학자인 토머스 머튼Thomas Merton이 관찰했듯이 "기막힌 진전을 이루었더라도 그것을 수용하고 화합하는 방법을 모른다면 아무 쓸모가 없다."[6]

문제는 기술적 변화가 아니다. 기술적 변화는 언제나 일어나고 있으니까. X가 문명을 파괴할 수 있었다면 저스틴 비버가 100만 번째 팔로워를 확보했을 때 이미 그런 일이 일어났을 것이다. 문제는 우리가 '변화가 개선으로 이어진다'는 가정에 안주하고 있다는 점이다. 데이트 앱 틴더Tinder는 "틴더는 사람들이 만나는 방법입니다. 실제 삶과 비슷하지만 더 낫습니다"라는 슬로건을 선택했다. 정말 그럴까?

경험은 특정한 시간에 특정한 공간에서 자신의 육체를 통해 즐기는 것이었다. 물론 시간이 지난 후에도 사진을 보거나 다른 사람과 이야기를 공유함으로써 그 사건을 다시 경험할 수 있다. 그러나 경험에 대한 감정을, 특히 극적이거나 인상적인 경험에 대한 감정을 다른 사람들에게 전달할 때라면 그 느낌은 "네가 거기 있었어야 해"라는 말밖에 표현할 수 없다. 구글 엔그램Google Ngram에 따르면, 이 문구의 사용 빈도는 1960년대부터 2012년까지 꾸준히 상승하다가 이후 가파른 하락세로 돌아섰다. 엔그램은 다양한 출판물에서 시간의 흐름에 따른 언어 사용을 측정한다. 2012년은 미국인의 스마트폰 사용이 전년 대비 가장 빠르게 증가한 해이기도 하다. 스마트폰 사용 비율은 단 12개월 만에 31퍼센트에서 44퍼센트로 증가했다.[7]

스마트폰이 흔해진 덕분에 우리는 어디에나 존재하는 듯한 느낌을 받는다. 우리는 수많은 것을 간접적으로 목격할 수 있고, 다른 사람의 삶을 경험할 수도 있다(상상만 하는 것이 아니다). 우리는 정교한 시뮬레이션에 몰입하고, 심지어는 아바타들과 장기적인 관계를 맺기도 한다. 수천 킬로미터 떨어진 집들의 모습을 볼 수 있고 세계 최고의 예술 작품을 들여다볼 수 있다. 이런 매개된 방식의 '존재'는 경험에 대한 우리의 이해를 어떻게 변화시키고 있을까?

우선 우리는 이제 많은 시간을 우리의 직접 경험이 아닌 다른 사람의 경험을 소비하는 데 쓴다. 인기 유튜브 장르인 리액션 영상은 거의 모든 것에 대한 사람들의 반응을 보여준다.[8] 조회수 300만이 넘은 한 영상은 〈스타워즈 에피소드 5: 제국의 역습〉에서(스포일러 주의!) 다스 베이더가 자신이 루크의 아버지라고 밝히는 장면에 대한 한 소년의 반응을 보여준다. 비슷한 장르로 게임 영상, 먹방, 언박싱 영상이 있다. 우리가 이런 동영상을 좋아하는 것은 그 영상들이 우리가 갈망하는 것을 주기 때문이다. 진짜 경험을 짧은 시간에 엿보는 것 말이다. 한 평론가는 "리액션 영상을 보는 것은 직접 경험을 간접적으로 경험하는 방법"이라고 했다. 리액션 영상은 경험 표절의 한 형태이기도 하다. 그 영상을 보면서 화면 속의 사람들과 함께 그 순간에 거기에 '존재'하는 것처럼 느끼는 것이다.

우리의 지금 이 순간은 '거기 있었어야 해'보다는 '베자 듀véjà du*', 즉 스탠퍼드대학교 가상 인간 상호작용 연구소Virtual Human In-teraction Lab 과학자들의 설명처럼 "실제로 해본 적이 없는 일을 (가상

---

\* 처음 겪지만 이미 경험한 것 같은 느낌을 의미하는 데자 뷰déjà vu와 반대로 현실에서 한 번도 경험해본 적이 없는 새로운 것을 가상으로 경험하는 것

으로) 하는 것을 볼 수 있는 능력"에 잘 어울리는 것 같다.[9] 제러미 베일린슨Jeremy Bailenson과 같은 연구자들은 가상현실 헤드셋을 사용한 베자 듀 기법으로 노화 과정을 모델링하고자 한다(담배를 계속 피우면 10년 후에는 얼마나 노화가 가속되는지 보십시오!). 가상현실의 도움을 받아 새로운 경험의 장을 열고자 하는 사람도 생길 것이다. 당신과 똑같이 생긴 가상 아바타를 활용해 제품을 판매하는 자기애 자극 마케팅의 '끝판왕'이 탄생할 수도 있다.

기술은 학교의 현장 학습까지 없앨 것이라고 공언한다. 구글은 현재 학교에 익스페디션Expeditions이라는 "현장 학습 시뮬레이션 시스템"을 제공하고 있다.[10] 이 프로그램의 웹사이트에는 "오후에 산호초나 화성 표면을 탐험하는 것을 상상해보십시오"라는 적극적인 홍보 문구가 있다. 평생 한 번 있을까 말까 한 이런 경험은 놀랍게도 무료다! 단, 구글이 어린이 대상의 익스페디션 베타 테스트를 진행하는 동안 얼마나 많은 데이터를 빨아들일지는 계산되지 않았다는 점을 기억하라.

가상 경험에는 아이오와주의 7학년 학생 모두가 구글 익스페디션으로 세계 최고층 건물인 부르즈 할리파를 '방문'하는 등의 고무적인 이야기만 있는 것이 아니다. 어떤 경우에는 부정적인 결과로 이어지기도 한다. 2010년 한국에서 한 부부가 인기 온라인 게임 프리우스Prius에서 가상 아이를 키우느라 실제 아이는 굶어죽게 내버려둔 일이 있었다.[11] 2013년에는 스파이크 존즈의 영화 〈그녀〉가 개봉했다. 이 영화는 멀지 않은 미래, 로스앤젤레스에 테오도르가 매력적인 컴퓨터 운영체제와 사랑에 빠지는 이야기를 담고 있다. 이 사랑 이야기는 가상에 그치지 않고 점점 흔해지는 현실을 반영하고 있다. 2009년 일본인 남성이 연애 시뮬레이션 게임 러브 플러스Love Plus의 애니메이션 캐릭터와 '결혼'했다.[12] 2022년 〈뉴욕타임스〉에는 게임과 애니메이션의 가상 캐릭터와 비공식적으로 결혼한 수천 명에 대한 기사가 실렸다.[13] 많은 사람이 이런 관계가 정서적으로 만족스러우며 진짜 사람과의 관계보다 우월하다고 묘사했다.

대규모 멀티플레이어 온라인 게임을 호스팅하는 플랫폼이든, 인터넷 기반 채팅방과 소셜 미디어 사이트든, 가상 세계가 일상으로 확장되면서 진정성에 대한 새로운 종류의 불안이 나타났다. 우리는 온라인에서 번성하는 가짜 뉴스, 캣피싱cat-fishing,* 음모론에 대해 걱정하면서도(당연하다) 한편으로는 여전히 진실과 거짓을 구분할 수 있다고 스스로를 안심시킨다. 1930년대 비평가 발터 벤야민은 경험과 분리된 문화, 대부분의 경험이 가장된 문화에서 어떤 일이 일어날지 궁금해했다.[14] 그는 "경험의 빈곤"이 사람들을 낯선 유형의 절망으로 몰아넣고 "모든 것이 가장 단순하고 편안한 방법으로 해결되는" 존재 방식에서 안도감을 찾을 것이라고 걱정했다. 경험의 대단히 많은 부분에서 매개 기술을 수용함으로써 우리는 확실히 더 편안하고 편리한 삶을 살게 되었다. 하지만 거기에는 대가

---

* 연인을 구하기 위해 온라인상에서 자신에 대해 거짓말을 하는 것

가 따랐다.

　가상의 연결에 실질적인 이점이 있는 것은 맞지만 전체로서 우리는 대면 연결보다 매개된 연결을 선호하는 시점에 이르렀다. 공적 공간에서 '부재의 현존**'을 보여주는 사람들은 비판받는 수많은 일 중 하나를 한 것에 불과하다. 인도를 걸으면서 어떤 식으로든 경험을 매개하는 기술을 이용하는 사람의 수를 세어보라. 운전 중에 다른 일을 하는 사람이 얼마나 흔해졌는지 생각해보라. 우리는 사람들과 눈을 마주치지 않고 문자 메시지에만 매달린다. 우리는 소셜 미디어에 뒤덮여 살지만 사회적 기술(예의범절, 인내, 눈 맞춤)은 점점 약화되고 있다. 물리적 공간에 대한 이해와 상호작용이 부족하다. 물리적 현실이 가진 한계를 참지 못한다. 우리 몸의 신체적 한계든, 대기 줄에서의 기다림이든, 혹은 지루함이든 말이다. 우리는 실제보다는 가장된 것에 점점 더 끌린다.

　이제 우리는 공상에 빠져도 된다는 것을 스스로에게 상기시켜야 한다. 모든 틈을 일, 일종의 소통, 짧은 오락거리들로 채우는 것이 기본이 되어버렸기 때문이다. 경험을 통제하고, 속도를 높이고, 정량화하는 방법을 찾아버렸기 때문이다. 일단 디지털로 변환만 되면 콘서트, 성관계, 종교적 헌신과 같은 무엇보다 즐거운 경험조차 빨리 감기를 할 수 있다.

---

** 물리적으로는 공간에 존재하지만 정신적으로나 감정적으로는 그 공간에 집중하지 못하는 상태를 뜻한다.

우리는 역사적 인물의 운명부터 성생활의 알쏭달쏭한 부분까지 모든 것을 이해하기 위해 구글을 사용한다. 통증과 고통이 있을 때면 웹MD(webmd.com)를 찾아보고 마음을 놓는다. 때로는 인터넷 기반의 만성 건강염려증에 빠지기도 한다. 가장 내밀한 문제까지도 인터넷의 신탁을 구한다. 젊은 남성이 구글 홈페이지에 "여자에게 어떻게 데이트 신청을 하면 될까요?"라고 타이핑하는 모습을 보여주는 구글 광고가 있다. 이 광고에는 "의미 있는 것을 위해 만들어진"이라는 슬로건이 등장한다. 광고는 이런 중요한 질문을 부모나 친구가 아닌 구글에 해야 한다는 메시지를 담고 있다. 왜? 구글의 알고리즘이 더 나은 답을 찾아줄 테니까. 아마도 많은 사람이 그렇게 믿고 있을 것이다.

기술은 우리를 더 똑똑하게도 더 멍청하게도 만들 수 있다. 많은 사람이 더 이상 '실제'와 '가상'을 엄격하게 구분하는 것이 의미가 없을 정도로 두 세계 모두에서 긴 시간을 보내고 있다. 스마트폰을 갖고 있다면 우리는 절대 연결이 끊긴 상태로 있을 수 없다. '스마트' 가전제품과 알렉사Alexa 같은 '스마트' 스피커가 가정에 침투하고 있다. 가장 사적인 공간도 곧 온라인 세계와 연결되어 에너지 사용량과 냉장고 속의 내용물부터 감정과 욕망에 이르기까지 모든 것에 대한 데이터가 전송될 것이다.

오늘날의 매개된 삶은 인간의 경험을 급속하게 변화시켰다. 나는 여기에 어떤 의미가 있는지 궁금하다. 오늘날 '경험'이란 무엇인가? 어떤 장소에 가는 물리적 행위? 아니면 디지털로 기념하는 행위? 아니면 둘의 조합?

현재의 기술은, 소규모든 대규모든, 전신, 전화, 자동차, 제트기의 발명으로도 불가능했던 신체적 한계를 극복하게 해주었다. '존재'의 경험은 더 이상 물리적으로 함께 있는 것을 의미하지 않는다. 그것은 아바타, 봇, 기타 디지털 대화 상대(각각의 제작자들은 구식보다 우월하다고 주장한다)와 상호작용하는 것을 의미한다. 기술은 우리의 감각을 효과적으로 확장시켜서 우리 몸이 보내는 신호마저 불신하게 했다. 기술의 매개와 조작이 불가능했던 삶의 영역에 기술이 넘쳐나고 있다.

그렇게 우리는 변했다.

## 마케팅이 된 경험

자연주의자인 로버트 마이클 파일은 1990년대에 환경에 관한 연설을 하면서 "경험의 멸종"을 애석해했다.[15] 파일 같은 사람들은 자연을 직접 경험해보지 못하고 성장한 젊은 세대가 "자연 결핍 장애nature deficit disorder"를 앓고 있다고 염려했다. 그러면서 이들은 성인이 되었을 때 자연에 대한 애착이 부족할 것이고 책임 있는 환경의 관리자 역할도 하지 못할 것이라고 주장했다.

파일이 자연 결핍 장애라는 말을 만들고 20년이 흐른 지금, 우리 모두는 현실 세계에서 모든 복잡한 물리적 현실과 함께 살아가야 하는 과제를 안고 있다. 쾌락, 신체를 이용한 기술, 자립, 인간관계, 자연과의 연결에 대한 경험은 모두 매개 기술에 위협받고 있다. 물리적 세계와의 일상적인 친밀감은 조금씩 줄어들고 디지털 세계에 대한 애착은 커진다. 우리가 세상과 맺는 관계는 **직접적인 경험**보다는 그에 대한 **정보**를 통해 이루어지고 있다.

정보가 경험을 대체하는 현상은 왜 우리가 TV의 요리 프로그램(요리사가 기초적인 재료로 정교한 요리를 만들어낸다)을 즐겨 보면서 정작 먹을 때는 다른 사람이 준비한 간편식을 좋아하는지 그 이유를 설명해준다.

이것이 많은 건축가가 손으로 그림을 그리지 못하고, 대부분의 사람이 손 글씨를 잘 쓰지 못하는 이유다. 이것이 우리가 길 찾는 능력을 GPS에 아웃소싱하는 이유이고, 텔레비전도, 스마트폰 화면에 집중하는 사람도 없는 공적 공간을 찾기 어려운 이유다. 이것이 우리가 친구들과 대화하는 대신 온라인으로 상태 업데이트를 보내는 이유다. 이것이 공적 공간이 와이파이 존이 된 이유다.

이런 개입은 모두 인간 독창성의 승리를 의미한다. 자연에 대한 실질적 지식이 없으면 굶어 죽던 때가 그리 멀지 않은 과거이고 세계의 일부 지역에서는 지금도 여전히 그렇다. 그리고 이제 선진국의 사람들은 물리적 세계에서 갖는 거의 모든 경험을 매개하기로 선택했다. 기본적인 신체 기능만 제외하고(많은 사람이 욕실에 기기를 가지고 들어가기는 하지만 아직까지 나 대신 몸을 씻어주는 기계는 없다). 이런 종류의 매개된 경험을 열광적으로 좇음으로써 우리는 자신의 인간다움을 약화시킨다.

20세기 마케터들은 '라이프스타일'을 만능 용어로 사용했다. 21세기에는 '경험'이 그 자리를 차지했다. 1997년에 B. 조지프 파인 2세와 제임스 H. 길모어는 고객에게 단순한 상품과 서비스가 아닌 "기억에 남는 개인화된" 경험을 제공하는 "경험 경제experience economy"의 부상에 대해 설명했다.[16]

애플 광고가 이런 추세의 전형이다.[17] "바로 이것입니다. 중요한 것은 제품의 경험, 즉 어떤 느낌을 주는가입니다." 이 문구는 매력적인 남성의 이미지와 함께한다. 헝클어진 머리카락, 적당히 맺힌 땀, 그리고 조각같이 잘 다듬어진 이두박근에는 아이팟이 매달려 있다. 그는 조깅 중에 잠깐 휴식을 취하고 있다. 마치 이 아이팟이 가능하게 한 순간을 음미하기 위해 멈춰선 것처럼. 〈뉴욕타임스〉와 같은 매체에 두 페이지로 실린 이 광고는 애플 제품을 판매하는 것이 목적이 아니다. 이 광고는 동경의 대상이 되는 경험을 판매하고 있다.

사회심리학 연구는 우리가 물건의 구매보다 여행, 레스토랑에서의 식사, 콘서트 관람과 같은 경험을 통해, 즉 "갖는" 것보다 "하는" 것을 통해 더 큰 행복을 얻는다는 것을 발견했다.[18] 호텔, 화장품, 음료수 등 모든 것을 특별한 경험으로 마케팅하는 것도 이 때문이다. 나는 얼마 전 피자를 배달시켰다. 상자에는 "아무개(피자 회사 직원 이름)가 관리하는 피자 체험"이라고 적힌 스티커가 붙어 있었다. 옴니 호텔Omni Hotel의 광고는 한 커플이 인적 없는 바다에서 패들링을 즐기는 모습에 "경험은 가장 가치 있는 통화입니다"라는 문구를 보여주었다.[19] 이들의 목표는 소비를 정량화할 수는 없지만 만족스러운 감정과 연결하는 것이다. 아이스크림은 자제력 없다는 느낌을 주지만 이 비싼 페이스 크림은 나를 소중하게 보살피고 있다는 느낌을 준다는 식으로. 타깃Target은 소울사이클SoulCycle과 협력해 소비자를 "활기를 돋우는 새로운 경험"으로 끌어들인다.[20] 에어비앤비Airbnb는 온라인 예약 시 적용할 수 있는 필터에 "경험" 항목을 마련했다.

　기술 기업들은 경험을 마케팅에 활용하는 추세를 선도한다. 다만 여기에 항상 절제된 방식을 사용하는 것은 아니다. 한때 스프린트Sprint의 구호는 "인간 경험의 업로딩"이었다. X와 모바일 결제 서비스 업체 스퀘어Square의 설립자인 잭 도시는 〈패스트 컴퍼니Fast Company〉에 스타벅스와 스퀘어의 제휴에 대해 이렇게 말했다. "음료를 마시는 사람이 가치를 두는 것은 제품만이 아니다. 제품이 어떻게 서비스되는가도 제품 못지않게 중요하다. 매장에 걸어 들어가는 경험, 매장을 나서는 경험, 매장 주변의 모든 것이 영향을 미친다."[21] 페이스북의 사용자 경험 디자인 부문에서 일했던 폴 애덤스는 하기스 기저귀의 마케팅을 칭찬했다.[22] 이 회사는 고객들에게 기저귀를 차고 있는 아이들의 사진을 페이스북에 올리게 했고, 그후 인기가 높은 사진들을 버스 정류장이나 지하철역에 게시했다. 다시 말해 하기스는 사적인 경험을 무료 마케팅 자료로 전환하는 방법을 찾은 것이다.

하지만 경험은 개인 특유의 것이기 때문에 직접 마케팅할 수가 없다. 마케팅할 수 있는 것은 특정 제품에 대한 사람들의 선호다. 비평가 롭 호닝Rob Horning이 지적했듯이 "경험 자체보다 선호가 더 유용해지면…… 모든 '경험'이 선호에 대한 사회적 논쟁의 형태를 띠게 된다."[23] 그런 뒤에야 개인의 경험이 마케팅 담당자와 소셜 미디어 회사에 유용해지는 것이다. 호닝은 이 과정에 대해 이렇게 말한다. "밴드 러시에 대한 내 애정은 이론적으로 측정 가능한 영향력을 갖게 된다. 중요한 것은 내가 러시의 음악을 들었을 때 어떤 느낌을 받느냐가 아닌, 내가 러시의 음악을 들었다고 주장하기로 했다는 사실을 다른 사람들이 어떻게 생각하느냐다."

크리스토퍼 래시와 대니얼 부어스틴 같은 20세기 비평가들은 극적이고 화려한 것에 대한 욕구와 극적인 것을 좇는 추세가 조장하는 자기애를 비판했다. 그러나 지금 우리에게 판매되는 것은 단순히 TV나 광고에서 낯선 사람을 보고 그들처럼 되고 싶다고 생각하는 대리 만족이 아니다. 소셜 미디어는 모든 사람에게 자신을 홍보할 기회, 모든 경험을 마케팅으로 전환할 기회를 준다. 그토록 많은 사람이 '인플루언서'로 성공하길 열망하는 것도 그 때문이다. 우리는 자신이라는 브랜드의 매니저가 되었다. 그리고 우리는 광고가 되었다.

실제 경험과 거기에 대응하는 디지털 경험은 **시력**eyesight과 **시각**vision의 차이와 같다. 시력은 눈이 우리가 보는 것을 얼마나 잘 포착하는지를 의미한다. 시각은 인식을 유도함으로써 시력을 지능적으로 사용할 수 있게 해준다. 기능적인 측면에서 시력을 훨씬 넘어서는 개념인 것이다. 기술은 일부 기능을 향상시키는 도구(약한 시력을 교정하는 안경처럼)로 시작되었으나 시각 비즈니스, 즉 단순히 경험에 대한 접근성만 높이는 데에서 그치지 않고 경험을 해석하는 비즈니스로 빠르게 이동하고 있다. 기술 업계의 리더들이 인간의 약점에 대해 인정사정없는 도구적 접근법을 사용한다는 것을 생각하면 그들은 좋은 안내자가 될 수 없다.

아이폰5에 있는 작은 핀홀 카메라 렌즈의 클로즈업 사진을 등장시킨 지면 광고를 생각해보라. 광고 문구는 다음과 같다.[24] "더 좋은 사진가가 들어 있습니다." 광고 문구의 뒷부분에 핵심 철학이 담겨 있다. "사람들에게 사진을 잘 찍는 법을 가르치는 대신, 카메라에게 가르쳐보는 건 어떨까요?" 이 광고는 우리 시대와 우리 시대의 가치관은 물론 기술 업계가 인간을 어떻게 생각하는지까지 잘 보여준다. 기술과 사람을 동일시하고(광고는 카메라를 '사진가'라고 칭한다) 기술이 더 '잘 배운다'고 가정하는 것은 신중하게 생각해보아야 할 태도다.

이런 플랫폼과 도구는 우리의 인격을 형성하는 제도가 되었다. 그들은 가족과 같은 사적인 세계를 침범했고 일과 여가라는 공적인 영역에 필수적인 존재가 되었다. 전 세계 16~22세 청소년의 53퍼센트가 자신이 선호하는 개인용 기술보다 후각을 잃는 편이 낫다고 답했다.[25] 문제가 있지 않은가!

우리에게는 새로운 인본주의가 필요하다. 문화를 지배하는 공학

중심의 과학 만능주의에 도전할 새로운 인본주의, 공학·기계·알고리즘이 아닌 인간과 인간 경험을 중심에 둔 인본주의 말이다. 사회학자 리처드 세넷Richard Sennett이 상기시켜주듯이 "인본주의는 우연과 불화가 새로운 앱이나 더 정교한 알고리즘으로 해결해야 할 문제가 아니라 인간 경험의 필수적인 부분임을 인식하고 포용해야 한다."[26] 많은 기술이 대면 대화의 어색함과 신체적인 한계 같은 것들을 "마찰 없이frictionless(메타의 마크 저커버그가 즐겨 쓰는 표현이다)" 매끄럽게 만들고자 하지만 바로 그런 것들이야말로 우리를 인간답게 만드는 "딱 떨어지지 않는 경험의 조각들"이다.

삶에 불만을 가진 사람들이 현실에서 벗어나기 위해 찾던 텔레비전, 영화, 온라인 등 20세기 탈출구의 시대는 지나갔다. 가상현실과 웨어러블 기술이 개발자들의 구상대로 발전을 거듭한다면 현실에서 벗어날 필요가 없어질 것이다. 그런 기술이 현실을 새롭고 개선된 현실로 대체할 테니까. 가상현실의 개척자인 짐 블라소비치와 제러미 베일린슨은 이렇게 말한다. "인터넷과 가상현실은 그런 사회적 욕구와 동기를 쉽게 충족시킨다. 때로는 (그들이) 너무 만족스러워서 중독된 사용자들이 물리적 세계에서 물러나버릴 것이다. 실제 삶보다 나은 가상의 삶을 누가 나쁘다고 말할 수 있을까?"[27]

오큘러스 VROculus VR(현재 메타 소유)의 설립자 팔머 럭키는 기술 자체가 이런 질문에 대한 암묵적인 답이라는 생각에 동의하는 것 같다. 그는 〈월스트리트 저널〉에 "현실 세계를 희생하고 가상 세계에 사는 것은 철학적 수용의 문제가 아니다. 나는 그 대부분이 기술적 문제라고 생각한다"라고 말했다.[28]

그의 생각은 틀렸다. 우리는 여전히 인간이 항상 직면해왔던 심각한 도전, 즉 삶에서 의미를 찾고, 주의를 기울이고, 육체적·정신적·영적으로 자신과 타인을 이해하는 도전에 직면해 있다. 새로운 기술과 소프트웨어는 경험의 실존적 측면을 정량화하고, 규제하고, 네트워크화하고, 거기에서 이익을 얻는다. 그리고 우리는 그것을 유일한 방법으로 받아들인다. 영국 철학자 버트런드 러셀은 과학과 기술이 항상 이득을 가져다준다는 생각은 "환상"이라면서 "과학은 미덕의 대체물이 아니다. 바람직한 삶에는 머리만큼이나 마음도 필요하다"라고 경고했다.[29] 지금은 머리가 마음을 지배하고 있다. 그러나 더 나은 방법이 있다. 기술과 온라인 세계가 경험에 대한 이해를 어떻게 변화시켰는지 성찰하는 것이다.

기술에 대한 사회적 비판은 종종 그릇된 도덕적 공황을 조장한다는 비난을 받는다. 그러나 경험에 대한 우리의 이해에는 도덕적 공황이 훨씬 더 많이 필요하다. 도덕이 서로에 대한 의무를 상기시켜준다면 말이다.

우리는 많은 경험이 다른 사람에 의해 조작되고 통제되도록 내버려두었다.

소셜 미디어 이론가인 네이선 유르겐슨은 기술로 인해 잃는 것들에 대한 우려가 실제 삶의 가치를 미화한다고 주장한다. 그는 "오프라인의 상실을 애통해하는 사람들은 온라인 세계에서 실제 경험이 갖는 의미를 보지 못한다"면서 셰리 터클과 같은 기술 비평가들에게 가혹한 비판을 가했다.[30] 유르겐슨은 셰리 터클Sherry Turkle이 "현실 세계"에 집착하고 가상 세계에 비해 부당한 특권을 준다고 주장한다. 그는 "페이스북을 보지 않는 시간은 나중에 게시할 상태 업데이트와 사진이 된다"고 의기양양하게 말한다. 마치 이 기생충-숙주 관계가 축하할 만한 일인 것처럼 말이다. "소셜 미디어는 모든 사람에게 우리 삶이 얼마나 의미 있는지를 선언할 방법을 제공한다." 그의 말이다.

온라인과 오프라인의 구분이 "더 이상 지속될 수 없을 정도로 모호해졌다"는 유르겐슨의 말이 옳다. 그러나 그것만이 모호해진 것은 아니다. 인간인 우리의 관점도 모호해졌다. 얼마 전만 해도 다른 인간의 자살을 목격하는 것은 충격적인 사건으로 인식되었고 대부분의 사람에게는 여전히 그렇다.

그러나 이제는 뉴욕의 한 여성이 다리 위에서 자살을 시도하는 남자를 의도적으로 배경에 넣어 '셀카'를 찍었다는 이야기나 교통 체증에 짜증을 내던 로스앤젤레스 고속도로 통근자들이 "고가에서 뛰어내리겠다며 교통 체증을 일으킨 남자를 배경으로 '셀카'를 찍었다"는 이야기가 전해진다.[31]

무엇 때문에 많은 사람이 자살 시도 같은 비극적인 사건조차도 일상적인 오락거리로 훔쳐보게 되었을까? 기술은 우리에게 힘과 통제감을 선사하지만 너무 많이 사용하면 그 힘은 바람직하지 못하게 변질될 수 있다. 리처드 세넷은 썼다. "자기애가 강한 사람들이 갈망하는 것은 보통의 경험이 아닌 과장된 경험이다. 그들은 경험 속에서 자신을 보여주는 데에만 집중해 개별적인 상호작용이나 장면이 갖는 가치를 충분히 인식하지 못한다."[32] 지리학자 이-푸 투안Yi-Fu Tuan은 "경험은 위험을 극복하는 것이며 '경험'이라는 단어는 '실험experiment', '전문가expert', '위험한perilous'과 어원이 같다"고 했다.[33] 그는 경험은 낯선 곳으로 과감히 나아가고 불확실성과 잠재적인 위험을 받아들이는 것이라고 주장한다. 다른 사람의 위험을 배경으로 셀카를 찍는 것은 경험이 아니다.

## "너 자신을 보여라"

일상생활에 침투한 기술에 대해 이야기할 때 사람들이 표현하는 것은 기계 직조기를 파괴하던 러다이트Luddite식의 두려움이 아니다. 그들은 일상의 변화가 얼마나 빨리 일어났는지에 희망을 걸면서도 한편으로는 약간 당혹스러워한다. 두 아이를 둔 아버지가 내게 이렇게 말한 적이 있다. "저녁 시간에 문득 주위를 둘러보면 우리 네 식구가 모두 화면을 보고 있는 것을 깨닫게 됩니다. 공부를 하기도, 일을 하기도, 오락을 즐기기도 하는 것이지만 그런 광경을 바라보고 있자면 너무 과한 것이 아닌가 하는 생각이 듭니다." 그는 기술 업계에서 일하기에 가정에서 기술을 사용하는 것에 공포감이 없다.

그런 불안이 기술에 대한 초기의 열정을 서서히 대체하고 있다. 친구를 만들고 상태를 알리고 최고의 모습을 마케팅하면서 자기를 표현하라는 소셜 미디어 플랫폼의 요구 덕분에 노출은 충분히 이루어졌다. 하지만 그것이 반드시 지속적인 관계 구축으로 이어지는 것은 아니었다. 가장 널리 알려진 델포이의 신탁은 "너 자신을 알라"였다.[34] 오늘날 소셜 네트워크의 세계에서 신탁은 "너 자신을 보여라"일지도 모르겠다.

온라인에 몰입한 후 많은 사람이 방향감을 상실했다는 느낌을 받았고 이는 자연히 진정성에 대한, 그리고 당연히 현실이라고 여겼던 경험에 대한 의문으로 이어졌다.

온라인에서 우리가 하는 말과 행동이 우리의 경험을 인도한다. 인터넷 연결이 가능한 사람은 하루 만에 이전 세대가 평생 하는 것보다 더 많은 경험을 할 수 있다. 텔레비전이나 영화가 제공한 것보다 훨씬 큰 규모로 말이다. 온라인과 실생활 모두에서 무엇이 실제이고 무엇이 실제가 아닌지 구별하기가 점점 더 어려워지고 있다. 이제는 기억의 많은 부분이 온라인에서의 경험으로 채워진 사람들이 점점 늘어나고 있다.[35]

이런 방향감 상실이 극단적인 행동을 낳는 경우도 있다. 2016년 워싱턴 D. C.의 코멧 핑 퐁Comet Ping Pong이란 피자집에 소총을 든 남자가 나타났다.[36] 그는 소아성애자들이 그곳에 잡아두고 있는 아이들을 구출하기 위해 총을 쐈다. 체포된 그는 기자에게 최근 집에 인터넷을 설치했다고 말했다. 그러면서 힐러리 클린턴의 대통령

선거운동과 관련 있는 요원들이 그 식당을 기반으로 아동 인신매매 조직을 운영한다는 이야기를 알게 됐다고 했다. 그는 자신이 음모론을 믿는 사람이 아니라고 했다. 그는 이것이 실제 위협이며 아이들이 고통받고 있다고 생각했다. 이후 이 이야기가 극우 음모론자들이 퍼뜨린 가짜 뉴스임을 알게 된 그는 "해당 정보가 100퍼센트 정확하지는 않았다"고 인정했다.

미국의 기술 철학자 루이스 멈퍼드Lewis Mumford는 1934년 기술이 문명을 어떻게 변화시켰는지 글을 썼다. 글의 초점은 주로 각 시대에 등장한 발명품에 맞춰지지만 그 발명품이 뿌리를 내리기 전에 일어난 **태도의 변화**, 즉 "소망, 습관, 아이디어, 목표의 재조정"도 그만큼 중요하다고 했다.[37]

우리는 지금 바로 그런 사고방식의 변화를 겪고 있다. 코로나19 팬데믹 기간 중에 많은 사람이 어쩔 수 없이 디지털 소비를 늘리면서 심지어 나이 지긋한 세대까지도 기술에 중독되었다. 그러나 이것은 기존 추세의 가속화일 뿐이다.

이제는 많은 아이가 자연, 놀이, 음악, 언어에 대한 첫 경험이 스크린 등 기술을 통해 매개되는 세상에서 자라고 있다. 그들의 장난감은 그들과 이야기를 나누고 그 반응을 기록한다. 베이비 모니터는 그들을 지켜본다. 기기는 그들을 추적하고 모니터링한다. 부모는 아이가 태어나자마자 온라인 아이디와 인스타그램 페이지를 만든다. 그들은 디지털 이미지를 무엇보다 중요하게 여기는 문화 속에서, 온라인 세계를 지배하는 소셜 미디어 플랫폼이 공유를 거의 의무화한 곳에서, 경쟁과 지속적인 표현이 일반적이고 대면 상호 작용의 가능성은 낮으며 익명의 괴롭힘이 쉬운 곳에서 성장할 것이다. 그곳은 역사에 대한 인식이 달라진 세계다. 과거는 더 이상 멀고 단절된 무언가가 아니다. 페이스북이 "1년 전 오늘" 기능으로 상기시켜주는 것이다.

기술 회사들이 자주 상기시켜주듯이 그곳은 가능성의 세계이고, 애플 광고 슬로건이 약속하듯이 "자동적이고 수월하며 매끄러운" 곳이다.

이곳이 우리가 사는 세계다. 여기는 우리가 살고 싶은 곳인가?

## 2장

# 대면 상호작용의 필요성

물리적으로 구현된 존재로서 서로에게 관심을 보이는 것,
즉 같은 공기를 마시고, 말로 하지 않은 서로의 감정을
느끼고, 서로의 얼굴을 보고, 서로의 몸짓에 공감하는 것은
우리를 인간답게 만드는 핵심 요소다.

찰스 다윈은 런던 동물원에서 큰 독사 우리의 두꺼운 유리에 얼굴을 대고 독사가 가까이 오더라도 자신에게 해를 끼칠 수 없다는 사실을 되뇌었다. 그는 이런 자기 실험을 통해 몸의 본능에 따르지 않겠다는 "확고한 결심"을 지켜 반사 반응을 인간의 정신력으로 극복할 수 있다는 가설을 입증해낼 생각이었다.[1] 그러나 그의 이성적 결심은 그의 과학적 직감만큼 강하지 못했다. 그는 이런 글을 남겼다. "공격이 있자마자 나의 결심은 무용지물이 되었다. 나는 놀라울 정도로 빠르게 1~2미터 물러섰다. 내 의지와 이성은 한 번도 경험하지 못한 위험에 대한 상상 앞에서 무력했다." 그의 정신은 진정하라고 몸을 설득할 수 없었다.

다윈의 독사 실험은 《인간과 동물의 감정 표현》(1872)을 집필하기 위한 비정통적인 자료 수집 활동이었다. 이 책은 인간의 경험을 특징짓는 타고난, 그리고 종종 통제할 수 없는 감정적, 신체적 반응에 대한 탐구를 담고 있다. 당시 60대였던 다윈은 감정 표현의 생물학적 기원을 연구하면서 재채기를 유도하기 위해 원숭이에게 코담배를 주고, 예민한 하마의 출산 과정을 관찰하고, 악을 쓰며 우는 자신의 아이와 다른 사람들의 아이 그리고 변덕스러운 고양이를 면밀히 관찰하고, 간지럼으로 친구와 가족을 오랫동안 괴롭히기도 했다. 그는 정신병원의 원장들과 정기적으로 연락을 주고받았고 다양한 단계의 정신적 고통을 겪는 환자들의 사진을 받아보았다. 또한 프랑스 신경학자 기욤 뒤센이 촬영한 사진도 조사했다. 뒤센은 자발적이거나 비자발적인 표정에 대한 선구적인 연구(연구 대상자의 얼굴에 약한 전류를 흘려보내는 실험도 포함되었다)를 진행했었다.

다윈의 이런 독특한 연구에 동력이 된 질문은 이것이었다. 우리의 몸짓과 표정은 우리에 대해 무엇을 말해줄까? 왜 우리는 이런 식으로 서로를 '읽을' 수 있게 진화했을까? 누군가가 안심시키는 말을 할 때 우리는 왜 고개를 끄덕일까? 친구의 나쁜 소식을 들을 때 왜 친구의 찌푸린 표정을 따라하는 것일까? 다윈은 신체의 움직임과 얼굴 표정(통제할 수 없는 경우가 많다)이 대단히 중요한 연결의 수단이라고 생각했다. 우리는 태어날 때부터 얼굴을 바라보도록 만들어졌다. 갓 태어난 아기의 시야 범위는 엄마 품에 안겨 있을 때 자신의 얼굴에서 엄마의 젖가슴까지의 거리와 거의 같으며, 태어난 지 며칠밖에 되지 않은 아기도 사람의 얼굴 형태인 물체에 대해 다른 형태의 물체에 대해서와는 다른 반응을 보인다. 다윈은 인간의 표정이 인간에 대한 이해의 기초를 이루며, 표정을 해독하는 것은 우리가 언어로 의사소통을 하기 훨씬 전부터 진화 과정에서 얻은 기술이라고 믿었다.

다윈은 몸에서 "가장 신중하게 고려되고 평가되는" 부분이자 "가장 장식적인" 부분인 얼굴에 특히 관심이 많았고, 얼굴의 다양한 형태와 변화에 대한 훌륭한 관찰자였다.[2] 그는 기차에서 마주 앉은 노부인이 얼굴을 찡그릴 때마다 입꼬리내림근이 특이하게 수축되는 것에 매료되었다. 그는 활기차게 대화를 나누는 젊은 연인을 지켜보면서 여성의 눈썹이 주기적으로 "비스듬히 위로" 움직이고 이마에 "직각 주름"이 생기는 것을 관찰했다. 그는 그것을 "괴로움의 표시"로 보고는 애인이 주의를 기울여야 할 부분이라고 생각했다. 다윈에게 얼굴은 인간 감정의 지도였다. 그는 위대한 탐험가처럼 주의 깊게 표정을 연구했다.

현재 런던 국립 초상화 갤러리National Portrait Gallery에 걸려 있는 다윈의 얼굴은 그 방에서 가장 강한 존재감을 뽐낸다. 그림 속의 그는 우울한 표정이다. 그가 화가 앞에 앉은 때는 죽기 1년 전이었으며, 다윈의 아들에 따르면 이 그림은 이 위대한 과학자가 가장 좋아했던 초상화라고 한다. 영국 과학자 20여 명의 초상화가 있는 그 방에서 다윈의 초상화는 가장 허세가 없다. 흰색 타이를 매고 딱딱한 자세를 취한 다른 과학자들과 달리 다윈은 야외에서 방금 돌아온 것처럼 평범한 외투를 입고 챙이 처진 모자를 쓰고 있다. 하지만 시선만은 눈에 띤다. 직접적이고 사려 깊고 강렬하다.

시선을 끄는 다윈의 눈빛과 인간 특유의 몸짓에 대한 그의 믿음을 떠올리게 된 것은 스마트폰 앱인 위파러Wifarer 때문이었다.

GPS가 길을 안내하듯이 이 앱은 큰 건물 내부에서 길을 찾게 해준다. 앱 개발자는 다윈의 초상화가 걸려 있는 국립 초상화 갤러리를 방문했다가 이 실내 위치 확인 시스템에 대한 영감을 얻었다고 한다. 창업자 필립 스텐저는 〈패스트 컴퍼니〉에 이렇게 말했다. "저는 투어 가이드를 따라다니고 있었습니다. 그는 여러 작품을 대충 소개하고 있었죠. 근처를 지나가는 다른 투어 가이드의 말을 우연히 듣게 되었는데, 그의 설명이 훨씬 자세하고 다채로웠습니다. 저는 '저걸 표준화해서 모두가 같은 경험을 할 수 있으면 좋지 않을까?'라고 생각했죠."[3]

박물관 방문객 모두에게 최고의 경험을 제공하려는 그의 열정은 가상하지만 그의 방식은 우리 시대에 대해 많은 것을 이야기해준다. '이상적인' 경험을 위해 인간 대신 기술로 가이드가 교체되었다는 것은 기술이야말로 표준화되고 통제된 경험을 제공한다는 의미다. 그는 사람들이 박물관 직원의 변덕보다는 앱의 지시를 따르기를 바랐다. "사람과의 상호작용이 예상했던 것만큼 만족스럽지 않았습니다." 그의 말은 우리가 대면 상호작용에 대해 갖고 있는 모순된 감정을 완벽하게 드러낸다. 그는 다른 사람과의 상호작용이 배제된 '개인화된' 경험을 만드는 일에 어떤 아이러니가 있는지 모르는 것 같다.

## 얼굴이 가지는 힘

나는 대면 소통을 열렬히 지지한다. 다윈이 입증했듯이 우리 모두 그렇다. 진화 과정에서 서로의 얼굴을 읽을 수 있는 능력이 발달한 데에는 이유가 있다. 신체적 의사소통을 구성하는 여러 몸짓, 움직임, 자세, 표정은 우리를 인간으로 만드는 주된 요소다. 왜인지 우리는 신체의 신호를 본능적으로 이해한다.

역사를 살펴봐도 인간의 얼굴에는 힘이 있었다. 인간의 얼굴에 대한 경외심은 '외관 훼손'에 대한 거부감을 낳았다. 많은 문화권에서 베일과 가면으로 얼굴을 가리는 것은 얼굴이 가진 힘 때문이다. 권력자는 틈날 때마다 자신의 초상화를 대중 앞에 내세운다. 고대 이집트의 파라오는 온갖 곳에 자신의 초상화를 두었고 로마 황제는 모든 동전에 자신의 얼굴을 새겼다. 《성경》의 〈히브리서〉는 공개적인 예배를 '하느님의 얼굴을 찾는 것'이라고 했다. 그리고 《성경》 전체에 걸쳐 신자들은 직접 대면해서 문제를 처리하라는 권고가 있다. "또 당신을 미워하는 자에게는 그를 멸망시키시어 직접 갚으신다는 것을 알아야 한다. 그분께서는 당신을 미워하는 자에게 지체 없이 직접 갚으신다.*"⁴

사람들은 종종 표정에 의미를 부여한다. 고대 중국의 관상가들은 성격적 특성이나 취약한 질병 등을 드러내는 얼굴의 100여 개

---

\* 　신명기 7장 10절. "직접 갚으신다"는 영어로 "He will repay him to his face"다.

영역을 묘사한 지도를 만들었다. 19세기 중반 철학자 존 스튜어트 밀은 "인성학ethology"이라는 연구 분야를 제안했지만 "외모에서 추론한 인간 성격의 과학"은 관심을 얻지 못했다.[5] 생김새가 곧 운명이라는 개념은 두개골의 형태가 정서적, 정신적 특성을 보여준다고 주장하는 골상학으로 대중화되었다. 19세기 말 프랑스 경찰관 알퐁스 베르티용은 두개골의 모양을 범죄 성향과 연관 지으려고 했었다.

우리는 오래전부터 반사회적 행동에 대한 두려움을 줄이기 위해 외모에 대한 직관을 과학으로 발전시키려 했다. 과거에는 옷차림에 속아 사기꾼이나 범죄자에게 피해를 보게 될까 걱정했다. 이제는 기술을 활용해 다른 사람에 대한 대량의 정보를 수집할 수 있게 되면서 굳이 사람의 표정과 몸짓을 읽을 필요성이 줄어들었다. 구글과 X의 엔지니어들은 감정 표현을 수치화할 수 있다고까지 주장한다.

서로를 읽는 이런 새로운 방식에서는 미묘한 신체적 신호나 몸짓에 주의를 기울일 필요가 없다. 우리는 문자 메시지, 이메일, '좋아요'가 우리 감정의 솔직한 표현(종종 그렇지만 항상 그런 것은 아니다)이라고 믿는다. 다소 절제된 형태의 의사소통이라는 느낌이 들 때가 많기는 하지만 말이다. 이제 얼굴과 몸은 인간의 가장 강력한 의사소통 도구라는 자리에서 내려와야 할까? 그렇다면 대면 의사소통이 매개된 의사소통으로 바뀌면서 우리의 상호작용은 어떻게 변할까?

## 상호작용 능력의 소멸

대면 의사소통에는 진화의 결과인 생리적 반응과 일종의 사회적 접착제인 정교한 문화적 규칙이 관여한다. 기술이 우리의 의사소통 능력에 어떤 영향을 미쳤는지 이해하려면 세 가지 역학 관계를 살펴봐야 한다. 첫째, 대면 상호작용이 우리의 신체적·정서적·사회적 측면에 미치는 영향, 둘째, 매개체(스크린 등)가 인간 상호작용에 미치는 영향, 셋째, 새로운 얼굴·제스처·표정 인식 기술과 같이 인간의 표정을 읽고 이해하는 기술을 개발하려는 노력에 대해 알아봐야 한다.

사회학자 조너선 터너는 이렇게 말했다. "인간은 영장류이고(진화한 유인원일 뿐이다) 이 사실은 인간의 행동과 상호작용 방식에 중요한 영향을 미친다. 상호작용은 생물학을 초월하지 않으며, 생물학에 내재되어 있다."[6] 우리는 수백만 년의 진화를 통해 감정을 드러내는 표정, 자세, 몸짓을 읽을 수 있게 되었다. 반면 기호와 글을 통한 의사소통은 우리 진화의 역사에서 상대적으로 최근에 발달한 것이다. 동굴벽화가 처음 등장한 시기를 기준으로 하면 전체 진화 역사에서 1퍼센트도 되지 않는 시기다.[7]

우리는 서로를 바라보도록 설계되어 있다. 그렇게 마주 보는 것은 다양한 생리적 반응을 자극한다. 강렬한 눈 맞춤은 심박수를 높이고, 인간의 중추신경계에서 신경전달물질이 분비되게 하며, 기분과 스트레스 조절에 관여하는 유기 화합물 페닐에틸아민의 분비를 촉진한다.[8] 한 과학자는 감각 기관과 운동 기관에서부터 뇌가 발달한 특별한 방식에 이르기까지 우리의 "생물학적 기관" 전부가 "주로 대면 의사소통을 위해 설계되었을 것"이라고 말한다.[9] 하지만 결함 없는 설계는 아니었다. 목구멍 깊은 곳에 후두가 발달하면서 우리는 조상들보다 훨씬 다양한 소리를 낼 수 있게 되었지만 음식에 질식할 가능성은 높아졌다.

표정은 원시의 언어다. 우리 얼굴에 다른 포유류보다 털이나 머리카락이 적다는 사실은 우리 표정이 더 잘 보이고 우리 감정이 더 쉽게 읽힌다는 의미다. 그러나 표현을 읽는 것은 기량이다. 분노와 경멸의 차이, 행복과 놀라움의 차이를 구분하는 데에는 평생에 걸친 연습이 필요하다. 요즘 유치원 교실에는 "오늘 기분은 어떤가요?"라는 포스터가 붙어 있다. 여기에는 20가지 이상의 감정을 표현하는 얼굴들이 그려져 있다. 제멋대로 날뛰는 다섯 살짜리 아이들이 자신들의 감정을 시각화하고 식별할 수 있게 도우려는 시도다.

이 포스터가 만들어지는 데에는 심리학자 폴 에크먼Paul Ekman이 일조했다. 다윈처럼 에크먼도 보편적인 인간의 감정을 밝히기 위해 전 세계 문화권을 대상으로 연구를 진행했다. 1978년 그는 얼굴 표정 코딩 시스템(FACS)을 고안했다. FACS는 얼굴 표정을 분류한 체계로서 각각의 의미가 분석되는 개별적인 "행동 단위"로 세분된다. 에크먼은 감정의 무의식적 표현에 관여하는 특정 근육을 정확히 찾아냈으며, 그중 분노, 공포, 슬픔, 혐오, 놀라움, 경멸, 행복과 같은 감정은 보편적이라고 주장했다. 또한 그는 보편적으로 경험되지만 항상 같은 얼굴 움직임으로 표현되지는 않는 감정들을 찾아냈다. 당혹감, 죄책감, 수치심, 시기심, 질투, 자부심이 그것이다.

에크먼은 미세 표정, 즉 우리가 감정을 감추려 할 때 나타나는, 거의 눈에 띄지 않게 순간적으로 나타나는 표정을 발견한 것으로 유명하다. 상대방이 미소 짓는 모습이 약간 어색해 보이거나 친구는 괜찮다고 하는데도 분명히 괜찮지 않은 느낌이 든다면 당신은 미세 표정을 알아차린 것이다. 에크먼이 자신의 저서 《표정의 심리학》에서 언급했듯이 "우리에게는 주변 세계를 끊임없이 살피고 우리의 안녕과 생존에 중요한 일이 일어나는지 감지하는 **자동** 평가 메커니즘이 필요하다."[10]

에크먼의 연구는 대개 고위험 기만high-stakes deception(사람들의 평판이나 생명까지 잃게 하는 거짓말)을 식별하는 데 집중되었고, 그는 경찰서와 교통안전청은 물론 할리우드에까지 거짓말을 탐지하는 방법에 대해 조언했다. 나는 2012년 샌프란시스코에서 열린 한 콘퍼런스에서 에크먼을 만났다. 그는 80세에 가까운 나이에 지팡이를 짚고 다녔지만 여전히 무대 위에서 역동적인 모습을 보였으며, 파워포인트 슬라이드로 청중의 뇌를 마비시키지 않은 유일한 사람이었다. 나는 그에게 기술 매개의 시대에 대면 소통의 미래를 어떻게 예상하느냐고 질문했고, 그는 아무리 많은 매개체를 사용해도 감정은 어떻게든 드러날 것이라고 강조했다. 그는 말했다. "우리의 얼굴은 분노를 표현하는 200가지 이상의 독특한 표정을 지을 수 있습니다. 다양한 형태의 분노를 설명하는 단어의 수보다 많죠. 우리는 여전히 이들 신호를 읽는 법을 배워야 합니다."[11]

에크먼의 연구는 오랫동안 인류학자 마거릿 미드를 비롯한 많은 사람으로부터 비판을 받았다. 미드는 에크먼이 감정 표현에서 중요한 문화적 차이를 인정하지 않는다고 주장했다. 인공지능을 연구하는 케이트 크로퍼드는 "얼굴을 통해 그 사람의 감정 상태를 정확하게 예측할 수 있다"는 주장을 뒷받침할 연구가 거의 없다고 주장한다.[12] 마리아 젠드론과 리사 펠드먼 배럿을 포함한 다른 사회과학자들은 이렇게 말한다. "인공지능 업계에서 에크먼의 이론을 사용하는 데에는 위험이 수반된다. 얼굴 표정으로 자동 감지해낸 내적 정신 상태를 신뢰할 수 없기 때문이다."[13]

이런 주장들에서처럼 표정이 신뢰의 척도가 아닐 수는 있지만 우리가 매개된 의사소통을 선호하게 되면서 다른 사람의 신뢰도를 평가하는 능력에 영향이 있었던 것은 분명하다. 컴퓨터 매개 의사소통을 연구하는 학자들은 문자나 이메일로 의사소통을 하면서 신체적 신호가 사라지면 우리가 새로운 도구에 적응하기 위해 행동을 바꾼다는 것을 발견했다. 코넬대학교의 제프 행콕Jeff Hancock 교수는 컴퓨터 매개 의사소통이 더 능란한 거짓말쟁이를 만든다면서 "동기 향상 효과motivational enhancement effect"라는 용어를 만들었다.[14] 상대방을 마주한 상태라면 미세한 경련이나 수상한 눈의 움직임으로 진실이 드러날 수 있기 때문에 거짓말을 망설이게 된다. 행콕은 화면을 매개로 의사소통을 할 경우 이런 효과를 기대할 수 없기 때문에 거짓말을 할 동기가 더 커지고 거짓말이 성공할 확률도 더 높아진다는 것을 발견했다.

실제로 함께 있을 때는 비언어적 신호가 신뢰감 향상에 도움이 된다. 사회과학자들은 전화, 줌, 메시지보다는 직접 대면한 상황에서 도움을 청하는 것이 훨씬 더 효과적이라는 점을 발견했다. 어떤 연구에서는 도움을 요청하는 사람이 "매개체를 통하기보다는 직접 대면하는 것이 상대적으로 유리하다는 점을 과소평가"하는 것으로 밝혀졌다.[15]

낯선 사람 간의 협력에 대한 실험에서 대상자의 일부는 직접 대면 방식으로, 다른 일부는 온라인으로 소통하게 했다. 상대의 신뢰성을 평가하는 능력은 온라인으로 소통한 사람들보다 직접 대면한 사람들이 훨씬 좋았다. 이 연구의 수석 연구원은 "마음으로 포착하는 무언가가 신뢰할 만한 사람을 더 잘 식별하게 해줍니다"라고 말했다.[16]

또한 온라인에서 누군가에게 깊은 인상을 주려 할 때와 직접 대면에서 상대방에게 깊은 인상을 주려 할 때의 행동이 달라진다. 토론토대학교의 연구원들은 관심 있는 사람들로 짝을 만들어 그들을 두 그룹으로 나누었다.[17] 첫 번째 그룹은 대면해서, 두 번째 그룹은 온라인 채팅으로만 대화를 나누게 했다. 이후 대화의 질을 분석한 결과, 온라인 대화에 참여한 사람들이 직접 만난 사람들보다 상대에 대해 질문하는 횟수는 적고 자신에 대해 언급하는 횟수는 많았다. 신체적 신호, 표정, 어조를 읽을 수 있는 대면 대화는 "더 깊고 매끄러운 사회적 교류"를 가능하게 했다.

우리는 이런 사실을 직관적으로 알고 있다. 16세기 수필가 미셸 드 몽테뉴는 이렇게 썼다. "연인들은 싸우고, 다시 화해하고, 부탁하고, 감사하고, 비밀스러운 만남의 자리를 마련하고, 모든 이야기를 한다. 눈으로 말이다."[18] 눈뿐만이 아니다. 손, 머리, 어깨, 심지어 눈썹까지 이야기를 전한다. "움직임 하나하나가 빠짐없이 의미 있는 언어, 배울 필요가 없고 우리 모두에게 공통된 언어를 사용해 이야기를 전한다."

이런 무언의 신호와 몸짓에 인류학자 에드워드 T. 홀Edward T. Hall 은 "침묵의 언어silent language",[19] 심리학자 앨버트 메레이비언은 "암시적 커뮤니케이션implicit communication"이라는 이름을 붙였다.[20] 거리에서 사람들의 상호작용을 지켜보던 찰스 다윈을 매료시킨 것도 바로 이 무언의 신호와 몸짓이었다. 여기에는 목소리의 높낮이, 크기, 억양과 같은 이른바 준언어 단서paralanguage cues와 의미를 전달하기 위해 사용하는 다양한 촉각(접촉) 전략이 포함된다.

노련한 정치인들은 이 모든 도구를 유연하게 사용한다. 1957년 상원 다수당의 당 대표이던 린든 존슨이 찍은 사진이 이를 잘 보여준다. 사진에서 존슨은 90세에 가까운 작은 체구의 시어도어 그린 상원의원에게 지나치게 붙어 있다. 바로 이 "존슨 방식Johnson treatment" 때문에 그린은 책상에 등을 댄 상태이고, 존슨의 얼굴은 그린의 얼굴과 몇 센티미터밖에 떨어져 있지 않다. 근접성은 중요하다. 그렇다면 근접성이 드러내는 것은 뭘까? 2018년 G7 정상회담에서

도널드 트럼프 대통령을 마주한 앙겔라 메르켈 독일 총리의 사진은 협상의 가장 긴장된 순간을 포착하고 있다. 이 사진에서 메르켈 총리는 손을 테이블에 단단히 얹고 서서 몸을 기울여 트럼프를 똑바로 바라보고 있고, 건너편에 앉은 트럼프 대통령은 팔짱을 끼고 눈을 마주치지 않은 채 뚱한 표정을 짓고 있다.

생물학적 연결 능력과 공감 능력에 대한 신경과학자들의 연구는 잦은 상호작용의 필요성을 과소평가해서는 안 된다는 것을 보여준다. 바버라 프레드릭슨Barbara Fredrickson과 같은 과학자들은 뇌와 심장을 연결하는 미주신경이 얼굴 표정을 읽고 어조를 이해하는 능력에 어떻게 관여하는지 보여주었다. "미주신경 긴장도(심박의 변동을 파악하고 측정한다)"의 증가는 연결 능력과 관련이 있다. 프레드릭슨은 〈심리 과학Psychological Science〉 저널에 발표한 연구를 이렇게 설명한다. "다른 사람들을 감정적으로 인식하고 그들과 강하게 연결되어 있을수록 건강해집니다. 그 반대도 성립합니다."[21]

얼굴을 직접 마주할 때 주고받는 표정과 몸짓은 인간관계뿐만 아니라 신체 건강에도 중요하다. 미주신경계는 인간관계를 위한 생물학적 시스템의 일부다. 공감의 원동력이 되는 진화의 산물인 것이다. 이 신경계는 사용하지 않으면 능력이 저하된다. "기본적 생물학적 능력인 대면 상호작용은 정기적으로 하지 않으면 결국 사라진다." 프레드릭슨의 말이다.

## 투명 인간들의 사회

2010년 행위 예술가 마리나 아브라모비치Marina Abramović는 뉴욕 현대 미술관에서 700시간짜리 작품을 선보였다.[22] 〈작가 있음The Artist Is Present〉은 아브라모비치가 의자에 앉아 있고 그 맞은편에 빈 의자가 있는 작품이다. 관람객들은 원하는 시간만큼 그 의자에 앉아 아티스트와 얼굴을 마주 볼 수 있다. 아브라모비치와 앉아 있기 위해 사람들이 몰려들었다. 어색하게 웃는 사람도 있었고 우는 사람도 있었다. 어떤 사람은 몇 시간 동안 그녀를 응시했고 어떤 사람은 그녀와 하루 종일 마주 앉아 있었다. 50만 명에 가까운 사람이 전시를 관람했다. 한 평론가에 따르면 아브라모비치는 "끈질기게 그곳에 머무르면서 관객들이 불편한 현실에 직면하게 했다."

대부분의 비평가는 아브라모비치의 작품을 20세기 후반 행위 예술의 맥락에서 해석했지만 나는 사회학자 어빙 고프먼Erving Goffman의 연구를 떠올렸다. 그는 20세기 중반 평범한 사람들의 일상적인 상호작용을 관찰함으로써 공적 공간에서 사람들이 지키는 근접성의 규범들을 탐구했다. 아브라모비치와 마찬가지로 고프먼은 평범하고 작은 행동들에서 대부분의 사람이 보는 것보다 훨씬 많은 것을 보았다. 그는 자신의 책《상호작용 의례》에서 "우리가 때때로 무의미하게 여기는 몸짓이 사실 그 어떤 것보다 충만한 것일지 모른다"고 말했다.[23] 고프먼은 공적 공간에서 이루어지거나 이루어지지 않는 상호작용이 사회적 삶의 기초를 형성한다고 생각했다.

고프먼은 개인용 모바일 기술이 등장하기 전에 글을 썼기에 사회적인 상호작용에 대해 지금과는 매우 다른 규칙을 이야기했다. 다윈처럼 그는 몸짓과 몸짓이 전달하는 메시지를 빈틈없이 관찰했다. 그의 주장에 따르면 사람들은 만나서 보통 말을 통해 의식적으로 상대에게 정보를 "준다." 하지만 눈의 움직임, 어조, 몸짓을 통해 무의식적으로 정보를 "풍긴다."[24] 언어적 신호와 비언어적 신호의 섬세한 율동에 계속해서 대응하려면 쌍방이 상호작용에 주의를 기울여야 한다. 두 사람 모두 상대가 규칙을 이해하고 있다고 가정해야 한다. 고프먼은 "이렇게 현재 보고 있는 것을 통해 어떤 일이 일어날지 예측할 수 있다는 암묵적인 합의가 있어야 사회적 상황에 놀라거나 위협을 느끼지 않는다"면서 이런 무언의 신호가 "사회적 상호작용의 규칙"이라고 말했다. 우리가 이런 규칙들을 따르는 것은 왜일까? 그 규칙들이 우리 자신의 경험이, 그리고 더 넓게는 자아의식이 진짜임을 증명해주기 때문이다.

그 규칙들을 무시하면 어떤 일이 일어날까? 독일어에는 "wie Luft behandeln"이라는 말이 있다. 소외감을 표현하는 말로서 '투명 인간 취급을 하다'라는 의미다.[25] 〈심리 과학〉에는 대학 캠퍼스에서 이루어진 소규모 현장 실험의 결과가 발표되었다. 한 여성이 캠퍼스를 돌아다니다가 낯선 사람을 만나면 눈을 마주치거나 눈을 마주치고 미소를 짓거나 마치 그가 보이지 않는 것처럼 못 본 척하는 등 세 가지 행동 중 하나를 했다. 몇 분 후 다른 연구자가 자신도 모르는 사이 연구에 참가한 사람들을 불러서 사회적 상호작용에 대한 느낌이 어땠는지 물었다. 그 결과 여성이 눈을 맞추거나 미소를 지어주었던 사람들은 그녀가 못 본 척했던 사람들보다 단절된 느낌을 덜 받은 것으로 드러났다. 연구팀은 "인간은 수용이나 소외의 아주 작은 단서까지 감지하는 시스템을 진화"시켰고 상대의 눈을 보는 것은 수용을 뜻하는 미묘한 몸짓, 즉 작지만 의미 있는 사회적 관심을 보여주는 행동이라고 주장했다.

개인용 기술, 특히 휴대전화는 사회적 관심을 고갈시킨다. 계산대에서 일하는 사람들은 고객들에게 자신들은 점점 보이지 않는 존재가 되어간다고 말한다. 고객들은 휴대전화를 보거나 이어폰을 꽂고서는 계산대 직원들에게는 알은척도 하지 않기 때문이다. 많은 사람이 이런 행동을 하고도 자신이 상대에게 어떤 메시지를 보내는지 생각조차 하지 않을 것이다. 브루클린의 지붕 시공 업자 조지 패커는 〈뉴요커〉와의 인터뷰에서 그의 일에 어떤 변화가 있었느냐는 질문에 이렇게 답했다.[26] "그들은 사람을 대하는 법을 모릅니다. 그들은 휴대전화에만 매달려서 …… 알아듣기도 힘들게 웅얼거릴 뿐이죠. 그들은 말하는 법도 모릅니다."

사람들은 늘 공적 공간에서 사적인 공간을 만들 방법을 찾는다. 그래야 공적 공간이 견딜 만한 곳으로 바뀌기 때문이다. 고프먼이 말하듯이 사회적 관심은 "상대를 보기는 했으나 특별한 호기심의 대상은 아닌 것처럼 대하는" 사회적 **무관심**과 한 쌍을 이룬다.[27] 우리는 엘리베이터에 타는 낯선 사람에게 고개를 끄덕인 다음 다시

시선을 천장으로 옮기거나 다른 승객들이 버스에 타는 것을 보다
가 다시 스마트폰에 코를 박는다. 그래도 이런 식의 사회적 무관심
은 '투명 인간 취급'과는 질적으로 다르다. 주변 사람들을 잠깐도
알은척하지 않고 스마트폰 화면에만 집중하는 것은 사회적 무관심
이 아니라 사회적 유리civil disengagement다. 오늘날에는 이런 사회적
유리가 공적 공간의 표준이 되고 있다.


## 인간을 대체한 기계

1980년대 플로리다에서 자란 나는 지역 은행인 선 뱅크Sun Bank
가 처음으로 현금자동입출금기ATM를 설치했던 때를 기억한다. 나
는 그 ATM을 초현대적 돈 기계라고 생각했고 부모님이 어서 그
기계를 써보기만을 기다렸다. 하지만 은행 관계자들은 창구 직원
과의 대면에 익숙한 고객들을 걱정해 그 기계를 인간적으로 만들
기 위해 노력했다. 은행 로비에 자리한 ATM 옆에는 미소 짓는 여
자의 등신대가 있고 기계가 "친절한 개인 맞춤형 서비스"(내 기억이
맞다면 말이다)를 제공한다는 문구가 적혀 있었다. 고객을 안심시키
기 위한 메시지였다. 그것은 편의성은 인간적 접촉(고객이 가장 중요
하게 여길 것으로 여겨졌다)을 잃어가면서까지 추구할 만한 것은 아니
라는 분명한 메시지이기도 했다.

21세기의 우리에게는 더 이상 그런 말이 필요치 않다. 우리는 매

일같이 무인 키오스크에서 계산을 하고, 온라인에서 간편하게 물건을 사며, 수많은 옵션을 선택하고 대기해야 하는 자동 응답 전화라는 지옥을 견딘다. 새로운 기술이나 기술 기반 서비스가 빠르게 주류가 되면서 인간이 대체되고 있다는 것조차 깨닫지 못하면서.

몇 년 전, 미국 스킨케어 업체인 크리니크Clinique는 고객과의 관계를 근본적으로 재고하기로 했다.[28] 과거 백화점의 크리니크 코너에 간다는 것은 흰색 가운을 입은 직원의 세심한 배려를 받는다는 의미였다. 그들은 피부 관리에 대한 조언을 하고, 심지어는 메이크업까지 해주었다. 오늘날 크리니크 코너에는 다음과 같이 적힌 안내판이 있다. "크리니크 쇼핑 바구니를 든 고객님을 방해하지 않겠습니다. 약속드립니다."

크리니크의 새로운 모토는 "고객이 원하는 대로의 서비스"다. 회사는 이것이 고객의 바람에 맞춘 변화라고 했다. 어떤 고객이냐고? 32세의 한 크리니크 고객은 〈월스트리트 저널〉과의 인터뷰에서 다른 사람과 상호작용을 하지 않아도 되는 "부담 없는 쇼핑 환경"을 원한다고 했다. 미 전역의 1500개 크리니크 매장을 찾는 고객들은 지나치게 간섭하는 직원과 대화하는 대신 아이패드를 통해 화장품을 추천받는다. 크리니크는 직원들에 대한 재교육까지 실시했다. 보디랭귀지 읽는 법을 가르쳐서 직원이 고객에게 부담 주는 일이 없게 하려는 것이었다. 크리니크 관계자는 〈월스트리트 저널〉과의 인터뷰에서 이렇게 말했다. "소비자들은 지식과 서비스를 온디맨드on-demand*로 얻는 자유를 원했습니다." 이 회사는 거기에서

한 걸음 더 나아가 코로나19 팬데믹 기간 동안 쇼핑객들이 매장을 직접 찾지 않고도 스마트폰으로 QR 코드를 스캔하고 자신의 사진을 찍어, 바로 '피부 진단'과 제품 추천을 받을 수 있는 '크리니컬 리얼리티Clinical Reality' 서비스를 도입했다.

크리니크의 사례가 보여주듯이 '온 디맨드' 경험에는 인간 직원이 빠지고 그 자리를 기술이 대체한다. 이런 경험은 우리 삶의 많은 영역으로 확대되고 있다. "애플 스토어에 들어갔습니다. 스마트폰으로 구매하는 제품을 스캔했습니다. 애플 계정으로 결제를 하고 매장을 나왔습니다. 사람과 대화할 필요가 없는 날이 곧 올 것입니다!"²⁹ 〈폴리티코Politico〉 기자의 트윗이다. 왜 필요도 없는 사람과의 상호작용에 시간을 낭비한단 말인가? 온라인에서도 다를 것은 없다.

공항에서의 경험도 점점 더 자동화되고 있다. 온라인으로 항공권을 구매하고 자동 키오스크, 휴대전화, 컴퓨터를 통해 체크인을 한다. 점점 더 많은 항공사가 셀프 탑승 게이트를 설치하면서 항공사 직원이 탑승권을 스캔하고 즐거운 비행이 되길 바란다고 인사하는 일도 사라지고 있다. 루프트한자 대변인은 이렇게 설명했다. "많은 승객이 직원과의 대화를 원하지 않는 상용 고객입니다."³⁰ 호텔들은 직원이 상주하는 안내 데스크를 없애고 대신 투숙객이 직접 체크인을 하는 태블릿 컴퓨터를 설치하고 있다.

---

\*　　소비자가 원하는 시점에 즉시 서비스나 제품을 이용할 수 있는 비즈니스 모델

〈월스트리트 저널〉의 기자는 "나만의 생각일지 모르지만, 아이들을 끌고 쇼핑몰에 가서 줄을 서고 한참을 기다리다가 아이들을 낯선 사람의 무릎에 올라앉게 하는 것이 명절의 즐거움은 아닌 것 같다"라고 썼다.[31] 여기에서 낯선 사람은 산타클로스다. 산타를 직접 만나는 것마저 귀찮은 일이 되었다. 대신 아이들은 이제 스카이프미산타SkypeMeSanta나 줌Zoom과 같은 서비스를 통해 "편안하게 집에서 산타와 영상 채팅을 할 수 있다." 이런 플랫폼은 학생들이 멀리 사는 좋은 음악 선생님의 수업을 들을 수 있게 하고, 북클럽이 온라인으로 작가를 '만날' 수도 있게 한다.

2020년 봄 코로나19가 미국 전역에 걸친 긴 죽음의 행진을 시작했을 때 바이러스의 확산을 막기 위해 주정부들은 봉쇄령을 내려서 기업과 학교를 폐쇄하고 사람들을 집에 머무르게 했다.[32] 그러자 줌, 마이크로소프트 팀즈, 스카이프와 같은 화상회의 플랫폼을 통해 소통하고 일을 하는 것이 기술의 축복으로 묘사되었다. 신문 기사들은 줌 칵테일 아워zoom cocktail hour를 반기고, 온라인 상태로 긴 시간을 보내는 미국인들에게 이국적인 해변을 비롯해 기분이 좋아지는 사진을 배경 화면으로 추가하라고 조언하는 등 긍정적인 분위기를 조성했다. 이는 팬데믹 기간에 불거진 여러 복잡한 사회적 문제에 대한 간단한 기술적 대응책이었고, 얼핏 문제에 대한 실질적 해결책이었으며, 줌의 슬로건인 "행복을 전합니다"의 정당성을 입증하는 증거였다.

그러나 봉쇄가 계속되고 가상 모임이 새로운 것에서 의무적인 것으로 바뀌자 많은 미국인이 일정표에 늘어가는 줌 미팅에 두려움을 느끼기 시작했다. 4월 말 〈뉴욕타임스〉 기자 케이트 머피는 독자들에게 "줌이 끔찍한 이유"를 설명했다.[33] 좌절감을 준 것은 기술이 아니라 경험이었다. 그녀는 화면을 통해 사람들과 긴 시간 대화를 나누었음에도 사람들과의 관계에서 불안감을 느꼈다고 한다. 표정과 보디랭귀지의 미묘한 변화를 파악할 수 없었기 때문이다.

또한 가족의 생일과 결혼식을 비롯한 축하 행사가 모두 같은 플랫폼에서 이루어지면서 각 행사의 세부 사항이 모호해지기 시작했다. 심리학자 가브리엘 래드밴스키와 제프리 잭스는 기억의 형성과 인식에서 "사건 경계event boundary"가 중요한 역할을 한다고 설명했다.[34] "사건은 인간 경험에서 중심이 됩니다. 사건 인식은 사람들이 사건을 인지하고 생각하고 이야기하고 기억하는 방법을 연구하는 것입니다." 그러나 이런 사건들을 서로 구별하고 영구적인 기억을 형성하려면 명확한 경계가 필요하다.

팬데믹 이전에도 일상적인 경험을 매개하는 방향으로 변화들이 일어났지만 큰 주목이나 환영을 받지는 못했다. 여러 도시가 EZ 패스 시스템(패스 소지자의 계좌에서 자동으로 돈을 차감하거나 계정이 없는 사람의 경우에는 차량 번호판과 연결된 주소로 청구서를 보낸다)으로 전환함에 따라 통행료 징수소가 일상에서 사라지고 있다. 2013년 3월 샌프란시스코의 금문교는 76년 동안 징수원을 통해 통행료를 받던 시스템을 자동 시스템으로 대체했다. 이로써 샌프란시스코는

800만 달러의 비용을 절감하게 되었다. 상당히 큰 액수인 것은 사실이다. 하지만 다리를 건너는 사람들은 더 이상 징수원이 보내는 인사나 미소를 볼 수 없을 것이다. 이는 자동화 비용을 평가할 때 거의 포함되지 않는 질적 손실이다. 18년 동안 이 다리에서 일한 통행료 징수원은 이렇게 말했다. "저희의 미소는 때로 사람들이 그 날 처음으로 마주하는 미소였을 것입니다. 많은 사람에게 그랬겠죠. ……그런 인간적인 접촉을 빼앗기는 것입니다. 저는 컴퓨터가 그 부분까지 대체할 거라고는 생각지 않습니다."[35]

사람이 근무하는 톨게이트의 불편함을 그리워할 사람은 찾기 힘들 것이다. 톨게이트가 사라진 것은 컴퓨터 등의 기술이 인간의 손길을 대체할 수 있다는 생각을 문화 전반이 받아들이고 있다는 의미다. 대면 접촉이 중요해 보이는 의료 분야까지 말이다. 미국 식품의약국FDA은 아이로봇iRobot(로봇 청소기 룸바Roomba의 제조사)이 만든 의료용 로봇 RP-VITA를 승인했다.[36] 이 "인간 크기의 텔레프레전스telepresence 로봇"은 머리가 있어야 할 곳에 있는 스크린을 통해 의사의 얼굴을 보여주면서 의사와 환자가 원격으로 상호작용하게 돕는다.

노스이스턴대학교의 연구원들은 이와 비슷한 이동형 컴퓨터를 만들었다.[37] 루이스란 이름의 이 컴퓨터는 "퇴원 도우미"의 역할을 한다. 루이스는 병상에 다가와서 최장 40분 동안 퇴원 이후 환자가 따라야 할 의료 지침을 검토하고 설명한다. 환자들은 루이스를 좋아한다. 병원 관리자들은 〈워싱턴 포스트〉에 환자들이 루이스를

"진짜 간호사"보다 선호한다고 말했다. 루이스는 환자들의 질문을 짜증스럽게 여기지 않고, 퉁명스러운 반응을 보이지도 않으며, 지치거나 화내는 법이 없고, 절대 사소한 일에 주의를 빼앗기지 않는다. 루이스는 완벽한 서비스 로봇이다. 미국 전역 수백 개의 병원에서 딜리전트 로보틱스Diligent Robotics의 목시Moxi와 같은 '코봇cobot, collaborative robot'들이 사용되고 있다.

노인 돌봄 시설도 인간 직원들의 부담을 덜기 위해 로봇을 도입하고 있다. 캐나다의 파올라 라빈 박사가 이끄는 프로젝트에서는 시설 노인들의 외로움을 달래는 휴머노이드 로봇 그레이스Grace를 사용한다.[38] 라빈은 "그레이스는 피로감 없이 온종일 일할 수 있고, 인간들처럼 강도 높은 감정 노동에도 정신적 부담을 느끼지 않습니다"라고 말했다.

미국 2대 건강보험 회사인 웰포인트Wellpoint는 가입자들에게 의사와의 주문형 화상 채팅 서비스를 제공한다(대면 진료와 동일한 본인 부담금을 지불해야 한다).[39] 영국 국민건강보험의 치료사들은 몇 년 전부터 온라인을 통해 공황 발작과 공포증을 앓고 있는 사람들을 치료해왔으며, 워봇Woebot과 같은 차세대 의료용 챗봇은 환자에게 "개인 정신 건강의 동반자"이자 "업계 최고의 경청자"로 마케팅되고 있다.[40]

이런 프로그램이 많은 사람에게 도움이 되는 것은 분명하다. 하지만 매개된 형태의 치료가 항상 최선인 것은 아니다. 그럼에도 편의성이 높고 비용도 절감되는 가상 진료가 대면 진료(대개 더 비싸고 시간도 많이 걸린다)를 대체하게 될까? 대면 진료를 옹호하는 에이브러햄 버기즈 같은 의사들은 벌써 낡은 기술의 옹호자라고 불리는 형편이다. 버기즈는 눈썹이 성기거나 귀가 울퉁불퉁한 것만 봐도 환자에게 어떤 이상(갑상선 문제와 통풍)이 있는지를 파악한다. 그는 "얼굴만 봐도 많은 의학적인 단서를 얻을 수 있습니다"라고 말했다.[41] 얼굴을 직접 보는 것이 치료에 차이를 만드는 셈이다.


## 친구를 만나지 않는 10대들

매개된 삶이 일상이 되고 있지만 우리는 그 변화를 혁명적인 것으로 인식하지 않는다. 아니, 대부분의 경우에는 인식 자체를 하지 않는다. 식당에서 인간 웨이터 대신 맞춤형 아이패드를 사용하거나 아마존이 오프라인 쇼핑몰을 대체하는 것이 뭐가 문제란 말인가? 이들 기술은 우리에게 더 많은 선택지와 편의를 제공하지 않는가? 이들은 우리가 떠받드는 가치가 아닌가?

우리는 매개 없는 실제적인 인적 접촉을 경험한 후에야 매개의 효과를 깨닫는다. 〈뉴욕타임스〉 평론가처럼 말이다. 그는 2011년 타임스스퀘어에서 공연된 〈1인용 극장Theater for One〉에 대해 "이 인상적인 창작물은 일상적 상호작용에 매개, 보호, 제약이 얼마나 많은가에 대한 불안감을 갖게 한다. 상대에게 진지하게 집중하는 것(단 5분일지라도)은 생각보다 훨씬 더 특별한 경험이다"라고 말

했다.[42]

　젊은 미국인이 상대에게 진지하게 집중하는 일은 점점 줄고 있다. 10년 전, 퓨 리서치 센터Pew Research Center가 '인터넷과 미국인의 생활 프로젝트Internet and American Life Project'를 진행한 결과, 주변 사람들과 일상적으로 문자 메시지를 주고받는 10대 청소년은 63퍼센트인 반면, 다른 사람들과 직접 만나 대화하는 청소년은 35퍼센트에 불과한 것으로 나타났다.[43] 매일 학교 밖에서 친구를 직접 만나는 10대 청소년은 25퍼센트에 불과했고 이는 2009년의 35퍼센트에서 상당히 감소한 수치였다. 학교 밖에서 직접 친구를 만나는 횟수를 일주일에 몇 차례로 줄였을 때도 비율은 37퍼센트에 그쳤다.

　2018년에 실시된 업데이트 연구에서도 이런 경향이 계속되고 있는 것으로 나타났다.[44] 퓨 리서치 센터의 연구 결과, "10대들은 친구들과의 일상적인 상호작용이 온라인에서 이루어진다고 보고할 가능성이 훨씬 높았다." 10대 10명 중 여섯 명은 매일 또는 거의 매일 온라인으로 친구들과 시간을 보낸다고 답한 반면, 같은 빈도로 친구들을 직접 만나 시간을 보낸다고 답한 비율은 24퍼센트에 불과했다(학교 관련 활동 제외). 미래 모니터링 조사Monitoring the Future Survey에서는 "거의 매일" 친구를 직접 만난 12학년 학생의 수가 2010년 44퍼센트에서 2022년 32퍼센트로 감소한 것이 드러났다.

　매개된 인간관계가 아이들에게 미치는 장기적 영향에 대해서는 아직 대규모 연구가 이루어지지 않았다. 하지만 최근 몇 가지 흥미로운 연구는 이것이 단순히 한 가지 형태의 통신 기술에서 또 다른 형태의 통신 기술로의 전환이 아님을 시사한다. 2012년 〈발달심리학Developmental Psychology〉에는 스마트폰 사용이 보편화되는 과정에서 8~12세 소녀 3461명의 멀티태스킹과 미디어 사용 실태를 측정한 연구가 발표되었다.[45] 그 결과, 매개된 상호작용과 직접적인 상호작용 간에 현저한 차이가 드러났다. 연구 대상자들의 전자 매체 사용 시간은 하루 평균 6.9시간인 반면 직접적인 상호작용 시간은 하루 평균 2.1시간에 불과했다.

스탠퍼드대학교의 커뮤니케이션학 교수로 미디어 멀티태스킹 전문가였던 고故 클리포드 나스Clifford Nass는 "미디어 멀티태스킹을 보다 세밀하게 측정하고 미디어 사용 시간을 대면 커뮤니케이션 소요 시간과 비교 측정하는" 연구를 개발했다. 그는 미디어 사용과 부정적인 사회적 웰빙(낮은 자신감, 비정상적 느낌, 수면 부족 등) 사이에 강한 상관관계가 있음을 발견했다. 반면 "대면 커뮤니케이션은 긍정적인 사회적 웰빙과 강한 연관이 있었다."

이 충격적인 연구 결과를 확인한 나스는 아이들이 대면 상호작용을 화면 매개 상호작용으로 대체하는 것은 "정서적, 발달적 측면에서 심각한 결과를 초래할 수 있다"고 했다.[46] 그는 이렇게 덧붙였다. "아이들은 감정에 대해 배워야 하며, 그 방법은 다른 사람들에게 주의를 기울이는 것이다. 아이들은 진짜 상대방의 눈을 봐야 한다." 그는 페이스타임, 스카이프 같은 영상 채팅 서비스는 대면 상호작용과 결코 같지 않다는 것을 발견했다. 아이들은 서비스를 이용하는 동안 멀티태스킹을 하는 경우가 많고 화면상의 상대방에게 온전히 집중하지 않기 때문이다. 나스는 경고한다. "대면 의사소통을 피한다면 꼭 배워야 하는 필수적인 것들을 배우지 못하게 된다. ……사회적 기술을 반드시 배워야 한다. 감정에 대해 배워야 한다. 가장 중요한 점은 대면 커뮤니케이션이 말할 수 없이 중요하며, 어린이와 가족 사이에 대면 커뮤니케이션이 급격히 감소했다는 것이다."

10대 청소년이 친구들과 직접 대면하는 시간이 감소한 것은 스마트폰 사용이 증가한 2010년경부터다. 진 트웬지를 비롯한 연구자들이 발견했듯이 많은 10대 청소년이 문자 메시지나 소셜 미디어 플랫폼을 통해 친구들과 연락하고 지내는데도 불구하고 직접 대면하는 시간이 줄어들면서 외로움을 호소하는 10대 청소년이 증가하기 시작했다.[47] UCLA의 정신과 및 신경과 교수인 개리 스몰도 여기에 동의한다. "기술은 분명 대단하다. 또한 젊은 사람들은 뛰어난 기술적 기량을 갖추고 있다. 하지만 그들에게는 대면 상호작용과 같은 인적 기술도 꼭 필요하다."[48]


## 직관을 방해하는 기술

일본에서 일하는 사람이라면 스마일스캔SmileScan 기술의 인정사정없는 시선을 받아야 할 수도 있다.[49] 오므론OMRON의 오카오 비전OKAO Vision이 개발한 스마일스캔은 소형 비디오카메라로 사람의 얼굴을 스캔한 뒤, 화면에 3D 모델로 옮기는 기계다. 이 기계는 눈이나 입과 같은 얼굴의 중요한 지점을 분석해 미소의 강도와 진실성을 판단한 후 0~100의 척도로 평가한다. 이 기술은 원래 기계가 사람의 표정을 읽게 하기 위해 개발되었다. 일종의 자동화된 폴 에크먼이라고 할까? 하지만 이 기술은 사회적 통제의 도구가 될 수도 있다. 오므론 연구소의 한 관리자는 이 기술의 응용 가능성을 이렇게 설명했다. "서비스 업계 종사자들을 대상으로 '미소 검사기'로 사용한다면 어떻겠습니까?" 실제로 스마일스캔은 일본 게이힌역에서 사용되고 있다. 근무자들은 일을 시작하기 전에 얼굴을 스캔해야 한다.

왜 우리는 기계에게 미소의 진위를 판단하게 하려는 것일까? 우리의 고정관념에 기반한 '자동 평가 메커니즘'을 기계에게 아웃소싱함으로써 기계가 우리를 더 잘 읽을 수 있게 되면 우리가 서로를 읽는 능력은 약화될까? 이미 컴퓨터는 진짜 미소와 가짜 미소를 구분할 수 있다. 또한 엔지니어들은 인간인 상대방의 움직임을 읽어서 그가 세 가지 동작 중 어떤 것을 하려고 하는지 판단해 가위바위보 게임에서 항상 이기는 로봇을 만들었다. 그런 기술이 있는데도 아날로그적 직관에 집착하는 이유는 무엇일까?

애플을 비롯한 기술 기업들은 시선 추적 소프트웨어에 대한 특허를 갖고 있으며, 키넥트Kinect와 같은 비디오게임 시스템에는 이미 사용자를 실시간으로 지켜보면서 비언어적 행동을 기반으로 사용자의 습관과 루틴을 학습하는 기술이 내장되어 있다. 비디오게임 플레이어들이 남긴 흔적을 연구해온 스탠퍼드대학교 가상 인간 상호작용 연구소의 제러미 베일린슨은 최근 이렇게 경고했다. "게이머들은 자신이 감시당할 수 있다는 점, 키넥트와 같은 게임 시스템과 게이머의 상호작용 방식이 게이머에 대한 많은 것을 노출할 수 있다는 점을 알아야 한다."[50] 당신은 화가 많은 사람이고 이를 다른 사람에게 들키고 싶지 않다고 가정해보자. 키넥트가 그 사실을 '알고' 있다면 어떤 생각이 들까? 키넥트가 아닌 다른 사람이라면?

심리학자 메리앤 라프랑스가 상기시켜주듯이 미소는 "결과가 따르는 사회적 행위"다.[51] 감정을 읽는 일을 기계에 아웃소싱한다면 맥락에 따른 미소의 의미를 이해하는 우리의 능력은 약화될 것이다. 스마일스캔은 사람들이 전 영국 총리 고든 브라운이 짓는 미소의 부자연스러운 타이밍을 자주 언급하는 이유를 알까? 미국 대통령 후보였던 허먼 케인이 무려 9초 동안 미소를 보여주는 소름 끼치는 TV 광고로 조롱받은 이유는?

조작 기술이 발달함에 따라 다른 사람의 얼굴에서 감정과 의도를 감지하는 우리의 능력은 더 중요해질 것이다. 인터넷 커뮤니케이션을 다루는 여러 글은 미래에는 줌과 같은 플랫폼에서 시각적 조작이 늘어날 것이라고 예측했다. 이런 글도 만날 수 있다. "특정 표현의 강도를 그때그때 수정하는 것도 영 불가능한 일은 아니다. 표현을 강화할 수도 있다. 예를 들어, 눈 주위에 주름을 만들어 진짜 미소라는 인상을 줄 수 있다."[52] 다시 말해 인간의 얼굴을 실시간으로 포토샵하는 기술이 곧 등장할 것이다. 보는 사람을 오도하려는 기술 말이다. 매력이 떨어지는 정치인들은 이런 유형의 '카리스마 증폭기'를 격하게 반길 것이다. 우리는 이미 페이스튠FaceTune이나 포토샵과 같은 가벼운 형태의 카리스마 증폭기 또는 외모 증폭기를 사용하고 있다. 조작인지 알아보기가 점점 힘들어지는 딥페이크 이미지나 동영상은 더 말할 것도 없다.

다른 사람들은 어떨까? 과거에 사람들은 관련 분야의 행사에서 인맥을 넓힐 기회를 찾곤 했다. 하지만 여기에도 매개 기술로 인한 변화가 있었다. 이제 콘퍼런스나 회의 중에 휴식 시간을 장악하는 것은 스마트폰을 확인하거나 문자를 보내거나 매개된 의사소통 속으로 떠나고자 하는 충동이다.

팬데믹으로 인한 봉쇄가 끝난 후 사무실로 복귀하라는 고용주의 요구에 많은 직장인이 저항했다. 하지만 직장 내에서 우연히 발생하는 기회(복도 구석에서 이루어지는 비공식적인 대화)가 생산성을 향상시킨다는 강력한 증거가 있다. 상담 센터에 대한 연구에서는 직원들이 동료들과 직접적인 상호작용을 많이 하는 센터가 그렇지 않은 센터보다 생산성이 두 배나 높은 것으로 나타났다. 애플의 스티브 잡스는 회사의 엔지니어, 아티스트, 작가들이 서로 지나치면서 일어나는 우연한 상호작용을 염두에 두고 픽사 애니메이션 스튜디오에 중앙 아트리움을 만들었다. 글락소스미스클라인GlaxoSmithKline은 1200명의 직원이 근무하는 노스캐롤라이나주 리서치 파크 트라이앵글의 사무 공간을 재배치함으로써 대면 접촉을 촉진했다.

그 결과, 비용이 절감되었을 뿐만 아니라 직원들의 생산성까지 증가했다.

물리적 근접성은 과학 연구의 질에도 영향을 미친다. 하버드의 과대학 생물의학 정보 센터Center for Biomedical Informatics의 이경준 교수는 과학 논문 공저자들 사이의 물리적 근접성을 연구했다. 이 연구를 통해 "최근 등장한 통신 기술이 과학 연구에 긍정적인 영향을 미치고 있음에도 물리적 근접성이 협업 효과의 예측 변수로 작용한다는 강력한 증거가 드러났다."[53] 공저자들이 물리적으로 서로 가까울수록 그들의 연구가 인용되는 횟수가 늘어났고, 공저자 간의 거리가 멀어질수록 인용 횟수는 감소했다.

물리적 근접성은 창의력만 자극하는 것이 아니다. 근접성은 공적 공간에서의 인식과 안전에도 중요하다. 2013년 샌프란시스코의 혼잡한 통근 열차에서 한 남성이 스무 살의 학생 저스틴 밸디즈를 총으로 쏴 죽였다. 보안 카메라의 영상에서 확인되는 것처럼, 범인은 총을 발사하기 전에 45구경 권총을 공공연히 내보였고 한 번은 통로 건너를 겨누기까지 했다. 이 붐비는 열차의 승객들은 스마트폰과 태블릿에 너무 집중하고 있어서 이를 알아차리지 못했다. 지방검사인 조지 가스콘은 이후 AP 통신과의 인터뷰에서 이렇게 말했다. "범인은 은밀하게 움직인 것이 아니었습니다. 총이 확연히 드러나 있었습니다. 사람들은 범인과 매우 가까운 거리에 있었지만 아무도 이런 상황을 보지 못했습니다. 문자 메시지, 독서 등에 너무 몰두한 나머지 주변을 전혀 의식하지 못했습니다."[54]

기술이 근본적으로 바꾸어놓은 것은 공적 공간에서의 인식만이 아니었다. 타인에 대한 의무감까지 변화시켰다. 주변 사람보다는 눈앞의 화면에 몰두한 우리는 무슨 일이 벌어지는지 알아차리지 못할 때가 많다. 대낮에 필라델피아에서 길을 걷던 시각장애인이 공격당한 사건이 주목을 받았다. 보안 카메라에 찍힌 영상을 통해 많은 행인이 이 공격을 무시했고 911에 신고하지 않았다는 것이 드러났기 때문이다. 방관자 효과를 보여주는 사건이었다. 당시 필라델피아 경찰청장이었던 찰스 램지는 지역 라디오 방송에서 이런 무반응이 "점점 더 흔해지고 있다"면서 경찰에 신고하기보다는 폭행 장면을 휴대전화로 녹화하는 경우가 더 많다고 했다. 실제로 유튜브에는 거리, 쇼핑몰, 식당 등에서 발생한 폭력 사건을 담은 수백 개의 동영상이 있다.

20세기 초반의 피투성이 범죄 현장을 담은 아서 펠리그(일명 위지Weegee)의 사진들이 그렇듯이 폭력적인 장면을 포착하는 일에 매력을 느끼는 것은 새로운 현상이 아니다. 다만 카메라가 내장된 휴대전화의 보편화는 이런 상황에서 허용되는 행동의 경계를 변화시켰다. 이제 우리는 모두 펠리그다.

2019년 뉴욕시 지하철에서 78세 여성을 공격한 혐의로 한 남성이 기소되었다. 그가 체포된 것은 사건 영상이 온라인에 게시되어 1000만 회 이상의 조회수를 기록한 후의 일이었다. 뉴스 보도에 따르면, 범인이 여성을 맹렬하게 걷어차는 동안 "그 장면을 녹화하고 소리를 지르는 사람들은 있었지만 개입한 사람은 없었다." 남자는 기차에서 내리면서 녹화하던 사람들에게 "월드스타 힙합WorldStar-HipHop!"이라고 외쳤다.[55] 월드스타 힙합은 사람들이 싸우는 영상들을 모아놓은 유명 사이트다.

이미지의 기록과 전송이 용이하다는 점이 상황을 더 악화시킨다. 이런 용이성 때문에 우리는 긴급 상황을 해결하기보다는 기록으로 남기는 데 더 주의를 기울인다.

물론 미니애폴리스 경찰이 조지 플로이드를 살해한 사건처럼 영상 증거가 대중의 시위와 개혁 요구로 이어지는 경우도 있다. 하지만 긴급한 상황에서 모두 촬영만 한다면 그 상황에 직접 개입할 사람은 남지 않을 것이다. 뉴욕시에서 한 남성이 지하철 선로로 밀려난 비극적인 사건이 있었다. 그는 승강장으로 올라오려고 안간힘을 썼지만 실패했다. 그리고 그는 마지막 순간에 고개를 돌려 자신을 향해 달려오는 열차를 보았다. 우리가 그 사실을 아는 이유는 우연히 승강장에 있던 프리랜서 사진작가가 이 끔찍한 장면을 찍어 〈뉴욕포스트〉에 팔았고, 신문사가 다음 날 1면에 그 사진을 게재했기 때문이다. 한 남성의 죽음을 팔아 이익을 얻은 일은 공분을 샀다. 하지만 그 사진작가와 같이 승강장에 있던 다른 사람들도 나을 바가 없었다. 그 남자와 가까운 곳에 있던 사람들조차 그를 구하는 대신 그의 시체를 찍기 위해 재빨리 휴대전화를 꺼내들었기 때문이다.

1964년 어느 밤 뉴욕의 한 거리에서 키티 제노비스가 잔혹하게 칼에 찔린 사건은 행인의 무관심을 상징하는 사건이 되었다. 많은 사람이·그녀의 비명을 들었지만 아무도 밖으로 나와 그녀를 돕지 않았다는 것이다. 이후 이 이야기는 거짓으로 드러났지만(케빈 쿡 Kevin Cook이 그의 저서 《키티 제노비스Kitty Genovese》에서 거짓을 철저히 밝혔다), 그럼에도 다른 사람을 돕지 않는 상황이 실제로 발생할 수도 있다는 큰 우려를 불러일으켰고 이후 흥미로운 사회과학 연구들이 이어졌다.

1968년 연구에서 사회학자 존 달리와 비브 라타네는 여러 가지 비상 상황(예를 들어, "도움이 필요한 여성" 또는 연기가 가득한 방)에서 사람들이 자발적으로 개입하는지를 실험했다.[56] 그들은 사람이 많을수록 개인의 책임감이 희석된다는 것을 발견했다. 상대를 도울 사람이 자신뿐일 때는 실제로 도와줄 가능성이 훨씬 높았다. 하지만 사람이 많을 경우에는 다른 누군가가 나설 것이라는 생각에 도와줄 가능성이 낮아졌다.

어빙 필리아빈은 후속 실험을 실시했다. 그 결과, 지하철 승객들의 경우에는 열차 안에서 아픈 척을 하며 도움을 요청하는 배우를 훨씬 더 많이 도왔다. 왜일까? 심리학자 엘리엇 애런슨은 심리학의 고전인 자신의 저서 《인간, 사회적 동물》에 다음과 같이 썼다. "같은 열차를 탄 사람들은 운명을 공유하고 있다는 느낌을 가지고 있으며, 피해자와 얼굴을 맞대고 있는 상황이기 때문에 거기에서 바로 벗어날 탈출구가 없었다."

우리의 집단적 방관자 의식은 좋은 쪽으로든 나쁜 쪽으로든 변화하고 있는지도 모른다. 비교적 최근인 2019년 케이프타운과 암

스테르담의 공적 공간에서 발생한 실제 폭력 사건 영상을 분석한 결과, 낯선 사람이 10건의 사건 중 아홉 건에 개입했고 주위에 사람이 많을수록 오히려 개입 가능성이 높았다.[57]

하지만 기술은 개입에 불리하게 작용한다. 샌프란시스코의 총격 사건이 분명히 보여주었듯이 우리가 갖고 있는 기기들은 주변에 대한, 그리고 그에 수반되는 암묵적 의무에 관한 중요한 정보를 차단하는 경우가 많다. 다른 사람을 의식하고 기본 예의를 지키는 것과 같은 의무는 그리 힘들지 않다. 그러나 가끔 우리는 위험에 처한 사람들로부터 도움을 요청받게 된다. 그런 순간에 그들의 고통을 촬영하면 유튜브의 조회수가 얼마나 높아질지 생각해서는 안 된다. 행동해야 한다. 그러지 않으면 우리는 무관심한 방관자가 아니라 잔인한 관음증 환자가 가득한 사회에서 살아가게 될 것이다.


## 우리, 물리적 존재

미래에는 더 많은 사람이 방관자가 될까? 우리는 대면 상호작용이라는 복잡한 현실보다 통제하기 쉬운 매개된 형태의 의사소통을 선호하게 되었다. 이것이 우리를 어떻게 변화시킬까? 우리는 유리로 된 독사 우리에 얼굴을 대고 있는 다윈과 크게 다르지 않다. 우리는 다른 종류의 유리창(모바일 화면, 그리고 아마 가까운 미래에는 증강현실 렌즈)에 얼굴을 대고 있다. 하지만 다윈과는 달리 우리에겐 호기심과 창의성이 부족하다. 다윈은 유리에서 물러서면서 신체가 왜 자신을 배신했는지, 신체가 감정을 경험하는 방식에 어떤 영향을 주는지 이해하려 했다.

반면에 우리는 다른 사람과 직접 마주하는 것을 피하기 위해 화면을 사용한다. 이제 사람에 대한 우리의 '첫인상'은 실제가 아닌 화면과의 상호작용을 통해 형성될 가능성이 크다. 즉각적인 비동기 커뮤니케이션asynchronous communication* 도구로 인해 우리는 항상 서로의 감정을 알 수 있다고 가정하게 되었다. 결과적으로, 우리는 굳이 물어볼 필요가 없다고 가정한다. 더구나 매개된 의사소통은 훨씬 더 쉽다. 메타 같은 회사들이 더 정교한 안면 인식 기술을 플랫폼에 통합하고 기술자들이 스마일스캔과 같은 기술을 개발하면서 친구의 얼굴을 스캔하고 '읽어' 친구가 행복한지 슬픈지, 진실한지 거짓되었는지 바로 알 수 있는 앱이 곧 등장할 수도 있다. 클릭, 스크롤, 스와이프, 시간 이동, 삭제…… 대면 상호작용에서는 이런 일이 불가능하다. 따라서 우리는 공감보다는 이런 편의를 우선한다.

이는 위험 보상 효과와 비슷하다. 안전을 위한 예방 조치를 취하면 행동이 더 대담해진다는 것은 검증된 사실이다. 헬멧을 쓰면 더 위험하게 스키를 타기 때문에 헬멧이 제공하는 추가적인 안전은

---

\* 이메일, 문자 메시지, 게시물 등 메시지를 보낸 시점과 메시지를 받거나 답장을 하는 시점 사이에 지연이 있는 유형의 커뮤니케이션

무효화된다. 이제 우리는 경험 보상 효과를 받아들여야 할지도 모른다. 대면 경험이 드물어지고 성급함이 개입하고 만족감이 떨어지면서 우리는 그에 대한 보상으로 매개된 경험에 더 깊이 빠져든다. 악순환은 끝없이 반복된다. 그리고 기술이 발전하는 동안 선천적 능력인 현실에서의 상호작용 능력은 저하된다. 고프먼은 말했다. "어떤 행동이 거짓이 되는 것은 새로운 거짓 루틴이 생겨서가 아니다. 변화한 상황에서도 기존에 유효했던 루틴을 계속 사용하기 때문이다."[58]

대면 경험, 즉 실제 세계에서의 경험은 불쾌할 수 있다. 지하철에서 냄새나는 남자가 옆에 앉아 있는 경험이 깨달음을 가져다줄 리는 없다. 도덕군자인 척하는 사람이나 그런 경험에도 나름의 가치가 있다고 말할 것이다. 그러나 물리적인 세계와의 이런 일상적인 만남은 서로에 대한 이해를 넓히고 강화한다. 거기에 마음을 열어야 놀라움, 불쾌, 불편 그리고 뜻밖의 상호작용이 발생할 수 있기 때문이다.

프랑스 철학자 시몬 베유는 말했다. "관심은 가장 희귀하고 순수한 형태의 관대함이다."[59] 물리적으로 구현된 존재로서 서로에게 관심을 보이는 것, 즉 같은 공기를 마시고, 말로 하지 않은 서로의 감정을 느끼고, 서로의 얼굴을 보고, 서로의 몸짓에 공감하는 것은 우리를 인간답게 만드는 핵심 요소다. 다른 사람에게 관심을 주려면 그의 물리적 존재에 시간을 할애해야만 한다. 아무리 뛰어난 기술이라도 이런 모든 요구를 충족시킬 수는 없다.

## 3장

# 손으로 써야만 배울 수 있는 것

"세상에서 가장 높은 왕좌에 앉아 있는 사람도
결국 제 엉덩이 위에 앉아 있을 뿐이다."

미 국회의사당, 국방부, 백악관에서 꾸준히 사용되는 기술 가운데 미국 관료제의 실용주의, 효율성, 냉정함을 대변하는 것이 하나 있다. 바로 자동 서명기다. 이 장치에 서명을 저장하면 필요할 때 기계 팔이 실제 펜을 들고 서명을 복제한다.

다른 많은 기술이 그렇듯이 이 초보적인 형태의 로봇은 상반된 감정을 동시에 불러일으킨다. 미국 대통령들은 해리 트루먼이 재임 중이던 시절부터 편지와 선언문에 자동 서명기를 사용했지만 제럴드 포드 행정부까지는 아무도 공식적으로 이를 인정하지 않았다. 군대는 자동 서명기를 가장 많이 사용하는 조직으로 알려져 있지만 〈워싱턴 포스트〉의 기자는 자동 서명기의 수와 사용 빈도를 정확히 알아내지 못했다.[1] 의회 사무실에서는 비공식적인 업무에 자동 서명기가 사용된다는 생각을 누구도 하지 못하도록 기계를 잠금장치가 있는 벽장에 따로 보관하곤 한다.

우리는 서명, 특히 유명한 사람의 서명에 의미를 둔다. 자동 서명기의 마케팅 자료는 서명의 신빙성을 강조하는 한편 그 신빙성에 이르기 위한 속임수를 인정함으로써 사람들을 불안하게 한다. 한 자동 서명기 제조 업체의 웹사이트에는 이렇게 적혀 있다. "오랫동안 전 세계의 영향력 있는 리더들이 자동 서명기를 사용해왔습니다. 이 기계는 그들이 개인 서신의 영향력을 손상시키지 않으면서도 중요한 문제에 더 효과적으로 시간과 주의를 기울일 수 있게 해주었습니다."[2]

조지 W. 부시 행정부 시절, 도널드 럼즈펠드 국방장관이 전사한 군인 가족들에게 보내는 조의 서한에 자동 서명기를 사용했다는 사실이 폭로되면서 대중이 분노한 사건이 있었다.[3] 부시 대통령은 법안에 자동 서명기로 서명하는 것이 합법인지 법무부에 법률 자문을 구했지만(법무부는 합법이라고 답했다) 사실 법안에 자동 서명기를 사용한 적은 없었다. 버락 오바마 대통령은 법안 서명에 자동 서명기를 사용한 최초의 대통령이다. 그는 2011년 애국자법Patriot Act의 연장을 재가하면서 자동 서명기를 사용했다. 2013년 하와이에서 휴가를 보내던 오바마 대통령은 시한이 얼마 남지 않은 예산 법안에 자동 서명기를 사용했다는 이유로 정적들의 비난을 샀다. CBS 라디오 특파원은 오바마 대통령이 적어도 여섯 번 이상 법안 서명에 자동 서명기 사용을 승인했을 것이라 추측하면서 백악관은 "이런 사실을 인정하지 않는 경우가 많다"고 보도했다.[4]

정계에서는 자동 서명기가 여전히 오명을 벗지 못하고 있다. 2020년 선거 기간에 마이크 펜스 부통령은 대통령 후보였던 조 바이든 상원의원을 비판하기 위해 자동 서명기를 들먹였다.[5] 그는 "조 바이든은 극단적인 정책을 트로이 목마와 같은 방식으로 통과시키는 자동 서명기나 다름없는 대통령이 될 것"이라고 했다. 자신의 러닝메이트인 도널드 트럼프가 웹사이트에서 자동 서명기로 서명한 상품을 팔아 지지자들을 화나게 했다는 사실은 모르는 것처럼 말이다.

가수 밥 딜런의 팬들도 비슷한 분노를 표출했다.[6] "딜런이 직접 서명한 것을 증명하는" 공식 인증서와 함께 거의 600달러에 판매되는 딜런의 한정판 책 《현대 음악의 철학 The Philosophy of Modern Song》에 사실 자동 서명기가 사용되었다는 사실이 밝혀졌기 때문이었다.

딜런은 페이스북 페이지에 다음과 같은 성명을 발표하는 이례적인 조치를 취했다. "계약 기한이 다가오면서 자동 서명기를 사용하라는 제안이 있었습니다. 사람들은 예술계와 문학계에서는 이런 일이 '항상' 일어나고 있다며 저를 안심시켰습니다. 기계를 사용한 것은 판단의 오류였으며, 즉시 바로잡을 것입니다."

기계가 만든 서명에 대한 우리의 뒤섞인 감정이 이야기하는 바는 무엇일까? 바로 우리가 손 글씨와 상호작용하는 광범위한 방식이다. 손 글씨에는 개성이 담겨 있다. 기록 연구에 소요되는 시간은 필적 감정의 어려움과 함께 성취감도 가져다준다. 필체의 특징을 통해 오래전에 죽은 연구 대상에 대해 알게 된다. 어떤 사람은 격앙되어 있을 때 필체가 거미줄처럼 가늘고 길어진다. 깨끗한 필체는 중세 수도사의 근면함을 암시한다. 캘리그라피스트 버나드 메이스너는 이렇게 주장한다.[7] "캘리그라피 그리고 더 넓은 의미의 손 글씨는 무언가를 반복해서 재생산하는 것이 아니다. 그 안에 담긴 인간성, 반응성, 변화를 표현하는 것이다."

그러나 이제 손 글씨는 사라지고 있다.[8] PSAT Preliminary SAT*를 치른 한 11학년 학생은 〈월스트리트 저널〉에 이렇게 털어놓았다. "한 문장으로 된 명예 선언**을 필기체로 써야 한다는 것을 알게 되었을 때 교실 안에서 한숨 소리가 터져 나왔습니다. 필기체라니! 제 또래의 학생 대부분은 할머니가 보내신 편지에서나 이 이질적인 글자를 봤습니다."

미국 교육의 '공통 핵심 기준'에 따르면 학생들은 더 이상 필기체를 배울 필요가 없다. 추정에 따르면 33퍼센트 이상의 학생이 기본 필기체 역량(알파벳 대문자와 소문자를 쓸 수 있는 능력)을 획득하는 데 어려움을 겪고 있다. 사우스캐롤라이나주 그린빌의 교육위원회 위원은 "우리는 아이들에게 필요한 기량에 현실적으로 접근하려고 노력하고 있습니다"라고 말했다. "모든 것을 다할 수는 없습니다. 뭔가는 포기해야 합니다." 필기체를 쓸 수 없는 아이들은 읽을 수도 없다. 필기체로 쓰인 독립선언서와 같은 건국 문서들을 읽을 수 있는 능력이 아이들에게 '필요'할지 고민하는 사람은 없다.

필기체를 쓰지도 읽지도 못하는 것은 학생만이 아니다. 생각을

---

\*     미국 대학에 지원하는 데 쓰이는 표준화 시험 SAT의 모의고사 격인 시험
\*\*    부정행위를 하지 않겠다고 약속하는 짧은 진술

기록하거나 친구에게 편지를 쓰거나 하다못해 장 볼 식료품 목록을 적기 위해 종이에 펜을 대는 경우도 점점 줄어들고 있다. 유명인에게도 사인을 받기보다는 사진을 요청한다. 겨우 알아볼 수 있게 제 이름을 쓰는 것 이상의 기량을 갖춘 사람은 많지 않다. 그런 기량이 있는 사람들도 컴퓨터와 스마트폰에 점점 의존하면서 기량이 녹스는 것을 보게 될 것이다. 토론토의 한 신문은 어떤 제과·제빵 강사의 한탄을 보도했다.[9] 요리를 배우는 학생 대부분이 케이크 위에 글씨를 제대로 쓰지 못한다는 내용이었다. 그들의 필기체는 너무 엉망이고 알아볼 수도 없었다.

손 글씨는 디지털 세계에서 실용적인 기술이 아니다. 중국에는 제필망자提筆忘字라는 말이 있다. '펜을 들었으되 글자가 생각나지 않는다'라는 뜻이다. 이 말은 컴퓨터와 스마트폰의 빈번한 사용으로 한자를 손으로 쓰는 일이 줄면서 한자를 쓰는 능력도 약화되었다는 의미다. 중국 아이들은 글을 쓰려고 펜을 들지만('펜을 들었으되') 종이에 펜을 대는 순간 일종의 '문자 기억 상실증'('글자가 생각나지 않는다')을 경험한다. 〈중국청년보中國靑年報〉 사회조사센터Social Survey Center에 따르면 중국 젊은이의 4퍼센트가 "이미 손 글씨 없이 생활하고 있다."[10]

손 글씨 없이 생활한다는 것은 무슨 의미일까? 필기하는 기량이 점차 저하되고 있으며, 많은 사람이 이 사실을 모르다가 손 글씨를 써달라는 요청에 종이에 펜을 댔을 때에야 비로소 갈팡질팡하는 자신의 모습을 인식하게 된다. 여전히 특별한 경우(조의문, 청첩장)

에 손 글씨를 사용하는 사람이 있고 드물게 수표에 조악한 필기체를 휘갈겨 쓰는 경우도 있지만 교사들을 제외하고는 일상생활에서 손 글씨가 계속 필요하다고 주장하는 사람은 거의 없다. 그런 주장을 하는 사람은 과거에 매달리거나 이상한 집착증이 있는 사람으로 낙인찍힐 뿐이다.

그러나 손 글씨가 사라지면 잃는 것이 있다. 측정 가능한 인지능력(뒤에서 살펴볼 것이다)을 잃게 되고, 수천 년간 손과 필기구로 자신의 생각을 표현하던 즐거움도 잃게 된다. 우리는 잉크와 종이가 주는 감각적인 경험, 손 글씨가 주는 시각적 즐거움을 잃게 된다. 우리는 죽은 사람의 글을 읽는 능력을 잃게 된다.

소멸을 향해 가는 우리 삶의 많은 경험처럼 손 글씨의 종말은 그에 반대하는 운동의 결과가 아니다. 필립 헨셔는 《사라진 잉크: 사라진 손 글씨의 기술The Missing Ink: The Lost Art of Handwriting》에서 이렇게 말했다. 손 글씨는 서서히 밀려나 "선택지, 그것도 매력은 없고 정성만 많이 들어가는 선택지가 되었다."[11] 우리는 타이프나 스와이프에 손을 훨씬 더 많이 사용한다. 우리는 더 많은 의사소통을 하면서도 물리적인 노력은 적게 들이고 있다. 그리고 그 과정에서 세상을 이해하는 수단으로서의 물리적 움직임과 표현에 우리를 맞춰온 방대한 진화의 역사를 잊어가고 있다. 우리 몸을 이용한 이런 식의 이해는 체화인지embodied cognition라고 불린다(모리스 메를로퐁티, 최근에는 조지 레이코프 같은 철학자가 그렇게 불렀다).

체화인지 이론가들은 세상에 존재하는 모든 방식이 마음과 몸

그리고 물리적 경험 사이의 연결을 포함한다고 주장한다.[12] 그들은 우리 자신에 대한 이해를 신체 경험과 분리할 수 없다고 말한다. 자기 이해에 대한 표현에는 물리적 은유가 무척 많다. 예를 들어, 위쪽 방향은 행복, 아래쪽 방향은 불행과 동일시하고 물리적 따뜻함은 애정과 연관 짓는다. '한 발 물러나서 세상을 본다', '기회에 뛰어든다' 같은 표현도 사용한다. 몸으로 하는 일에 변화를 주면, 예를 들어, 펜을 사용하는 대신 화면을 터치하고 스와이프하는 방식으로 조금만 변화를 주어도 세상을 이해하는 방식이 바뀐다. 손 글씨에서 타이핑으로의 전환은 사실상 세상에 존재하는 방식의 전환이고 이런 전환의 결과가 생각보다 훨씬 복잡한 데에는 이런 이유가 있다.

## 손 글씨의 나비 효과

2000년 로스앤젤레스 시더스-시나이Cedars-Sinai 병원의 의사들은 손 글씨 수업을 받았다. 이 병원의 의료팀 팀장은 〈사이언스 데일리Science Daily〉에 "우리 병원의 많은 의사가 알아보기 힘들게 글씨를 씁니다"라고 말했다.[13] 다른 직업과 달리 의사들의 판독 불가능한 글씨는 의료 과실이나 심지어 사망에 이르는 심각한 결과를 초래할 수 있다. 텍사스의 한 여성은 남편이 잘못된 처방약을 복용하고 사망한 사건에 대해 45만 달러의 배상금 판결을 받았다. 약사가 의사의 지시 사항을 잘못 읽어 그녀의 남편에게 잘못된 처방약을 주었고, 그로 인해 그는 사망했다. 지금은 많은 의료 기록이 컴퓨터에 저장되어 있지만 의사들은 여전히 차트에 메모를 작성하거나 처방전을 쓸 때 손 글씨를 이용한다.

명확한 손 글씨는 의사소통만 돕는 것이 아니라 인지적 혜택도 준다. 인디애나대학교 블루밍턴의 신경과학자 카린 제임스는 글을 모르는 소그룹의 5세 아동을 대상으로 학습 스타일을 비교하는 연구를 진행했다.[14] 실험 대상자들에게 타이핑, 덧쓰기, 손 글씨로 글자와 도형을 가르친 연구진은 훈련 전후에 MRI 스캔을 했다. 그 결과, 뇌의 "읽기 회로가 글자 인식에 동원된 것은 손 글씨를 이용했을 때뿐"이었다.

제임스는 "발달 초기인 아이의 경우 손 글씨가 읽기의 기초가 되는 뇌 영역의 문자 처리에 중요한 역할을 한다"고 결론짓고 "손 글씨는 아이의 읽기 능력 습득을 촉진한다"고 덧붙였다. 글자를 덧쓰거나 타이핑하는 것과는 달리 손 글씨는 읽기 학습을 위해 뇌를 준비시키는 상당히 중요한 역할을 한다.

과거의 연구들도 손 글씨의 인지적 이점에 대해 유사한 결론에 도달했다. 워싱턴대학교의 심리학자 버지니아 버닝거는 시애틀의 초등학생 700명을 대상으로 연구를 진행했다.[15] 그중 144명은 읽기와 쓰기에 어려움을 겪고 있었다. 학생들을 여러 그룹으로 나누고 성적을 올리기 위한 다양한 활동을 시험한 연구진은 특히 한 집단이 우수한 성과를 낸 것을 발견했다. 다양한 활동 중 손 글씨에 가장 많은 시간을 투자한 집단이었다.

손 글씨 능력이 향상된 집단은 단어 인식과 읽기 능력이 좋아졌고, 공부한 내용을 보다 잘 기억했으며, 아이디어를 보다 잘 표현했다. 가장 중요한 것은 손 글씨에 중점을 둔 학생들이 학습을 더 재미있어했다는 점이다. 이 연구는 다음과 같은 결론을 내렸다. "필기는 단순히 몸을 움직이는 과정이 아니다. 필기는 문자 언어의 구성 요소인 글자를 기억하는 과정이기도 하다."

버닝거는 2017년의 후속 연구에서 손 글씨가 계획의 수립이나 과제에 대한 집중 같은 실행 기능의 발달과 어떤 관련이 있는지 조사했다.[16] 그녀는 "손 글씨(문자를 물리적으로 쓰는 행위)가 집중을 요구하기에 아이들이 문자 언어에 주의를 기울이는 데도 도움을 준다"는 사실을 다시 한번 발견했다. 그녀는 방추형회fusiform gyrus라는 뇌 영역의 중요성을 언급했다. "시각적 자극이 문자와 단어로 변하는" 이 영역은 우리가 무언가를 종이에 기록하기 전에 시각화해주는 "마음의 눈"이다. 또한 그녀는 키보드 사용법을 배우기 전에 인쇄체와 필기체 모두를 배울 것을 권했다. 다른 많은 연구에서도 밝혀졌듯이 "4학년 무렵부터 필기체 사용 능력이 철자와 작문 모두에 도움을 주기 때문"이다.

대부분 손 글씨를 버리고 키보드 타이핑을 선호하는 우리의 경우는 어떨까? 지식의 측면에서 우리는 스스로의 능력을 상당히 손상시키고 있는지도 모른다.

심리학자 팸 뮬러와 대니얼 오펜하이머는 손으로 필기를 하는 학생과 노트북으로 필기를 하는 학생을 비교해 학습 매체가 성적에 어떤 영향을 주는지 확인했다.[17] 이전의 연구들은 노트북 사용이 학생들에게 얼마나 방해가 되는지에 초점을 맞췄다. 당연하게도 '대단히 방해가 된다'는 답이 나왔다. 더욱이 필기하는 학생뿐만 아니라 주변의 학생들에게도 방해가 됐다.

뮬러와 오펜하이머는 노트북 사용이 학습 과정에 어떤 영향을 미치는지를 연구했다. 그 결과 "필기에만 노트북을 사용하더라도 인지 처리 과정의 깊이가 얕아지기 때문에 학습 능력이 손상될 수 있었다." 그들은 세 가지 다른 실험을 통해 노트북을 사용하는 학생이 손으로 필기하는 학생에 비해 개념적 질문에 약하다는 결론을 내렸다. "노트북으로 필기하는 사람은 정보를 처리하고 자신의 말로 재구성하기보다 강의를 그대로 받아쓰는 경향이 있으며, 이는 학습에 불리하다." 달리 표현하면 우리는 손으로 적을 때 정보를 더 잘 유지한다. 손으로 기록할 때는 키보드를 이용할 때보다 속도가 훨씬 느려서 요약해 적을 수밖에 없기 때문이다.

기술이 글을 쓰고 학습하는 방식을 어떻게 변화시키는지를 연구하는 학자들은 종의 감소나 환경오염에 대해 경고하는 생태학자들과 흡사하다. 우리는 손 글씨가 없는 미래에 직면해 있다. 학자들은 펜을 버리고 키보드를 택하는 것이 예상치 못한 여러 가지 부정적 결과로 이어질 수 있다고 걱정한다. 아네 망엔은 기술이 문해력을 어떻게 변화시키는지 연구하고는 "글쓰기의 디지털화는 감각운동적, 물리적 수준에서 글쓰기 행위 자체를 급진적으로 변화시키고 있으며, 그런 변화의 영향(지대한 영향이 될 가능성이 높다)은 제대로 이해되지 못하고 있다"고 주장했다.[18] 키보드를 두드려서 단어가 화면에 나타나는 것은 '추상적이고 분리된' 방식이며, 이는 "교육적으로나 실질적으로 광범위한 영향을 미칠 것"이라고 망엔은 생각한다. 종의 감소와 마찬가지로 기량도 점차 약화된다. 우리는 보통 비효율적인 낡은 도구(손 글씨)를 효율적이고 편리한 대안(키보드 입력)으로 대체했다고 생각한다. 그러나 대면 상호작용의 감소와 마찬가지로 우리는 효율성의 대가로 학습 방식에서 치명적인 손실(특히 어린이의 경우)을 입었음을 깨닫지 못한다. 키보드는 마스터했지만 성인이 되어서도 자신의 이름조차 쓰기 힘들어하는 사람은 절대 진보의 본보기라 할 수 없다.


## 물성의 힘

글을 쓰는 물리적 행위는 손과 손가락은 물론 팔뚝의 기민성까지 요구한다. 붓이 깃펜을 대체하기 전에 작가들은 자기 손에 딱 맞는 펜을 만들기 위해 거위나 백조의 날개를 뒤져 깃털을 골랐다.[19] 소설가 메리 고든은 손으로 글을 쓸 때의 수고로움 역시 글을 쓰는 경험이 주는 즐거움이라고 말한다. "저는 그 수고에 미덕이 있다고 믿습니다. 그 자체의 물성 때문이죠. 우선 글쓰기에는 뼈와 살, 펜과 종이라는 실체가 포함되어 있습니다. 그것들은 비물질적 세계의 소용돌이 속에서도 우리가 여전히 형체를 가진 세계에 살고 있다는 것을 상기시키는 닻의 역할을 합니다."[20]

손 글씨에는 기억을 떠올리게 하는 힘이 있다. 인쇄된 글자는 하지 못하는 방식으로 말이다. 문학 작품에는 손 편지나 서명이 이야기를 반전시키는 경우가 많이 나온다. 찰스 디킨스의 《황폐한 집》에서 레이디 데드록은 한 법률 문서에서 죽었다고 생각했던 전 약혼자의 특이한 손 글씨를 알아보게 되며, 이후 그녀의 가장 큰 비밀이 밝혀지게 된다.

자신의 글씨는 놀라울 만큼 효과적으로 기억을 유도하기도 한다. 요리사이자 작가인 데버라 매디슨은 1970년대에 적어둔 레시피를 우연히 발견하고 당시로 되돌아간 듯한 느낌을 받았다. 레시피는 그녀가 샌프란시스코에 있는 레스토랑 그린스에서 일할 때 사용했던 갈색 노트에 메모, 낙서, 음식 얼룩, 공급 업체 목록과 함께 적혀 있었다. 그녀는 그 레시피들이 "새로운 아이디어들을 짜맞추는 데 보낸 시간의 기록"이라고 말한다.[21] "세심하고 신중하게 보이는 부분이 있는가 하면, 필체가 헝클어져서 엉성하고 지쳐 있는 듯한 부분도 있었다. 그러나 대부분은 당시 발견에서 느꼈던 강한 흥분을 다시 느끼게 해주었다." 그녀는 컴퓨터로 작성된 레시피에서는 그런 느낌이 생겨나지 않을 거라고 생각한다. "손이 남긴 흔적은 많은 이야기를 전달한다."

손이 남긴 흔적은 기술이 장악한 세상에서도 번성할 수 있다. 도시락을 판매하는 가족 기업 타마고야는 신기술로 사업을 업그레이

드하면서 매일 점심을 주문하는 고객들에게 팩스 대신 온라인을 사용하게 했다.[22] 하지만 이런 변화 이후 매출이 급감했다. 결국 타마고야 측은 고객이 선호하는 "손으로 쓴 상세한 요청서"를 받기 위해 주문 방식을 다시 팩스로 바꿨다. 이 회사는 손 글씨와 기술을 조화시킬 영리한 방법을 찾아낸 것이다.

소설가 모신 하미드는 컴퓨터로 소설을 집필한다. 하지만 준비 작업을 할 때는 공책에 손으로 메모를 하면서 온라인 세계에서 벗어나려고 노력한다. 그는 BBC와의 인터뷰에서 기술을 이용할 때면 "기술은 나를 형성하고 구성한다"고 말했다.[23] 그는 기계와 같은 일의 방식을 받아들이는 것은 위험하다고 생각한다. 우리가 일을 처리하는 방식은 도구에 따라 한계가 있다. 열 손가락으로 키보드를 두드리면 쉽고 효율적이다. 반면 한 손에 펜이나 연필을 들고 글을 쓰는 경험은 더 많은 인내를 필요로 한다. 보통의 미국인은 분당 40단어를 타이핑할 수 있지만 손으로 글을 쓸 때는 분당 13단어밖에 못 쓴다. 캘리그라퍼스트 폴 안토니오는 아이들에게 글쓰기를 가르칠 때 실제로 가르치는 것은 속도를 늦추는 방법이라고 말한다.[24]

체화된 행위들이 대부분 그렇듯이 손으로 쓰는 속도는 현대 생활을 지배하는 도구들, 즉 빛의 속도로 움직이면서 정보를 처리하고 즉각적인 만족을 주는 기기들과 알고리즘의 속도에 비해 엄청나게 느리다. 편리한 키보드는 우리를 효율적으로 움직이도록 훈련시킨다. 키보드를 많이 사용할수록 우리의 사고 패턴도 도구의 사용 방식에 따라 변화한다.

이런 환경에서는 손으로 작업한다는 것이 화면을 건드리고 키보드를 누르는 기술 친화적인 기량을 연마하는 것을 의미한다고 해도 그리 놀랍지 않다. 한 연구자는 펜에서 터치스크린으로의 전환에 대해 이런 글을 남겼다. "손을 사용하는 새로운 방식이 얼마나 많은지를 생각하면 이제 스와이핑은 가위질, 글씨 쓰기, 나사 돌리기처럼 문화적으로 계승된 손재주의 일부가 되었다고 해도 과언이 아니다."[25]

우리는 스스로를 이전 세대보다 더 빠르고 효율적으로 만든 창의성을 높이 평가한다. 정보 기술의 세계에서 프로그래머와 디자이너들이 소프트웨어, 하드웨어, 기타 도구를 설명할 때 사용하는 '폐기될deprecate(중요도가 떨어져서 더는 사용되지 않고 앞으로 사라질)'이란 신조어가 있다. 이 단어는 결함이 폭넓게 인식되어 사용을 권장하지 않는다는 의미를 갖고 있다. 이런 관점이라면 손 글씨는 사용은 가능하지만 이상과는 거리가 먼, '폐기될' 도구다.

정보통신 기술의 관점에서 세상을 바라보는 방식이 다른 인식 방식을 대체하면서 우리는 소중한 것들을 잃고 있다. 오래 지속되어 온 인간 활동의 고의적인 탈숙련화는 손 글씨에서만 일어나는 일이 아니다. 다른 소중한 체화 기량도 사라질 위험에 처해 있다.

# 그림 그리기의 쇠퇴

손 글씨와 마찬가지로, 손으로 그리는 그림도 신체와 정신을 연결해준다. 수세기 동안 인간의 창의성을 정의해온 연결 말이다. 사냥을 묘사한 라스코와 알타미라의 동굴벽화는 수천 년의 간극을 뛰어넘어 오늘날에도 쉽게 알아볼 수 있다. 그림이 인간 특유의 행동이기 때문이다. 우리는 자신의 활동을 기록하기 위해, 다른 사람들에게 우리가 한 일을 보여주기 위해 그림을 그린다. 아이들에게 그림 그리기가 중요한 것도 그 때문이다. 그림은 글을 읽고 쓰기 전에 세상을 이해하는 방법이다. 주변에 있는 대상을 그리면서 크기, 비율, 가능성 등에 대해 배우는 것은 자신이 속한 구체적인 세상을 이해하는 데 도움을 준다.

하지만 손 글씨가 그렇듯이 그림 그리기도 쇠퇴의 길을 걷고 있다. 건축과 같이 그림 그리기에 의존했던 직업에서도 마찬가지다. 1990년대 후반까지 대부분의 건축학과 학생들은 손으로 도면 그리는 법을 배웠다. 그러나 몇 년 만에 컴퓨터 지원 설계computer-assisted design,CAD 소프트웨어가 이 분야를 완전히 바꾸어놓았다. 건축가들은 손으로는 모방하기 힘든 복잡한 혁신적 디자인을 실험했다. 컴퓨터는 필수적인 설계 도구로 빠르게 자리 잡았다. 컴퓨터 켜는 법조차 알지 못했다던 건축가 프랭크 게리는 이 기술의 얼리어답터가 되었다. 그는 한 공학 포럼에서 청중들에게 일화를 소개했다. "건물에 이중 곡선을 그리려고 했습니다. 그런데 그것을 계약

자에게 어떻게 보여주어야 할지 몰랐습니다."[26] 결국 그의 회사는 3D 소프트웨어 회사와 파트너십을 맺었다. 그는 "그게 아니었다면 빌바오 구겐하임 미술관과 로스앤젤레스의 월트 디즈니 콘서트홀은 지금 존재하지 않을 것입니다"라고 말했다.

이 분야의 다른 사람들도 새로운 디지털 도구를 열심히 받아들였다. 건축가이자 프린스턴대학교 전 학장인 스탠 앨런은 〈플레이시스Places〉에 "컴퓨터는 더 이상 찬양하거나 거부해야 할 기술이 아니다. 그것은 피할 수 없는 삶의 현실이다. 컴퓨터의 논리는 현대의 업무 루틴과 사고방식에 완전히 흡수되었다"라고 말했다.[27] 이에 따라 건축가의 의미도 변화했다. CAD가 건축 실무에 침투하던 시기에 건축학 학위를 받은 내 여동생은 소프트웨어의 속도가 작업을 좌우하는 상황에서 자신과 회사 내의 다른 신입 건축가들은 스스로를 "CAD 자키CAD jockey"라는 자조적인 별칭으로 불렀다고 말했다.

CAD를 통한 창작 프로세스의 자동화는 건축에 정밀성, 효율성, 새로운 시각화 기회를 가져다주었지만 대가가 없었던 것은 아니다.[28] 건축가 비톨드 리브친스키가 지적했듯이 컴퓨터가 제공하는 "엄청난 생산성"은 "키보드 앞에서 보내는 시간이 늘어나고, 생각하는 시간이 줄어든다"는 의미다. 핀란드의 건축가 유하니 팔라스마는 손으로 도면을 그리는 것은 건축가와 그가 설계하는 대상 사이의 연결을 나타낸다고 주장한다. 반면에 컴퓨터 디자인은 "추상적이고 비물질적인 세계"에 존재하며, 그곳에서는 "가짜 정확성"

이 디자이너를 오도할 수 있다. 기술 평론가 니콜라스 카는 우리 삶을 잠식하는 자동화에 대해 통찰력 있는 비판을 들려준다. "단순히 작업을 현실에서 화면으로 옮기는 것만으로도 관점의 큰 변화가 수반된다. 물질성보다는 추상화가 훨씬 더 강조된다. 계산 능력은 늘어나고 감각의 개입은 줄어든다."

누구보다 먼저 디지털 도면 소프트웨어를 사용했던 마이클 그레이브스조차 2015년 사망하기 몇 년 전에 다음과 같이 주장했다. "기술이 아무리 진보해도 건축은 드로잉과 분리될 수 없다. 드로잉은 최종 산물에 그치지 않는 건축 설계라는 사고 과정의 일부다. 드로잉은 우리의 마음, 눈, 손의 상호작용을 표현한다."[29] 반면, 컴퓨터가 그려낸 아이디어는 이른바 "블롭 건축 blob architecture", 즉 "손으로 그린 디자인의 감성적인 요소가 결여된" 비전통적이고 무정형적인 형태의 렌더링으로 이어질 수 있다.

뉴욕 기반의 건축·환경 예술 단체인 SITE 환경 디자인 SITE Environmental Design의 설립자이자 화가이기도 한 제임스 와인스 James Wines는 손을 이용한 그림을 옹호한다. 그는 디지털 그래픽의 "보편적인 승리"를 인정하면서도 손으로 그린 작품의 중요성을 열정적으로 옹호한다. 그는 "컴퓨터가 생성한 일러스트레이션에만 집중함으로써 디자인 과정에서 심오한 개념적 요소가 사라진다. 부지불식간에 일어나는 우연이란 비옥한 영역이 사라진다"라고 말한다.[30]

와인스는 손으로 그림을 그리는 동안 만들어지는 "시각적 사색"

과 "목탄 자국"이 "새로운 작업 아이디어의 발판"이 되었고, 시간이 지남에 따라 CAD의 약점을 발견하게 되었다고 한다. "눈이 실체와 번지르르한 외형을 구분하는 데 익숙해지면서 점차 세련된 외관 아래 숨어 있는 평범함(또는 완전한 쓰레기)을 감지하는 고도로 정제된 능력을 갖게 되었다." 와인스는 디지털 도구에 반대하지는 않는다. 하지만 그는 디지털 도구가 "효율적인 확인 수단일 때는 뛰어난 역할을 할 것이다. ……그러나 그 자체로는 결코 깊은 공명을 일으키는 예술적 경험이 될 수 없다"고 주장한다.

그림이 직업이 아닌 사람들에게도 그림은 정량화하기 어려운 창의적인 혜택을 제공한다. 뉴욕에서 성형외과 의사로 활동하는 데이비드 히델고는 평상시에는 메스를 사용하지만 여가 시간에는 종이에 연필로 정밀 묘사를 하곤 한다. 그러면 인간 얼굴의 "게슈탈트ge-stalt*"를 이해하기가 더 쉽다고 한다. 그는 "도형, 그림자, 선을 그리는 것은 외과적 형태, 선을 보는 능력을 향상시킨다"고 말한다.[31]

공상과학소설가 레이 브래드버리는 여가 시간에 열정적으로 그림을 그렸다. "그림은 머리를 비워준다. 때로는 생각을 손가락으로 표현해야 할 때가 있다." 그는 말했다.[32] 윈스턴 처칠부터 조지 W. 부시까지 국가 지도자들이 그림에서 위안을 찾았던 것도 그런 이유에서였을 것이다. 처칠은 마흔에야 그림을 그리기 시작했다. 그는 그림을 그리면서 세상에 대한 더 나은 관찰자가 되었다고 느꼈

---

* 전체의 모양을 의미한다.

고, 그림을 그리고 싶어 하는 사람들에게 "대담함이 성취의 열쇠"
라는 조언을 남겼다.[33]

처칠의 예술에 도움을 주었던 대담함과는 달리 인내, 끈기, 성실
등 우리가 손으로 일하면서 쌓아올린 가치관과 사고방식은 좀 더
겸손하다. 속도와 참신함에 가치를 두고 혁신으로 위장한 무책임
에 서둘러 보상을 주는 우리 기술 시대의 미덕과는 다르다. 어떻게
해야 그런 겸손한 미덕을 회복할 수 있을까? 손으로 일하고 시간
들여 손 기술을 배우는 것이 한 가지 방법이다.


## 만지고 느끼고 소비하고

왜인지는 모르겠지만 나는 여덟 살 때 바순을 연주하기로 마음
먹었다. 퀴퀴한 냄새가 나는 상자에서 악기의 네 부분을 꺼냈을 때
각 부분은 생경하고 다루기 힘들겠다는 느낌을 주었다. 조립해서
세워놓은 바순은 나보다 더 컸다. 모든 키key에 다 닿을 만큼 손이
크지 않았기에, 밴드의 감독님이 아이스크림 막대와 마스킹 테이
프로 키들을 늘려주었다. 악기로 처음 만들어낸 소리는 고문당하
는 오리의 비명 같았다. 나는 사랑에 빠졌다.

시간이 지나면서 손이 악기 너비만큼 커졌고 나는 음계, 꾸밈음,
소나타, 협주곡을 배웠다. 나는 관악 합주단, 응원 밴드, 오케스트
라, 목관 5중주단에 참여했고, 결국 음악 장학금을 받아 대학에 진

학했다. 과거 덩치가 크고 낯설게 느껴졌던 악기가 이제는 내 손의 연장 같았다. 나는 악기의 특성을 잘 알았다. 습한 남부 플로리다의 공기에 어떤 키가 달라붙는지, 계절에 따라 음의 높이가 어떻게 달라지는지, 건조한 겨울에는 반음을 어떻게 높이는지, 무더운 여름에는 반음을 어떻게 내리는지를 다 알고 있었다. 나는 광택제가 발린 단풍나무에 생긴 모든 흠집과 긁힌 자국을 알고 있었고 난로 연통처럼 생긴 윙 조인트를 아마도 수천 번은 보았을 것이다.

나와 악기의 관계는 물리적(촉각적)이고 감정적이었다. 그것은 '내 것'이었다. 그래서 다른 사람의 바순을 연주하면 이상한 기분이 들었다. 연주할 때면 나는 모든 감각을 이용했다. 악기의 소리와 모습이 가장 중요했지만 조인트에 바른 코르크 그리스의 냄새, 리드가 혀에 닿을 때의 섬유질 맛, 연주할 때마다 들리는 은색 키의 삐걱거리는 소리 등이 나의 모든 감각을 자극했다. 그 악기를 연주하는 것은 전신으로 하는 경험이었고 지금도 여전히 그렇다.

사회학자 리처드 세넷은 "실체 있는 물건을 만들거나 악기를 연주할 때면 우리는 자기 주도적으로 집중하게 된다"고 주장한다.[34] 도구를 다루거나 현을 활로 긋는 행위를 하면 이를 느끼는 동시에 행동하게 된다. 행동에 능숙해질수록 자신이 하고 있는 일에 대해 생각할 필요가 줄어든다. 세넷이 말하는 "상황적 인지situated cognition"를 개발하는 데는 시간이 걸린다. 손으로 물건을 만드는 사람들을 연구한 결과, 이런 수공예 작업에서는 속도를 늦춰야 한다는 것이 드러났다. 세넷은 〈미국 공예American Craft〉에서 이렇게 말했다. "공예는 노동 속도를 늦추는 데 도움이 됩니다. 만드는 것은 곧 생각하는 것입니다."

텍사스주 오스틴의 부츠 제작자 리 밀러가 100년 이상 된 도구로 부츠 한 켤레를 만드는 데에는 최대 40시간이 걸린다.[35] 밀러는 제작에 들어가는 시간은 자신이 만들어낸 결과물과 불가분의 관계에 있다고 말한다. 그는 "어떤 자동화된 기계도 인간의 손만큼 섬세한 작업을 할 수 없습니다"라고 주장한다. 주문 제작 부츠를 받기 위해 몇 년을 기꺼이 기다리는 그의 고객들도 같은 생각이다.

수공예품의 의미("오라"라고 부르는 사람도 있다)는 제작에 들어간 시간과 노력, 기술을 우리가 알고 있다는 데에서 비롯된다. 기계는 정교한 물건을 똑같이 만들어낼지라도 그런 느낌을 불러일으키지는 못한다. 철학자 줄리언 바지니는 말했다. "우리는 세상을 지각하고 경험할 뿐 아니라 분석하고 이해하는 존재다. 물건이 어디에서 비롯되었는지, 그것을 만든 사람들이 어떤 대우를 받았는지 아는 것이 그 물건에 대한 우리의 느낌에 영향을 준다. 또 그래야만 한다."[36] 엘리트 계층에 속해야만 수제품을 소유할 수 있는 것은 아니다. 엣시Etsy와 같은 플랫폼에는 다양한 가격대의 수제품이 있다.

일부 비평가들은 수제품에 대한 욕구가 증가하는 데는 이유가 있다고 말한다. 현재 우리가 구입하는 물건은 대개 대량 생산된 것이기 때문에 우리가 물건과 인간적인 관계를 맺지 못한다는 것이다. 아이폰을 만드는 중국 공장의 끔찍한 노동조건이 분노를 촉발한 데에는 이런 이유도 있을 것이다. 이 매끈한 기술 제품이 과로,

심지어 자살 충동까지 느끼는 사람의 손에서 만들어졌다는 인식은 제품에 대한 이해를 변화시켰다. 최소한 분노가 희미해지고 신형 아이폰이 매장에 깔릴 때까지는 말이다.

인간의 손길에 대한 우리의 욕구는 줄어들지 않았다. 하지만 요즘 우리는 그 욕구를 새로운 방식으로 충족시키고 있다. 우리는 물건 그 자체보다는 잘 만들어진 물건의 이미지들로 이루어진 장인 정신의 대체물을 받아들인다. 우리는 인스타그램에서 완벽하게 준비된 음식의 사진을 보거나 TV의 홈 리모델링 프로그램과 유튜브의 DIY 동영상에서 낯선 사람들이 노력하는 모습을 지켜본다. 이런 동영상은 잘 만들어진 배관 지도 영상부터 조명도 좋지 않고 지루한 잔디 깎기 영상(그런데도 어쩐 일인지 조회수가 수천만에 이른다)까지 그 품질이 다양하다. 이것은 다른 대리 활동의 성장과 궤를 같이한다. '미국인의 시간 사용American Time Use' 조사에 따르면, 수년간 그래왔듯이 미국인에게 가장 인기 있는 여가 활동은 TV 시청으로 여가 시간의 절반 이상이 여기 할애되고 있었다.[37] 하지만 온라인에서 비디오를 보거나 소셜 미디어를 이용하는 시간도 그에 못지않다.

장인 정신은 분명히 쇠퇴 중이다. 비평가 루이스 우치텔은 미국 홈디포의 접근 방식("간단하게 하라, 단순하게 하라, 업자를 고용하라")이 장인 정신의 쇠퇴를 나타내는 수많은 징후 중 하나라고 주장했다. 그는 "도구를 능숙하게 다루고 손으로 직접 작업을 하는 것은 취미로서, 가치 있는 기량으로서 자리를 잃고 있으며 미국 전역의 사고와 행동을 형성하는 문화적 영향력도 감소하고 있다"고 말했다.[38] 디지털 시대의 목공에 대해 글을 쓰는 한 블로거는 "목공에 대한 논쟁이 목공보다 더 인기 있는 취미"라는 제목의 게시물을 올렸다. 농담조이지만 절반은 진담이었다.

그 자리에 새로운 형태의 수공예가 등장했다. 20세기 후반 해커 문화에서 성장한 메이커 운동Maker Movement(기술의 작동 방식과 관련해 개인에게 더 많은 권한을 부여하고자 하는 운동)과 같이 기술 시대와 더 잘 어울리는 형태의 수공예가 말이다. 〈와이어드Wired〉지의 편집장을 그만두고 DIY 드론 제작 회사에 합류한 크리스 앤더슨은 이 새로운 종의 서투른 DIY 기술 장인과 3D 프린팅 전문가들이 가상 세계에 너무 많은 투자를 하는 문화에 도전하고 있다고 주장한다. 그는 "가상에서 시작하지만 촉각으로 인식할 수 있고 일상에서 사용할 수 있는 무언가를 만드는 것은 픽셀로만은 얻을 수 없는 만족감을 준다"면서 증가하는 "메이커스페이스makerspace*"가 새로운 산업혁명을 일으킬 것이라고 말했다.[39] 예브게니 모로조프와 같은 비평가들은 메이커 운동이 혁명을 일으킨 것이 아니라 대기업과 국방부 고등연구계획국Defense Advanced Research Projects Agency이 또 다른 형태의 "소비주의와 DIY 활동"을 후원하고 있는 것이라고 주장한다.

---

\* 사람들이 모여 다양한 종류의 프로젝트를 만들고 배우고 공유하는 커뮤니티 기반 워크숍 또는 협업 공간

메이커 문화에 대한 논쟁에서 누구의 논거가 나은지(나는 모로조프의 편이다)와 관계없이, 두 사람 모두 어설픈 DIY 활동은 일종의 놀이로서 촉각적, 인지적 기량 모두를 개발하는 데 도움이 된다는 점에 동의한다. 하지만 가상 경험과 기술 도구가 건강한 발달에 필요한 직접적이고 비구조화된 놀이와 학습의 기회를 어린이들에게서 빼앗고 있다는 현실에는 변함이 없다.

## 어린이들의 학습에는 사람이 필요하다

워싱턴대학교 학습 및 뇌과학 연구소Institute for Learning and Brain Sciences의 퍼트리샤 쿨Patricia Kuhl은 몇 가지 의문을 해결하기 위해 영유아의 언어 습득을 연구했다.[40] 아기들은 언제부터 부모나 보호자의 모국어를 인식할까? 다른 언어의 어조와 리듬에 얼마나 수용적일까? 아기들의 뇌가 언어를 효율적으로 저장하는 발달 단계는 언제일까? 쿨은 부모의 무릎에 앉은 아기에게 부모가 말하는 것을 들려주면서 아기 머리의 움직임을 관찰하고 때로는 아기 뇌의 자기공명영상을 촬영했다.

쿨은 아기가 말을 직접 듣는 것과 영상 또는 녹음을 통해 듣는 것의 차이도 알아봤다. 그녀와 동료들은 텔레비전을 활용한 실험을 반복한 다음 녹음된 음성만으로 다시 실험을 진행했다. 그녀는 테드엑스 콘퍼런스에서 청중들에게 말했다. "여기 보이는 것은 녹음을 이용한 실험 결과입니다. 학습이 전혀 이루어지지 않았습니다. 이것은 텔레비전을 활용한 실험 결과입니다. 역시 학습이 전혀 이루어지지 않았습니다." 결론은 분명해 보인다. 그럼에도 오늘날 어린아이들이 스크린 앞에서 얼마나 많은 시간을 보내는지, 부모들이 유모차를 밀면서도 얼마나 스마트폰에 열중하는지를 생각하면, 쿨의 결론을 다시 한번 강조하는 것이 좋을 듯하다. "아기의 학습에는 사람이 필요합니다."

지난 10여 년간 교육 이론가, 교사, 기술 전문가들은 온라인 도구가 교육에 미칠 영향에 대해 논쟁을 이어왔다. 가상 학습의 지지자들은 가상 학습이 경험을 간소화하고 개인화함으로써 교육을 변화시키고 지식에 접근하기가 쉬워질 것이라고 주장한다. 새로운 주장이 아니다. 행동심리학자 B. F. 스키너는 1968년 그의 저서 《교육의 기술The Technology of Teaching》에서 "교육 기계"의 도입으로 교실의 비효율성을 제거할 것을 촉구했다.

회의론자들은 학생이 교사보다 화면과의 상호작용에 많은 시간을 보낼 경우 장단점이 무엇일지 의문을 제기한다. 그들은 이런 교육 기기를 내놓는 곳이 대부분 교육기관이 아닌 영리 기업이라는 사실을 지적한다. 비디오게임 디자이너이자 학자인 이언 보고스트는 "벤처 캐피털의 지원을 받는 실리콘밸리의 영리 기업이 목표로 하는 것은 최대한 빨리 성장하고 투자금을 회수해서 투자자들에게 금전적 이익을 제공하는 것이다. 그리고 그런 목표가 교육에 악영향을 미칠 수도 있다"라고 주장한다.[41]

교사냐 기술이냐의 논쟁은 인간 대 로봇 논쟁의 확장이다. 온라인 교육에 회의적인 사람들은 인적 접촉이 교육의 결정적인 요소라고 주장하지만 온라인 교육을 지지하는 사람들은 바로 그 부분을 우려한다. 관리 이론가들의 말처럼 측정할 수 없으면 관리할 수 없고, 인간 상호작용의 가치는 쉽게 측정할 수 없다. UCLA 철학 교수인 패멀라 히에로니미는 온라인 학습이 더 우수하다는 주장을 비판한다. "교육에는 사람 간의 실시간 교류가 필요하다. 생각과 표현에 대한 경청, 이해, 교정, 흉내 내기, 제안, 부추김, 부정, 긍정, 비판이 있어야 한다."[42]

교사들에게는 10년 이상 정교한 미디어 및 기술과 함께 성장한 학생들의 흥미를 끌어야 한다는 도전적인 과제가 주어졌다. 뇌 과학자이자 아동발달 학자인 디미트리 크리스타키스는 10년 전 〈뉴욕타임스〉와의 인터뷰에서 디지털 기기로 인해 학생들은 일상에서 "초자연적" 수준의 자극에 길들어 있기 때문에 교사들이 어려움을 겪는다고 말했다. "그에 비하면 현실은 전혀 흥미롭지 않습니다."[43]

2020~2021년 코로나19 팬데믹 기간에 실제로 교사와 기술 간의 대결이 펼쳐졌다.[44] 미국 전역의 학교가 문을 닫으면서 약 5000만 명의 초중교 학생들을 대상으로 대규모 원격 학습 실험이 시작된 것이다. 결과는 엇갈렸다. 일부 학군은 신속하게 온라인 학습 모델로 전환해 대면 수업을 줌 수업으로 대체했다. 다른 학군은 학습용 기술에 대한 학생들의 수요를 충족하는 데 어려움을 겪었다.

〈월스트리트 저널〉이 요약했듯이 이 실험의 결과는 긍정적이지 않다. "학생, 교사, 학부모, 관리자의 평가는 이미 나왔다. 실패였다."[45] 예비 조사는 다음과 같은 결과를 내놓았다. "오리건에 본사를 둔 비영리 단체인 NWEA의 예측에 따르면, 2021년 가을 미국 학생들의 학업 성취도는 교실에서 수업을 받았을 때보다 읽기는 약 70퍼센트, 수학은 50퍼센트 미만일 것으로 보인다. 특히 학습 기기를 사용하기 힘든 소수민족과 저소득층 아동의 학습 손실이 더 클 것으로 예상된다."

원격 교육을 받을 수 없을 만큼 형편이 어려운 아이들을 차치하더라도 원격 교육은 많은 사람이 가정하던 이점을 보여주지 못했다. 아이들이 유튜브 영상과 인스타그램 게시물을 능숙하게 둘러보고 포트나이트Fortnite 같은 비디오게임을 마스터하면서 익힌 기량은 온라인 학습과 아무런 관련이 없는 것으로 드러났다.

원격 교육이 정치 지도자들과 기술 기업들에게 갖는 매력은 분명하다. 그들은 단기적인 문제(모두를 위한 줌 수업!)를 해결했다고 주장할 수 있는 동시에 향후 발생할 문제(학습 격차 등)에 대한 계획을 지연시킬 수 있다. 마찬가지로 기술 억만장자들이 만든 재단과 기술 기업들은 장기적인 결과에 대한 책임 없이 정책을 계속 수립할 수 있다.

학생들이 뒤처진다고 해도 기술에 책임을 묻는 사람은 많지 않다. 자금 부족이나 부모의 투자 부족을 탓할 뿐이다. 기술적 해법을 팔아넘기는 사람들은 진보적 사고로 칭찬받고, 실패에 대한 책임은 그 해법으로 도움을 받았어야 할 사람들에게 돌아간다. 이런 결과는 교육 분야에서 특히 두드러진다. 가상 교육의 열성 지지자들은 전체론적으로 문제에 접근하는 경우가 거의 없다. 그 결과, 가상 교육 지지자들은 많은 저소득층 학생이 교육뿐만 아니라 중요한 사회적 지원과 영양까지도 대면 교육에 의지한다는 사실을 무시한다.

물리학자이자 작가인 어설라 프랭클린이 상기시키듯이 "기존 문제에 대한 새로운 기술적 해결책을 마주한 지역사회는 그 기술이 하겠다고 약속하는 것만 확인하지 말고 그 기술이 무엇을 차단할 수 있는지 묻는 것이 현명하다."[46] 팬데믹 기간에 학교가 문을 닫으면서 무엇이 차단되는지 확인하는 장기적인 실험이 시작되었다. 가상 교육의 심각한 문제도 드러났다. 어떤 문제일까? 체화된 학습에서 화면 기반 학습으로의 전환은 교육적·심리적으로 유익한 (특히 어린이들에게 유익한) 비구조화된 신체 놀이를 차단했다. 템플대학교 심리학과 교수이자 《아이슈타인 육아법》의 저자인 캐시 허쉬-파섹은 놀이의 부족을 지구온난화에 못지않은 위기라고 말한다. 그녀는 "과학적 증거는 명확합니다"라고 말했다.[47] 놀이에 대한 연구들을 평가한 〈고등교육 연대기Chronicle of Higher Education〉는 다음과 같은 결과를 발표했다. "아이들이 충분히 놀고 있는지의 여부는 발달심리학자들 사이에서 불명료한 논쟁거리가 아니다. 놀이 시간이 너무 적은 아이들은 집행 기능이 약하다. 그렇다면 우리는 자제력이 부족하고 주의 집중 시간이 짧고 기억력이 좋지 못한 세대를 키우고 있는 것이다."

〈사이언스Science〉에 발표된 또 다른 연구는 놀이 기반 학습 기법으로 학습한 미취학 아동과 전통적인 방법으로 학습한 미취학 아동을 비교했다. 놀이 기반 학습 기법은 자제력, 작업 기억력, 실행 기능 등에서 훨씬 더 좋은 점수를 냈다. 저자들은 "놀이는 종종 하찮은 것으로 여겨지지만 필수적일 수 있다"고 결론지었다.[48]《놀이의 모호성The Ambiguity of Play》의 저자인 브라이언 서턴-스미스는 놀이를 종교나 성관계와 같이 "현재의 우주 안에서 우리의 존재와 화해하는 중요한 방법"이라고까지 말한다.[49]

가정과 학교에서 하는 놀이는 체화된 인지 능력의 초기 시험장이다. 손 글씨와 마찬가지로 놀이가 서서히 쇠퇴하고 학교와 가정에서 아이들이 스크린에 몰입하는 시간이 증가하는 상황에서는 체화된 학습이 아닌 가상 학습의 신세계에서 우리가 무엇을 포기하고 있는지 자문해볼 필요가 있다. 많은 전문가는 우리가 아이들의 학습을 가능하게 하는 바로 그것을 포기하고 있다고 주장한다. 교육 전문가이자《어린 시절의 중요성The Importance of Being Little》의 저자인 에리카 크리스타키스는 "어린아이들의 놀이를 허락하지 않는 것은 그들이 세상을 이해할 권리를 허락하지 않는 것과 같다"고 경고한다.[50]

## 육체성의 소멸 앞에서

프랑스 페리고르 근처에는 16세기 수필가 미셸 드 몽테뉴의 집이 있다. 이 집의 서재 들보에는 〈전도서〉의 한 구절을 의역한 문구가 새겨져 있다.[51] "몸과 마음이 어떻게 연결되어 있는지 모르는 사람은 신의 일을 알 수 없다." 몽테뉴는 몸의 감탄할 만한 면과 당혹스러운 면을 받아들였고(그의 수필은 자신과 다른 사람들이 겪는 복부 팽만 증세에 대한 유쾌한 묘사를 담고 있다) 자신의 몸을 부정하는 사람들의 위선을 비판했다. 몽테뉴는 몸이 자신을 이해하는 데 중심이 되는 방법 중 하나라고 믿었다. 몸은 우리의 연약함을 상기시키고 자아의 우월감을 제한한다. 그는 말했다. "세상에서 가장 높은 왕좌에 앉아 있는 사람도 결국 제 엉덩이 위에 앉아 있을 뿐이다."

몽테뉴의 시대에는 일상생활에서 물리적으로 요구되는 것이 지금과는 근본적으로 달랐고 훨씬 더 어려웠기 때문에 더 겸손할 수밖에 없었다. 기술 시대에는 이런 겸손을 찾아보기 힘들다. 신기술 덕분에 우리에게 허락된 힘과 비교하면 우리가 매일 몸으로 하는 일상적인 과제들은 사소하고 하찮아 보인다. 신체적인 면에서는 신발 끈을 묶는 것보다 지구 반대편으로 메시지를 보내는 것이 더 쉽다.

그러나 기구와 도구는 중요한 면에서 우리 몸의 연장이다. 컴퓨터 과학자 요제프 바이첸바움이 그의 책《컴퓨터 파워와 인간의 이성Computer Power and Human Reason》에서 말했듯이 우리는 "도구를 사용할 때 그 도구의 여러 측면을 운동 감각적 습관과 지각적 습관의 형태로 내면화해야 한다."⁵² 도구는 몸의 일부가 된다. 비슷한 방식으로, 우리 몸은 우리가 세상에서 길을 찾도록 돕는다. 프랑스 사회학자 마르셀 모스는 "몸은 최초의 그리고 가장 자연스러운 기술적 대상"이라고 말했다.⁵³

도구 선택과 그 사용 방식은 손의 습관뿐만 아니라 정신의 습관에도 영향을 미친다. 체화된 경험은 우리가 일상적인 일을 배우는 방식뿐만 아니라 주변 세상을 이해하는 방식까지 형성한다. 월리스 스테그너의 소설 《안식각Angle of Repose》에서는 등장인물이 이전 세대의 풍습을 묘사한다. 농장에서 자란 그의 할머니는 "닭을 잡고, 털을 뽑고, 내장을 빼내고, 먹는 일을 혐오감 없이 해냈고 이웃들도 마찬가지였다"고.⁵⁴ 그녀의 세대는 물질세계와 우리와는 다른 관계를 맺었고 그런 관계는 그들이 그 세계의 과제들을 이해하는 방식에 반영되었다. "동물이 죽으면 집안사람들이 그 사체를 처리해야 했고 사람이 죽으면 집안의 여자들이 시신을 정리해야 했다."

오늘날 우리는 신체적으로 가혹한 경험을 덜하고, 신체적 한계에 그만큼 자주 직면하지 않는다. 하지만 편해졌다는 것은 우리 몸의 불가피한 쇠퇴를 수용하기가 더 어려워졌다는 의미일 수 있다. 우리는 종종 기술을 사용해 최대한 오랫동안 생명을 연장한다. 한계에 직면한 신체를 돌보는 일도 더 힘겹게 여기고 전문가에게 아웃소싱한다. 너무 바쁜 인간 대신 동반자 관계를 제공한다는 로봇이 그런 전문가 대열에 점점 더 많이 합류하고 있다. 손 글씨와 같이 정신적, 육체적 기량이 필요한 일이나 몸과 마음의 조화, 인내, 반복을 요하는 활동을 피하는 요즘 같은 시대에 인생의 시작 단계에서부터 배어 있는 몸과 마음의 습관에 뒤따르는 당연한 결과다. 기술로 비효율성을 제거하면서 매끄럽고 편안한 삶을 살기 위해 최선을 다하다 보면 우리 몸과 다른 사람의 몸이 갖는 어쩔 수 없는 한계와 도전이 나타났을 때 견디기가 훨씬 더 힘들어진다.

손 글씨나 그림 그리기 같은 습관이 사라진다고 해도 대수롭지 않아 보일 수도 있다. 그런 습관은 혜택을 개인적으로만 경험할 수 있고, 수익화하기가 쉽지 않으며(드물게 전문 캘리그라피스트인 경우를 제외하면), 점점 더 많은 사람이 일상에서 타당성을 인정하지 않는, 대단할 것이 없는 기술이다.

그러나 손 글씨가 우리 삶에서 조용히 사라지는 상황은 특정 경험들이 어떻게 소멸되는지를 보여준다. 경험은 상의하달식의 명령이나 하의상달식의 대중 운동을 통해 사라지는 것이 아니라 점진적으로 약화된다. 그리고 우리는 그렇게 사라지는 것을 상실이라기보다는 진보와 개선의 또 다른 모습이라고 합리화한다. 기량이 약화되는 것과 동시에 수천 년에 걸친 인간의 경험도 사라진다. 그러나 그런 경험들은 흔적을 남긴다. 4만 년 전에 그려진 알타미라와 라스코의 동굴벽화에는 수백 킬로미터 떨어져 있지만 같은 것, 즉 인간의 손이 그려져 있다.

스크린이 지배하는 세상에서 손 글씨의 급속한 쇠퇴는 오래된 것과 새로운 것 사이에서 우리가 얼마나 무심코 결정을 내리는지를 상징적으로 보여준다. 새로운 기술이 오래된 작업 방식을 없앨 필요는 없다. 인쇄기는 손 글씨를 없애지 않았다. 키보드와 터치스크린이 펜과 종이를 누를 것이라거나, 소프트웨어가 손으로 그리는 그림을 없앨 것이라거나, 교실에 스며든 기술이 보다 전통적인 체화된 학습을 퇴출시킬 것이라고 생각할 이유는 없다. 우리는 어떤 형태든 공존시킬 수 있다. 비록 평화로운 공존보다는 불안한 공존일 가능성이 높더라도 말이다.

시인 필립 라킨은 "육신은 그 자체의 욕망으로 우리를 둘러싸고 있다"고 말했다.[55] 육신은 기회로 우리를 둘러싸고 있기도 하다. 스크린 기반의 매개 경험으로는 불가능한 방식으로 배우고, 이해하고, 느낄 수 있는 기회로 말이다. 우리의 세계가 이미지와 가상화로 점점 더 포화되어가는 과정에서 우리는 매혹적인 기술에 대한 욕구가 직접 보고 만지고 만들어보려는 욕구를 퇴색시키지 못하게 해야만 한다.

## 4장

# 기다림과
# 지루함의 기능

자신의 내면으로 들어가서 자신이 누구인지,
무엇을 좋아하는지, 세상과 사람들에 대해 어떻게
생각하는지 파악하려면 시간, 인내, 지루함, 백일몽,
발견에 대한 기대가 필요하다. 이것들이 없다면 우리는
그저 시간을 죽이고 있는 것이다.

"대기 시간이 거의 없습니다!" 디즈니월드 투모로랜드의 버즈 라이트이어 스페이스 레인저 스핀 입구에서 나를 맞이한 직원이 말했다. 전광판은 놀이기구를 타기까지 대기 시간이 10분이라고 알렸고 어두운 조명, 차가운 공기, 무기들이 내는 소리(텔레비전에서 만화가 나오고 있었다)를 인식한 것은 잠깐뿐이었다. 곧 나는 대기 줄을 따라가면서 거대한 텔레비전을 지나쳤다. 텔레비전 화면 속에서는 버즈와 그의 숙적인 보라색 저그가 싸우고 있었다. 한가롭게 걸음을 옮기는 동안 어두운 조명과 웅성거리는 소음 가운데에서 밝은 색상의 버즈와 기대에 가득한 아이들의 흥분된 목소리만이 선명했다. 나와 아이들은 무빙워크를 타고 로켓 우주선까지 느리게 이동했다. 10분이나 지났다고? 차례를 기다리는 동안의 모든 경험은 실제 시간의 흐름을 느끼지 못하도록 설계되어 있었다.

기다림의 미래를 알고 싶다면 플로리다주 올랜도에 있는 월트 디즈니월드의 매직 킹덤에서 줄을 서보라. 음식을 위한 줄이든, 놀이기구를 위한 줄이든, 화장실을 위한 줄이든 상관없다. 기다림의 구조와 심리는 동일하니까. 1955년 디즈니가 캘리포니아 애너하임에 디즈니의 첫 번째 테마파크를 열었을 때 그는 줄서기 심리학의 새로운 시대를 열었다. 시간이 더 빨리 지나는 것처럼 만들어 줄 선 사람들의 경험을 변화시켜주는 줄을 만든 것이다.

디즈니는 비판이나 비난을 받을 만한 여러 결함을 갖고 있었지만, 그럼에도 인간의 본성을 이해한 사람이라는 것만은 틀림없다. 그리고 그(그리고 지금은 그의 이름을 딴 거대 기업)는 사람들이 기다리는 것을 싫어한다는 사실을 잘 알고 있었다. 디즈니의 직원들은 수평방킬로미터에 달하는 이 놀이공원에서 끊임없는 "이매지니어링 imagineering*"을 추구하는 한편, 기다림이라는 힘든 인적 경험을 덜어주는 일에도 많은 시간을 투자한다. 디즈니 어트랙션 개발·기획 담당 부사장이었던 데일 스태퍼드는 한 유명한 여행 포럼에서 "기다림은 고객들의 가장 큰 불만 사항입니다"라고 말했다.[1]

디즈니월드는 보다 효율적인 여가 경험을 제공하기 위해 1999년 패스트패스FastPass 시스템을 시작했다. 정신없어 보이는 도널드 덕을 로고로 내세운 패스트패스는 방문객이 시간을 잘 맞춰 공원의 인기 놀이기구 티켓을 구매하게 하는 가상 대기 시스템이다. 예를 들어, '유령의 집'의 정오 패스트패스 티켓을 예약하면 혼잡한 인파

---

\*     상상력과 기술을 결합해 독창적인 경험을 만들어내는 전략

속에서 몇 시간씩 기다리지 않고 바로 놀이기구 안으로 들어갈 수 있다. 패스트패스의 정확한 타이밍에 따른 지침과 엄격한 규칙은 19세기에 프레더릭 윈즐로 테일러가 내놓은 과학적 관리 원칙의 재림이다. 공장이 아닌 휴가에 적용한 것이 다를 뿐.

사람들은 디즈니 포럼에서 패스트패스 시스템에 대해 열정적으로 토론하며, 패스트패스를 최대한 활용하는 비결을 공유한다. 나는 이 포럼을 찾아보지 않았지만, 올랜도 디즈니월드의 후룸라이드 스플래시 마운틴에서 패스트패스를 사용해보고 사용 전후가 극명하게 갈리는 것을 직접 경험했다. 몇 시간 전에 패스트패스를 확보한 우리 가족은 끈적끈적한 날씨에 모여 있는 군중을 헤치고 패스트패스 줄로 나아간 다음 약 5분 동안 빠른 걸음으로 사람들을 지나쳤다. 우리가 지나갈 때 보이는 짜증스러운 표정만이 그들의 집단적 무기력 상태를 깨뜨리는 듯했다. 다른 곳에 주의를 빼앗기지 않고 우리가 지나가는 것을 볼 수 있었다면 말이다. 사실 대부분의 사람들은 스마트폰을 만지작거리고 있었다. 스플래시 마운틴의 구불구불한 '대기' 줄에 서 있는 수백 명의 불운한 방문객은 이 디즈니판 연옥에서 몇 시간 동안 햇볕에 구워져야 할 운명이었다. 내 아들이 그들의 상황에 공포 어린 연민을 표현했다. 아이는 중얼거렸다. "저렇게 오래 기다리는 건 말도 안 돼요. 저런 긴 줄에 서서 기다려야 하다니, 불공평해요!" 이후 패스트패스를 사용할 수 없는 '작은 세상'으로 들어가는 줄에서 놀이기구의 경쾌한 테마곡이 끊임없이 울려 퍼지는 가운데 천천히 움직이면서 한 시간을 기다리게 되자 나도 아이와 같은 생각을 하게 되었다.

플로리다에서 성장한 나는 패스트패스 시스템이 도입되기 전에 가족과 함께 디즈니월드를 여러 번 찾았다. 놀이기구를 타기 위한 끝없는 듯한 기다림이 아직도 기억난다. 언니들과 나는 조금씩 줄을 따라 움직이며 부모님께 칭얼댔다. 가끔 구피 탈을 쓴 디즈니 직원이 슬슬 돌아다니기도 했지만 그 외에는 주의를 빼앗을 만한 것이 거의 없었다. 그런 지루함은 가려움증과 닮아 있었다.

요즘 아이들은 코끼리 덤보 놀이기구를 타기 위해 한 시간 동안 호출기를 손에 쥐고 서커스 테마 놀이 공간에서 즐겁게 뛰어논다. 놀이기구를 탈 차례가 되면 부모가 호출기로 신호를 보낸다. 덤보 놀이기구는 내가 어렸을 때처럼 오랜 기다림 끝에 코끼리 모양의 곤돌라를 타고 몇 바퀴를 빙빙 도는 것에서 끝나지 않는다. 디즈니 부사장이 〈뉴욕타임스〉에 설명한 것처럼 "몰입형으로 15분 동안 지속되는 경험"이다.[2] 지난 세대의 대기 기술(줄이 얼마나 긴지 감추기 위해 구불구불 이어진 대기 공간을 따라 몇 가지 재미있는 오락거리를 배치한다)은 더 이상 충분하지 않다.

기다림은 예전과 다르다. 오늘날 우리는 기다림의 경험에 더 많은 오락거리가 있기를, 그 경험을 더 많이 통제할 수 있기를 바란다. 이는 테마파크에서의 기다림에만 한정되지 않는다. 우리는 기다림을 경험할 때마다 스마트폰을 들고 이메일을 확인하거나 친구에게 문자를 보내거나 캔디 크러시 또는 프리셀 게임을 한다. 틈새 시간의 거의 모든 순간이 오락이나 의사소통으로 채워진다. 디즈니는 방문객들이 놀이기구를 타기 위해 기다리는 공간을 공연의 첫 장면처럼 "장면 1 scene one"이라고 부른다. 우리 삶의 더 많은 부분이 끊임없는 공연과 비슷해지면서 모든 사람에게 기다리는 경험은 잠재적인 "장면 1"이 된다. 불과 몇 년 만에 매개가 없는 대기 경험은 예외적인 것이 되었다. 우리는 사실상 모든 대기 경험을 디즈니화했다.

피할 수 없는 기다림이라는 물리적 현실로부터 정신적으로나마 벗어나는 것은 매력적인 일이다. 지루함에서 달아나기 위해 휴대전화를 확인하는 것은 시간의 폭정에 맞서는 작은 혁명처럼 느껴질 수 있다. 그러나 혁명은 때때로 자기 자신을 삼켜버린다.

기차, 전신, 전화, 비행기, 컴퓨터와 같은 새로운 기술로 삶에 새로운 속도가 도입되면서 특정한 종류의 기다림이 완화되거나 사라졌다. 이런 도구들은 기다릴 만한 가치가 있는 것과 그렇지 않은 것에 대한 우리의 기대를 변화시켰다. 한편 우리는 오래전부터 속도와 가속화가 우리에게 어떤 영향을 미칠지 걱정해왔다. 헨리 데이비드 소로는 "우리는 철도를 타지 않는다. 철도가 우리를 태운다"라고 주장했다.[3] 사람들은 혁신의 매 단계마다 조바심을 쳤지만, 그럼에도 삶은 더 빠른 속도로 움직였다.

현대인은 속도를 개선으로, 다시 말해 '낭비되는 시간'이라는 골칫거리를 제거하는 요긴한 것으로 본다. 우리는 속도가 초래한 것들을 포용하고, 그렇게 자신이 더 나아졌다고 믿는다. 그러나 우리가 기다리는 방식은 우리가 누구인지, 서로에게 무슨 기대를 갖는지, 개인적으로나 사회적으로 우리가 어떻게 시간을 이해하고 미래를 계획하는지 말해준다. 기꺼이 기다리는지 아닌지가 인내심(과 성급함)에 대한 우리의 감정, 게으름과 지루함 같은 것들에 대한 수용, 통제감에 대한 욕구를 드러낸다. 기다리는 방식은 침묵과 과묵함, 성찰과 공상에 대한 태도를 드러낸다. 오늘날에는 기다림의 경험이 어떻게 그리고 왜 변화했는지, 결과적으로 그것이 어떻게 우리를 변화시키고 있는지에 주의를 기울여야 한다.

그리고 이 이야기에는 '우리'가 있다. 기다림에 대한 개인적인 경험은 독특하고, 기다림에 대처하는 방식은 우리의 선택이다. 하지만 기다림에 대한 우리의 태도는 가족, 친구, 이웃, 지역사회, 심지어 더 넓은 정치 문화에까지 영향을 미친다. 동물의 무분별한 본능이나 기계의 정교한 알고리즘과는 달리 우리는 적어도 아직까지는 자연이나 엔지니어에 의해 기다림이 프로그래밍되지 않았다. 그래서 우리가 선택해야 한다. 작가 프랭크 파트노이는 "동물과 달리 우리는 멈춤으로써 프로그램된 반응을 무마할 수 있다"라고 말했다.[4] 기다림의 방식이 우리를 다른 동물이나 기계와 구분해주는 셈이다. 시인 W. H. 오든W.H.Auden은 에덴동산에서 선악과를 따먹은 인류의 충동을 떠올리며 이렇게 말했다. "대죄는 성급함, 그것뿐인지도 모르겠다. 성급함 때문에 우리는 낙원에서 쫓겨났고 그곳으로 돌아갈 수 없다."[5] 기다림은 언제나 삶의 경험의 일부였다. 하지만 그것을 이해하고 대처하는 방식은 바뀌었다. 인내심이 미덕이라면 지금 우리는 그 미덕을 기꺼이 파괴하고 있다.

## 디즈니월드에서 배운 줄 서기의 논리

줄에는 고유의 논리가 있다. 워싱턴 D. C. 인근 로널드 레이건 국제공항에서 여정을 시작한 나는 보안 검색을 위한 긴 줄에 서 있었다. 디즈니월드에서 볼 수 있는 나긋하고 독재적인 관리와 달리 이 줄은 거의 통제가 없는 혼돈 그 자체였다. 이 줄은 수하물 찾는 곳까지 되는 대로 이어져 있었다. 줄의 처음을 표시하는 안내판도, 무슨 줄인지 알리는 안내판도 없었다. 결국 줄에 접근하는 모든 사람이 줄에 서 있는 사람들에게 질문을 해야 했다. "예, 보안 검색을 위한 줄입니다. 얼마나 걸릴지는 모르겠어요." 점점 더 동요하는 사람들에게 조언을 하는 공항 직원은 없었다. 줄에서 벗어나는 사람도 있었고, "비행기를 놓치겠다"고 중얼거리면서 새치기를 하려다가 실패하는 사람도 있었다. 그곳은 미처 다 감춰지지 못한 불안감으로 가득 차 있었다.

일주일 후 나는 워싱턴 D. C. 암트랙 유니언역에 줄을 서서 기차를 기다렸다. 두 명의 경찰이 새치기를 막고 있었다. 누구나 줄의 시작 부분(기차 플랫폼 입구)을 볼 수 있었다. 그리고 거의 모든 사람이 휴대전화로 문자 메시지를 보내거나 통화를 하고 있었다. 나도 그중 한 명이었다. 5분 동안 사람들을 바라보다가 문득 이메일을 확인하고 싶은 익숙한 충동이 들었다. 빛나는 작은 화면을 바삐 두드리느라 구부정한 사람들의 등을 바라보면서 나는 우리의 집단적 수동성에 대해 안도감과 동시에 경각심을 느꼈다. 머리 위의 대형 화면에서 주기적으로 나오는 테러 경고가 조지 오웰을 떠올리게 했기 때문이다. "경각심을 갖는다고 손해 볼 것은 없습니다! 무언가를 보셨습니까? 말씀해주세요!" 우리는 디지털 기기의 반대편에 있는 사람에게 많은 말을 하고 있었다. 그래서 그 역에서 어떤 일이 일어난다 해도 그걸 볼 수 있는 사람은 몇 명 되지 않았을 것이다.

기다림은 일상의 이곳저곳에 존재한다. 기차를 기다리고, 버스를 기다리고, 꽉 막힌 길이 뚫리기를 기다린다. 《오! 우리가 갈 곳들!Oh! The Places You'll Go!》에서 닥터 수스는 어린 독자들에게 언젠가 냄비가 끓기를, 전화벨이 울리기를, 물고기가 입질하기를 "기다리는 사람들"을 위한 "기다리는 곳"을 만나게 될 거라고 조언했다. 현재 미국인은 매년 줄을 서고 기다리는 데 총 370억 시간을 보내는 것으로 추산된다.[6]

일상적인 기다림의 경험은 매우 주관적이다. 병원에서 검사 결과를 듣기 위해 기다린 10분은 식료품점에서 기다린 10분보다 더 길게 느껴질 것이다. 기다림의 심리학을 연구하는 학자들은 기다림에 대한 우리의 인식을 좌우하는 두 가지 요소를 발견했다. 바로 기다림 관련 정보의 양과 공정성이다. 설명되지 않은 기다림은 설명된 기다림보다 길게 느껴지고 불확실한 기다림은 확실한 기다림보다 길게 느껴진다. 디즈니월드의 모든 놀이기구 앞에 대기 시간이 표시되어 있는 것도 그 때문이다. 연옥이 연옥인 것은 그곳이 불편해서가 아니다. 연옥이 불편한 이유는 그곳에 언제까지 있어야 할지 모르기 때문이다.

　안타깝게도 시간을 알려주는 시계와 같은 외부 현실은 우리의 내부 인식과 항상 일치하지 않는다. 야코브 호닉은 한 실험에서 평균 길이의 식료품 계산대 줄에서 기다리고 있는 640명의 사람을 관찰하고 시간을 측정했다.[7] 그는 각각의 사람에게 얼마나 기다린 것 같은지 물어봤다. 그 결과, 사람들이 인식한 대기 시간은 실제보다 약 30퍼센트 더 길었다. 소매업 컨설팅 업체인 엔비로셀Envirosell 의 조사 결과, 우리는 대기 시간의 처음 2~3분 동안만 시간의 흐름을 정확하게 인식하고 3분째부터는 대기 시간을 과대평가하기 시작한다.[8] 여성은 남성보다 조금 더 참을성이 있다. 여성은 계산대 앞에서 3분 동안 줄을 섰다가 포기하는 반면, 남성은 2분 만에 포기한다.

　줄서기에는 공정성에 대한 확고한 신념이 적용된다. 20여 년 전, MIT 교수 리처드 라슨은 줄과 사회정의의 관계를 조사했다.[9] 그와 대학원생들이 패스트푸드점의 줄을 비롯한 대기 장소를 조사한 결과, 일관되게 "먼저 온 사람이 먼저 서비스를 받는 것이 사회적으로 공정한 줄서기 규율로, 먼저 들어온 사람이 먼저 나가는 것이 사회적으로 공정한 시스템 규율"로 나타났다. 그런 구조가 전체적으로 대기 시간을 길어지게 하더라도 말이다.

　물론 인간 본성이 그렇듯이, 사회정의라는 막연한 느낌은 거기까지가 한계다. 우리는 우리 뒤에 서 있는 사람들에게 좀처럼 연민을 느끼지 않는다. 오히려 우월감을 느끼는 경향이 있다. 연구자들은 〈소비자 조사 저널Journal of Consumer Research〉에서 "줄을 선 소비자들은 뒤에 있는 다른 사람들과 자신을 비교한다. 그들은 뒤에 있는 많은 사람이 '저 사람 자리에 내가 있었으면 좋겠다'라며 자신을 부러워할 거라는 생각에서 위안을 얻는다"고 말한다.[10]

공정성에 대한 인식은 대기 시간이 어떻게 구성되는지에 좌우된다. 라슨은 휴스턴 국제공항에서도 연구를 진행했다. 그곳은 수하물을 찾기까지 너무 오래 기다려야 한다고 승객들의 불평이 쏟아지는 곳이었다. 하지만 그곳의 대기 시간은 비행기에서 수하물 찾는 곳까지 걸어가는 데 1분, 수하물이 나올 때까지 기다리는 데 7분밖에 걸리지 않았다. 평균 대기 시간이 업계 표준에 미치지 않았던 것이다. 그렇다면 왜 승객들은 대기 시간이 공정하지 못하다고 느꼈을까? 그들의 인식이 왜곡된 것은 대부분의 대기 시간을 걷기와 같은 활동 대신 온전히 가방을 기다리는 데만 보냈기 때문이다. 해법은 간단했다. 공항은 수하물 찾는 곳을 더 멀리 옮겼다. 승객들은 그곳까지 6분 정도를 걸어야 했지만 대신 가방을 기다리는 데에는 1~2분밖에 걸리지 않았다. 대기 시간은 같았지만 '빈' 또는 낭비된 시간이라는 인식은 바뀌었다. 불만은 크게 감소했다.

그러나 기다림과의 전쟁이 진화하면서 공정성의 원칙이 공격받고 있다. 이제는 돈만 있으면 얼마든지 줄에서 벗어날 수 있다. 줄서기 서비스 시장은 항상 있었다. 예를 들어, 워싱턴 D. C.의 줄서기 서비스 업체인 라인스탠딩닷컴(linestanding.com)은 대신 줄을 서서 의회 청문회와 미국 대법원 법정에 자리를 잡아주는 일을 전문으로 한다. 기다림에서 벗어나기 위해 돈을 지불한다는 개념은 레스토랑 예약과 각종 엔터테인먼트 행사로 확대되고 있다. 이제 항공사들은 유료로 우선 보안 검색과 탑승을 가능하게 해준다(물론 개인 제트기를 이용할 만큼 부유한 사람은 전혀 기다릴 필요가 없다). 스키 리조트에서는 추가 비용을 지불하면 리프트 대기를 줄일 수 있고, 여러 고속도로에는 덜 혼잡한 차선을 이용할 수 있는 통행권과 유료 도로가 있다. 많은 테마파크가 디즈니의 패스트패스와 비슷한 패스를 판매한다. 패스에는 골드, 플래티넘 등 다양한 등급이 있다. 할리우드에 있는 유니버설 스튜디오는 적어도 이런 특전을 마케팅하는 데만은 매우 솔직하며 그들의 프런트 오브 더 라인 패스Front of the Line Pass는 방문객들로부터 열렬한 호응을 얻었다. 미디어·엔터테인먼트 업계의 한 관계자는 〈뉴욕타임스〉에 이렇게 말했다. "유니버설에 VIP 옵션이 없었다면 저는 가지 않았을 겁니다. ……줄을 설 시간이 없거든요. 더구나 저는 수준 높은 서비스를 원합니다."[11] 소비자들이 시간을 중시하고 자신이 서비스를 받을 자격이 있다고 믿는 이 시대에는 기다리지 않고 서비스를 받을 권리에 돈을 지불하는 것이 특권이 아닌 상식처럼 느껴진다.

권리에 대한 인식이 기다림에 대한 회피 상황과 만나 사회적 결과를 낳는다. 2013년 디즈니월드는 장애 자녀를 둔 가족에 대한 정책을 변경한다고 발표했다. 과거 이들 가족은 놀이기구의 줄 앞으로 갈 수 있었다. 그러나 줄을 서지 않기 위해 여행 가이드에게 돈을 지불하고 휠체어를 빌리는 사람이 늘어나는 등 이 제도가 '악용'

되자 디즈니는 좀 더 제한적인 정책을 내놓았다.[12] 이제 장애인 가족은 패스트패스와 비슷한 시스템을 이용한다. 많은 사람이 온라인 포럼에서 새로운 규칙에 대해 비난을 퍼부었다. 정말 괴로운 부분은 기다림 관리에는 달인인 디즈니 같은 기업이 점점 늘어나는 고객의 조급증과 비윤리적인 행동에 굴복한다는 사실이었다. 우리는 돈을 지불하고라도, 아니 속임수를 써서라도 기다림을 피해야 한다고만 생각하는 것이 아니다. 이제 우리는 점점 더 기다림 자체를 견디지 못하는 것 같다.

## 성급하게 화가 난 사람들

8월의 어느 날 저녁 인디애나주 해먼드에 사는 23세의 몬트렐 모스는 여자 친구와 세 아이를 차에 태우고 저녁을 먹으러 호스슈 카지노로 가는 길이었다. 인디애나폴리스 대로에서 금색 쉐보레 밴이 모스의 차선으로 끼어들었다. 화가 난 모스는 물이 담긴 플라스틱 컵을 밴에 던졌다. 밴을 몰던 61세 운전자는 권총을 꺼내 모스를 쏘아 죽였다.

캘리포니아주 오렌지카운티에서는 한 여성이 고속도로에서 자신을 추월하는 운전자에게 중지를 들어 보였다. 그 차의 누군가가 총을 꺼내어 이 여성의 차에 쏘았고 유치원에 가는 길이던 그녀의 여섯 살 난 아들이 죽었다. 노스캐롤라이나주 럼버턴에서는 결혼

기념일을 맞아 해변으로 가던 펜실베이니아주 출신의 부부가 고속도로로 합류하려다가 다른 운전자를 화나게 했다. 상대 운전자는 그들의 차에 총을 쏘았고 조수석에 앉아 있던 여섯 아이의 엄마가 죽었다.

10년 전 워싱턴 D. C. 주민들을 대상으로 로드 레이지road rage*에 대한 설문 조사를 실시한 〈워싱턴 포스트〉는 "다른 운전자에 대해 '통제할 수 없는 분노'를 느낀다고 인정한 사람의 수가 2005년 이후 두 배로 증가했다"는 것을 발견했다.[13] 운전자 10명 중 한 명(젊은 운전자 여섯 명 중 한 명)이 로드 레이지를 느낀다고 인정했다. 하지만 많은 사람이 다른 사람의 나쁜 행동을 부각하는 데에는 열을 올리면서도 자신의 행동에 대해서는 솔직하게 답하지 않는다는 것을 고려하면 이 수치는 실제보다 낮을 가능성이 있다. 이후 로드 레이지는 더 심각한 사회 문제가 되었다. AAA 교통안전 재단에 따르면, 2019년 "운전자의 거의 80퍼센트가 지난 30일 동안 운전 중 적어도 한 번은 상당한 분노, 공격성, 로드 레이지를 표현했다"고 한다.[14]

미국 고속도로 교통안전국의 최근 통계에 따르면, 2019년에만 로드 레이지로 인해 446건의 충돌 사고가 발생했고 502명이 사망했다고 한다. 이런 사고의 상당수는 총기와 관련된다. '총기 안전을 위한 에브리타운Everytown for Gun Safety'에 따르면, 2020년 "로드 레이

---

* 　운전 중 다른 운전자에게 느끼는 분노

지 총격 사건으로 사망하거나 부상당한 사람은 한 달 평균 42명에 달해" 불과 4년 전보다 거의 두 배 가까이 늘었다고 한다.[15]

많은 로드 레이지 사건은 혼잡한 도로에서 빠른 속도로 진행되는 새치기에서 비롯된다. 어떤 운전자가 다른 운전자 앞에 끼어들거나 이를 거부하는 경우에 발생하는 것이다. 분노와 공격적인 행동, 때로는 사망이 뒤따른다. 운전 중에는 익명성과 자신이 무적이라는 느낌이 공격적인 행동에 대한 자제력을 약화시킨다. 온라인에서처럼 말이다. 로드 레이지를 연구하는 위스콘신대학교 그린베이의 심리학자 라이언 마틴은 이렇게 말했다. "모두가 우리에겐 익명의 존재이고, 우리도 다른 사람들에겐 마찬가지죠. 우리는 평소라면 하지 않을 일을 합니다. 사람들에게 손가락질을 하고, 욕을 하고, 새치기를 하죠."[16]

로드 레이지의 뿌리에는 성급함이 있다. 우리처럼 결점이 있고, 피곤하고, 정신이 산만해진 다른 사람들에게 참을성을 발휘하지 못하는 것이다. 일상에서 줄을 서는 것에 대한 불만이 늘어나는 것처럼, 운전 중에 인지된 사소한 모욕에 과잉반응(때로 치명적인)을 하는 것은 우리의 기대가 얼마나 많이 변화했는지 알려준다.

왜 이 지경이 되었을까? 그 부분적인 이유는 일상생활의 끊임없는 가속화에 있다. 일상의 속도가 빨라지면서 기다릴 수 있는 것, 기다려야 하는 것에 대한 기대가 변하고 있다. 우리는 기다리지 않고 서로에게 바로 연락할 수 있는 것에 익숙해졌다(이런 변화는 단기간에 일어났다). AT&T 와이어리스AT&T Wireless는 운전 중에도 기다릴 줄 모르고 의사소통을 하는 우리의 성급함(그리고 부주의한 운전으로 인한 사고의 증가)에 경종을 울리기 위해서 운전 중 문자 메시지를 금지하는 캠페인 "그건 나중에It Can Wait"를 시작했다. 여러 주가 운전 중에 전화 사용을 금지하거나 핸즈프리 기기 사용을 의무화하는 법안을 통과시켰다. 신형 자동차는 핸즈프리를 더 쉽게 하는 통합 대시보드를 갖추고 있다(상호작용을 허용하는 이 기능이 운전자에게 지속적인 방해 요소가 된다는 점은 과소평가되고 있다). 고속도로에는 이제 운전자가 자신이나 다른 운전자의 생명을 위협하지 않고 휴식을 취하거나 문자를 보낼 수 있는 휴게소가 마련되어 있다.

물론 AT&T가 우리에게 책임감 있게 사용하라고 권장하는 기술, 즉 휴대전화는 원래 이 회사가 자동차에 도입하려던 기술이다. AT&T의 웹사이트에는 1946년 "미주리주 세인트루이스의 한 운전자가 자동차 대시보드 아래에서 수화기를 꺼내 전화를 걸면서 역사가 시작되었다"는 설명이 있다. 운전에 집중하자는 AT&T의 캠페인은 가치가 있다. 그럼에도 이 캠페인으로 운전 중에도 신속하고 즉각적인 의사소통을 하고 싶어 하는 우리의 기대가 억제될 것 같지는 않다. 안전은 즉각적인 연결을 거부할 만큼의 강력한 동기가 되지 못한다.

소설가 밀란 쿤데라는 속도를 "기술이 현대인에게 선사한 황홀경"이라고 묘사했다.[17] 속도가 주는 만족감에 대한 그의 관찰은 정확했다. 다만 그는 속도에 대한 우리의 기대치가 얼마나 빨리 높아질지는 예상하지 못했다. 우리는 일이 더 빨리 진행되기를 기대한다. 우리는 QR 코드의 시대를 살고 있다. 스마트폰으로 스캔할 수 있는 QR 코드가 식품 포장부터 버스 정류장의 시간표, 레스토랑의 메뉴에 이르기까지 모든 곳에 붙어 있다. 온라인 기사에는 독자가 그 글을 읽는 데 걸리는 예상 '독서 시간'이 표시되어 있다. 이 예상 시간은 책에도 표시되기 시작했다. 특정 주제에 너무 많은 시간을 낭비하지 않게 하려는 것이다. 아마존은 페이지 로딩 시간을 100밀리 초 단축할 때마다 매출이 1퍼센트 증가한다고 주장한다. 밀리 초는 1000분의 1초다.

구글의 엔지니어들은 그 밀리 초를 다투는 경쟁에 몰두하고 있다. 그들은 검색 결과를 기다리는 사람들에게 400밀리 초(눈 깜빡이는 정도의 시간)의 지연도 길다는 것을 발견했다. 지금은 폐지된 구글 글래스 프로젝트의 수석 엔지니어는 웨어러블 기술의 주된 목표 중 하나가 원하는 것을 얻는 속도를 극적으로 높이는 것이라고 말했다. "휴대전화에서 30~60초가 걸릴 작업이 글래스에서는 2~4초가 걸립니다."[18] 스마트폰이 흔해지면서 기업들은 모바일 플랫폼에서도 로딩 속도를 높이기 위해 노력한다. 포레스터 리서치Forrester Research는 온라인 쇼핑객들이 페이지 로딩을 얼마나 기다릴 수 있는지를 연구했고 그 결과 2초가 마법의 숫자라는 것을 알아냈다. 3년 전 사람들이 기꺼이 기다리는 로딩 시간은 4초였다.

길지 않은 인터넷의 역사에서 대기 시간에 대한 우리의 기대는 극적으로 변했다. 거의 모든 사람(사용자 다섯 명 중 네 명)이 온라인 동영상의 로딩이 느리면 재생을 포기한다. 대부분의 온라인 쇼핑객은 웹사이트가 느려지면 8초 안에 장바구니를 내던진다. 연구에 따르면 어떤 사이트가 경쟁 사이트보다 250밀리 초만 느리게 작동해도 사람들은 그 사이트를 자주 방문하지 않는다.

라메시 시타라만과 S. 슌무가 크리슈난의 연구 결과, 이런 습관화 과정은 계속 이어질 가능성이 높다.[19] 전 세계에서 총 2300만 개의 동영상을 시청한 670만 명의 시청 습관을 분석한 두 사람은 2초 안에 동영상이 재생되지 않으면 시청자는 시청을 포기한다는 것을 발견했다. 그중 속도에 가장 많이 길들여진 시청자가 가장 인내심이 부족했다. "인터넷 연결이 안정적인 시청자는 인내심이 적어서 로딩이 늦어지면 동영상 시청을 빨리 포기하는 반면, 모바일 사용자는 훨씬 더 인내심이 있다"는 것이 그들의 말이다. 하지만 점점 더 많은 사람이 쇼핑, 차량 호출, 예약, 커뮤니케이션에 스마트폰을 사용하면서 그 격차는 좁혀지고 있다. 신랄한 스타일로 유명한 19세기 작가 앰브로즈 비어스는 인내심을 "미덕으로 가장한, 심각하지 않은 형태의 절망"이라고 했다.[20] 그는 언젠가 우리가 인내심을 밀리 초 단위로 측정할 거라는 사실을 몰랐을 것이다.

속도에 길들여짐에 따라 모든 것에 대해 점점 더 참을성이 없어지고 있다. 거기에는 일상생활의 상호작용도 포함된다. 얼마 전, 〈뉴욕타임스〉 기술 담당 기자 닉 빌턴은 "시간을 낭비하는 의사소통 형태"에 반대하는 긴 글을 썼다. 빌턴은 자신이 어머니와 소통할 때 가장 선호하는 방법은 X라고 고백하면서 과거의 인사법 대부분이 시간을 낭비하는 의사소통의 형태라고 주장했다. 그는 "스마트폰 시대에는 예전에 괜찮았던 질문들(날씨, 회사 전화번호, 상점 영업시간 등)을 던질 이유가 없다. 그러나 일부 사람들은 여전히 그 질문들을 던진다"고 말했다. 그런 사람들은 이메일을 "친애하는"과 같이 격식을 차리는 말로 시작하고 문자 메시지를 보내는 대신 전화를 거는 비효율적인 일을 한다.[21]

다른 사람들도 빌턴과 같이 전통적인 의사소통 방식에 불만을 표한다. "불필요한 의사소통에 대한 제 인내심이 점점 줄어들고 있습니다. 전부 부담이고 비용이기 때문이죠." 바라툰데 서스턴은 말한다. 아이러니하게도 그는 소통에서 재치를 중시하는 컬티베이티드 위트Cultivated Wit라는 단체의 공동 설립자다.[22] 그러나 기술 학자 에반 셀링거가 언급했듯이 "우리는 관계 유지를 마치 할 일 목록에 올릴 항목 정도로 여긴다. 그런 편의성을 중시하느라 사람에 대한 관심과 배려를 잃고 있다."[23]

빌턴을 비롯한 사람들이 사교적인 인사가 없는 세상을 좋아한다는 것은 문제가 아니다. 그런 사람들은 늘 있었으니까. 그들은 인간의 상호작용에서도 효율성이 우선이고 사회가 이를 수용해야 한다고 생각한다. 이런 생각은 우리가 상호작용에서 효율성, 예측 가능성, 반복 가능성과 같은 기술의 미덕을 모방하면서 사생활에서도 기술자처럼 행동해야 한다는 그릇된 인식을 조장한다. 이런 태도는 아이작 아지모프가 1975년에 쓴 네트워크화된 슈퍼컴퓨터의 이야기 〈멀티백의 생애와 시대The Life and Times of Multivac〉를 연상시킨다.[24] 아지모프는 멀티백의 인공지능이 성장함에 따라 멀티백이 "시간을 들이는 일을 꺼리게" 되었다고 썼다. "아마도 그것은 계속 이어지는 자기 개선의 결과였을 것이다. 멀티백은 자신의 가치를 점점 더 의식하게 되었고 사소한 일들을 참을성 있게 견딜 가능성이 낮아졌다."

효율성이 일상의 모든 의례를 개선하는 것은 아니다. 가족의 식사를 생각해보자. 컬럼비아대학교 국립약물남용센터에 따르면, 미국 가정의 32퍼센트가 함께 저녁 식사를 하는 데 20분 이하의 시간을 보낸다고 한다.[25] 미국식 저녁 식탁에서조차 효율을 중시하게 되면서 안타까운 결과가 뒤따르고 있다. 한 연구는 가족의 식사와 아동 비만의 관계를 밝히기 위해 가족의 식사 시간 200건을 녹화 조사했다. 그 결과, 식사 시간이 평균 16.4분에 불과한 가정의 아이들이 평균 20분에 가까운 가정의 아이들보다 비만 위험이 더 컸다.[26] 3분 30초가 차이를 만들었다.

1949년 올더스 헉슬리는 조지 오웰에게 보낸 편지에서 이렇게 주장했다. "《1984》의 악몽이 내가《멋진 신세계》에서 상상했던 것과 더 닮은 세상으로 바뀔 것이라는 느낌이 든다."[27] 헉슬리는 무엇이 이런 디스토피아를 초래할 거라고 생각했을까? 전체주의적 세계 정부나 카리스마 있는 폭군이 아니다. "변화는 효율성에 대한 욕구가 불러올 것이다."

어머니에게 전화 대신 문자를 한다고 세상의 종말이 오는 것은 아니다. 그러나 헉슬리의 경고에는 타당성이 있다. 컴퓨터의 속도는 정량적으로 측정할 수 있다. 그러나 지연에 대한 인내심의 변화는 정성적으로 경험된다. 일을 하는 다른 방식이 떠오르는 것은 한 걸음 물러섰을 때(또는 오락거리 없이 **기다려야만 하는 때**)뿐이다. 기술이 가져다주는 효율성과 오락은 우리를 즐겁게 하지만 인내심은 약화시킨다. 또한 오랜 인간의 경험인 지루함을 영원히 없애주겠다는 기술의 약속은 거짓이다.


## 지루함을 없앤 대가


기술 비평가 마셜 매클루언Marshall Mcluhan은 《미디어의 이해》에서 "목동이 하고, 경찰이 하고, 부두 노동자와 상점 주인도 한다"고 했다.[28] 뭘 한다는 걸까? 그리스 남자는 마음을 달래는 염주인 콤볼로이komboloi를 사용한다는 말이다. 이 호박색 염주는 시간을 보내는 데 쓰인다. 묵주기도의 세속 버전인 셈이다. 매클루언은 "엄지손가락을 돌리는 것보다 심미적이고 담배를 피우는 것보다 저렴한, 이 퀴그Queeg*와 같은 집착은 촉각에서 얻는 쾌락을 나타낸다"고 썼다. 또한 틈새 시간을 채워야 한다는 인간의 뿌리 깊은 욕구를 보여주기도 한다. 누구나 이런 이상한 버릇이 있다. 낙서하는 사람이 있고 잠시도 가만히 있지 못하고 꼼지락거리는 사람이 있

---

*  허먼 오크의 소설 《케인호의 반란The Caine Mutiny》에 나오는 중령으로 불안이 심하고 강박관념과 편집증이 있다.

는가 하면 뜨개질하는 사람도 있고 담배를 피우는 사람도 있다. 담배 피우는 대학생들을 연구한 결과, 흡연은 그들에게 "모호한 사회적 상황을 구조화"하고 "상호작용을 촉진"하는 방법이라는 것이 밝혀졌다.[29] 즉 흡연이 어색함을 줄여준다는 것이다. 심리학자 미하이 칙센트미하이Mihaly Csikszentmihalyi는 이런 것들을 "일상의 우울함을 극복하게 해주는 '소몰입microflow' 활동"이라고 부른다.[30]

그는 "일상의 구조에 통합된 이런 '소소한 반복적 게임'은 지루함을 줄이는 데에는 도움이 되지만 경험의 질을 높여주지는 못한다"고 말한다.

지루함은 대단히 인간적인 경험이다. 하지만 지루함을 경험할 때 무엇에 의존하는가는 사회적 맥락의 영향을 받으며, 시대에 따라 다르다. 우리는 지루함을 덜기 위해 매개된 방법에 점점 더 많이 의존하고 있다. 매개되지 않은 틈새 시간은 점점 사라지고 있다. 이전 시대의 콤볼로이와 담배는 휴대하는 기술로 대체되었다. 새로운 스마트폰 앱 광고는 이렇게 묻는다. "스마트폰이 나오기 전에는 어떻게 줄을 서서 기다렸을까?" 지금의 오락거리는 암을 유발하지 않지만 더 상품화되어 있다. 우리는 그 장기적인 영향을 이제 막 가늠해보기 시작했다. 지루함에 대한 우리의 인내심은 점점 약해지고 있는 걸까? 그렇다면 그로 인해 우리는 어떻게 변화할까?

퓨 리서치 센터의 조사 결과, 거의 모든 미국 성인(97퍼센트)이 휴대전화를 갖고 있다.[31] 퓨 리서치 센터가 스마트폰 보유 현황을 파악하기 시작한 2011년 이래 스마트폰을 가진 미국인의 비율은

35퍼센트에서 85퍼센트로 증가했다. 전화 사용자에 대한 퓨 리서치 센터의 광범위한 조사를 통해 18~29세의 젊은이 중 72퍼센트가 "지루함을 없애기 위해 휴대전화를 사용한다"는 것이 드러났다.[32] 스마트폰 보급률이 높아지고 어린아이들도 스마트폰을 갖고 있다는 것을 고려하면 이 수치는 분명히 증가했을 것이다. 무선 인터넷과 광대역 인터넷을 사용하는 사람들과 도시 지역에 사는 사람들을 비롯해서 속도에 익숙한 사람들은 그렇지 않은 사람들보다 지루함을 해소하기 위해 휴대전화를 사용할 가능성이 높다.

지루함에 대처하는 훌륭한 메커니즘이라고? 여러 면에서 그렇게 볼 수도 있다. 철학자 윌리엄 제임스가 주장했듯이 "자극은 경험에서의 즐거움에 필수적인 요소다. 아무것도 하지 않고 시간이 흘러간다는 느낌은 우리가 경험할 수 있는 가장 자극이 적은 경험이다."[33] 그러나 제임스가 글을 쓸 당시의 자극은 지금 우리가 스마트폰에서 사용할 수 있는 가장 기초적인 게임이나 오락보다 정교함이 훨씬 덜했다. 그렇다면 자연스럽게 이런 의문이 떠오른다. 지루함에도 이점이 있을까?

지루함은 거의 보편적인 경험이다. 《권태: 그 창조적인 역사》의 저자 피터 투이는 "1세기로 거슬러 올라가는 폼페이 벽에는 지루함에 대한 라틴어 낙서가 있다"고 말한다.[34] 지루함의 과학이 부상한 것은 불과 10~20년 전이다. 지금은 각광받는 하위 학문 분야(심지어 지루함 연구 선집도 있다)인 지루함의 과학, 지루함의 심리학을 연구하는 학자들은 현대 생활에서 지루함이 차지하는 위치를 고민해왔다. 〈뉴요커〉의 기자 마거릿 탤벗은 이 분야의 연구자들이 "온갖 척도와 그래프를 동원해 철학자와 사회 비평가들이 논의했던 실존적 문제들을 다루고 있다"고 말했다.[35] 지루함이라는 경험의 질적, 양적 변화를 다루고 있는 것이다. 일부 연구자들은 현대 생활의 의미 부족이 지루함의 연료가 된다고 지적하는 반면, 다른 연구자들은 지루함이 오락거리가 끊이지 않는 세상에서 나타난 주의력 문제라고 정의한다.

지루함은 시간에 대한 인식에 영향을 준다. 연구자들은 지루함을 끝없는 현재에 갇혀 있는 것에 비유한다. 스마트폰과 앱 디자이너들도 이 점을 알고 있다. 버스를 기다리던 당신을 순식간에 게임의 세계로 옮겨놓거나 날씨 정보로 화면을 채우거나 친구의 최근 인스타그램 게시물을 띄우는 등 방법은 다르지만 모든 앱의 목표는 이런 설명하기 힘든 불만족감을 막아내는 것이다. 실제로 이 목표를 달성할 만큼 강력한 앱은 없지만 우리는 온라인에서 관심을 끌 만한 것을 찾을 때까지 웹사이트를 이리저리 옮겨 다닌다. 소설가 벤저민 쿤켈은 다음과 같이 묘사했다. "지루함을 할부처럼 갚아나간다. 한 번의 클릭에 하나씩."[36] 최근에는 차 안에서 신호를 기다리는 동안에조차 오락거리를 찾는 사람이 많다. 빨간불에서 초록불로 바뀌는 몇 초 안 되는 시간에도 가만 앉아 있지 못하고 스마트폰으로 손을 뻗는다. 아이들은 학교에서 하루 종일 지루함에 대한 트윗을 한다(#bored). 지루함을 느끼는 시간과 이를 알리는 시간 사이의 간격이 사라졌다.

요크대학교의 임상심리학자인 존 이스트우드는 지루함을 주의의 문제로 이해하는 것이 가장 좋다고 주장한다. 이스트우드와 그의 동료들은 〈심리 과학 관점Perspectives on Psychological Science〉에 발표한 글에서 오락거리와 지루함의 관계에 대해 언급했다. 그는 한 인터뷰에서 화면으로 지루함을 즉시 해소하는 방식에 우려를 표했다. 그는 〈스미소니언Smithsonian〉 잡지에 이렇게 말했다. "우리는 수동적인 오락에 매우 익숙해졌다. 우리는 '지루함이라는 인간적 상태'를 채워야 하는 그릇으로 이해하게 되었다."[37]

지루함을 다루려면 자기 조절이 필요하다. 그 느낌에 어떻게 대처할지 결정해야 하는 것이다. 그래서 우리는 목적 없는 지루한 일상적 경험을 마주했을 때 우리의 주의를 빼앗는 기술에 의존한다. 주의를 빼앗는 오락거리는 너무나 많고 그것들은 주의력을 좌초시키는 사이렌의 섬과 같다. 사실 우리가 갖고 있는 기기들은 지루함에 대처하는 방법을 가르쳐서 지루함을 없애는 것이 아니라 우리의 주의를 다른 곳에 맡겨서 지루함에 대처할 필요가 없게 한다. 경제학자 허버트 사이먼은 "정보가 무엇을 소비하는지는 명백하다. 정보는 수용자의 주의를 소비한다. 따라서 많은 정보는 주의의 빈곤을 낳는다"라고 말했다. 많은 정보는 지루함에 대처할 때 자기 조절을 어렵게 한다.[38]

주의를 빼앗는 끊임없는 오락거리와 자극으로 지루함을 대체하면 어떤 일이 일어날까? 지나친 자극이 해롭다는 경고는 새로운 것이 아니다. 지그문트 프로이트는 "살아 있는 유기체에게는 자극으로부터의 보호가 자극의 수용보다 더 중요하다"라고 말했다.[39] 그러나 우리가 마음대로 이용할 수 있는 자극의 범위와 속도를 생각하면 그 영향에 대한 새로운 사고방식이 필요할지 모른다. 자극은 현실을 설명하기에는 너무 시대에 뒤떨어진 것 같다. 조현병을 연구하는 일부 연구자는 환자가 "자극을 과잉으로 받아들인다" 또는 "관련 자극에 선택적으로 집중하는 데 어려움이 있다"는 가설을 세웠다.[40] 조현병 환자는 관련 없는 것을 선택적으로 무시하지 못하고 모든 것에 주의를 기울인다. 그러나 과잉 수용은 모든 사람에게서 일어난다. 우리가 일상적인 경험을 얼마나 매개하는지를 생각하면 정보화 시대를 "자극 과잉 수용의 시대"라고 부르는 편이 더 적절해 보인다(비관적인 분위기가 강하긴 하지만).

주의력 약화에 대해서는 많은 책이 있지만 문제는 주의력 약화보다는 자신의 생각과 제대로 마주하지 못하는 것이다. 이미 오래전에 철학자 블레즈 파스칼은 모든 불행은 조용한 방에 홀로 앉아 있을 능력이 없는 데에서 비롯된다고 했다.[41] 우리는 왜 지루함을 절대 악처럼 생각하는 것일까? 우리가 아무것도 안 하는 시간을 그렇게 두려워한다는 것은 이 시대에 대해 무엇을 말해줄까? 지루함을 즐긴다고 말할 수 있는 사람은 없다. 하지만 주의력에 대해 우리가 갖는 불안감은 주의력을 빼앗는 오락거리가 도처에 있는 세상에 대해서도 우리가 완전히 편하게 느끼지는 못한다는 점을 알려준다.

심리학자 미하이 칙센트미하이가 20여 년 전에 "몰입flow", 즉 어떤 활동에 너무 빠져서 "다른 어떤 것도 중요하지 않은 것처럼 느껴지는" 상태에 대해 썼을 때 그는 "경험의 질을 향상시키는 과제에서 주의는 가장 중요한 도구"라고 주장했다.[42] 우리는 주의를 빼앗는 매개된 오락거리로 최적의 상태가 아닌 경험을 최적화하기 위해 틈새 시간을 채우는 것인지도 모른다. 그러나 스마트 기기의 시대에는 몰입의 개념을 다시 논의할 필요가 있다.

라스베이거스의 도박 기계를 연구한 결과 도박꾼들이 기계에서 찾는 상태는 바로 몰입이며, 기계 설계자들이 이용하려는 것도 몰입이었다.[43] 물론 도박꾼들은 몰입을 경험한다. 하지만 심리학자들이 "강렬한 집중 상태"라고 부르는 것을 가능하게 하는 최적의 장기적 경험은 아니다. 기다림이라는 지루한 경험을 줄이기 위해 기기를 사용할 때면 약화된 방식으로 그런 '집중 상태'에 들어간다. 그러나 우리가 좇는 오락거리는 우리의 시간만 소모하는 것이 아니다. 그것은 정신적 습관도 소모한다. 공감과 같이 시간을 들이고 인내심을 발휘해야 형성되는 정신적 습관까지 말이다. 소셜 미디어 플랫폼에서의 경험이 말해주듯이 우리는 매개된 형태의 피드백이나 인정에 익숙해진다. 우리는 즉각적인 보상을 더 많이 가져다주는 이런 매개된 상호작용을 비효율적인 형태의 상호작용보다 소중하게 여기게 되었다.

지루함이 없는 문화는 과거에 틈새 시간을 활용하던 백일몽을 약화시킨다. 생산성과 유용성을 중시하는 시대에 백일몽은 케케묵은 용어처럼 보인다. 그러나 심리학자와 신경학자들이 발견했듯이 딴생각wandering mind(곧 다가올 지루함의 첫 번째 신호인 경우가 많다)은 창의적인 정신이기도 하다. 백일몽 연구의 시조인 심리학자 제롬 L. 싱어Jerome L. Singer는 1960년대에 딴생각에는 세 가지 종류가 있다고 했다.[44] 생산적이고 창의적인 "긍정적, 건설적 백일몽", 강박적인 "죄책감이 드는 불쾌한 백일몽", "빈약한 주의 통제력"이 그것이다. 싱어는 백일몽을 긍정적인 적응 행동이라고 믿었다. 이는 백일몽을 과도한 공상과 같은 정신적 이상 상태와 연결 짓는 당시의 통념에서 벗어난 대담한 생각이었다. 싱어의 제자는 싱어의 연구가 백일몽과 "경험에 대한 개방성"이라는 성격 유형 사이에서 강한 연관성을 발견했다고 말했다.[45] 이 성격 유형은 민감성, 호기심, 새로운 생각과 느낌을 탐구하려는 의지를 보여준다.

이후 연구자들은 딴생각의 수많은 긍정적인 효과를 발견했다. 심리학자 스콧 배리 코프먼은 그 효과를 다음과 같이 요약했다. "자기 인식, 창의적 숙고, 즉흥성과 평가, 기억 강화, 과거를 기반으로 한 미래 지향적 사고, 목표 지향적 사고, 미래 계획, 사적 기억의 인출, 사건과 경험의 의미에 대한 성찰, 다른 사람의 관점 모사, 자기 자신과 타인의 감정적 반응이 갖는 함의의 평가, 도덕적 추론, 성찰적 연민."[46]

역사에는 백일몽을 꾸는 도중에 혹은 한가하게 쉬는 도중에 과학적 돌파구를 만난 일화가 많다. 르네 데카르트는 침대에서 천장에 있는 파리를 바라보다 좌표 기하학을 생각해냈다. 알베르트 아인슈타인은 전차를 타고 가면서 베른 탑을 보다가 특수 상대성 이론을 생각해냈다. 니콜라 테슬라는 숲을 산책하다가 교류 전류를 고안해냈다. 소설가이자 기술 전문가인 로빈 슬로언은 한 인터뷰에서 아이폰 사용이 틈새 시간을 잠식하고 있다는 것을 깨닫고는 줄을 서거나 기차를 탈 때 아이폰을 사용하지 않는다고 말했다. 그는 "백일몽을 꾸고, 단편적인 이야기들을 끄적이는 데 더 많은 시간을 보낸다"고 말했다.[47]

구조화되지도, 매개되지도 않은 시간은 어린이의 창의성 발달에 특히 중요하다. 포 브론슨과 애슐리 메리먼은 창의력이 떨어지는 원인에 대해 연구했다. "불안과 지루함 사이의 공간이 창의성이 번성하는 곳이었다." 그들은 지적했다.[48] 그들은 창의력이 떨어지는 이유 중 하나가 아이들이 여가 시간에 스크린 기반 기술을 많이 사용하기 때문이라고 추정한다. 자신만의 상상력이 발휘되도록 내버려두는 대신 기기에 사로잡힌다. 유휴 시간idle time에도 스마트폰 등의 스크린이 그들의 주의를 빼앗는 것이다.

요즘에는 '유휴'라는 단어가 잘 쓰이지 않는다. 낭비되고 있다는 경멸적인 의미로만 쓰일 뿐이다. 몇몇 인기 높은 인터넷 스타트업은 유휴 자동차(Turo, ZipCar), 유휴 가전제품(SnapGoods), 유휴 침실(Airbnb) 등 사람들이 사용하지 않는 것을 임대해 활용할 수 있게 한다. 이런 서비스들은 '유휴'를 통해 수익을 창출한다.

일부 기술 전문가는 목표를 더 높게 잡았다. 페이팔의 공동 설립자로서 실리콘밸리의 여러 기술 회사에 투자한 맥스 레브친은 뮌헨에서 열린 콘퍼런스에서 "실제 세상은 매우 비효율적입니다"라고 한탄했다.[49] 그는 빅데이터의 네트워크 효과를 활용한 효율적인 미래를 내다봤다. 그는 말했다. "치료실이나 고해성사실 대기에까지 실시간으로 수요에 따라 가격이 책정될 것입니다." 이것은 독창적인 아이디어가 아니다. 컴퓨터의 선구자 요제프 바이첸바움은 한때 공중전화 박스처럼 치료사 부스가 곳곳에 있는 미래를 상상했다. 하지만 레브친과는 달리 바이첸바움은 이런 미래를 환영하지 않았다.

물론 이런 새로운 비즈니스는 우리가 유휴 시간을 활용하는 방법에도 끼어들 것이다. 레브친은 "은행은 트윗을 관찰해 특정 대학 졸업생의 재정적 책임감이 강하다는 것을 추론할 수 있습니다"라고 말한다. 그는 오용이나 편견의 가능성을 걱정하지 않는다. "앞으로 수십 년 안에 아날로그적인 절차들이 디지털 방식으로 바뀔 것입니다. 이런 데이터를 처리해 삶을 개선하는 사업을 구축할 기회가 넘쳐날 것입니다." 실제로 레브친은 그런 사업을 시작했다. 임신의 비효율성 제거를 목표로 하는 생식력 추적 앱인 글로우Glow를 출시한 것이다(생식의 자유가 보장되지 않는 곳에 사는 여성에게는 프라이버시의 문제를 야기할 수 있다). 회사 웹사이트에는 이렇게 적혀 있다. "우리는 데이터 과학을 활용해 여러분에게 작은 기적을 선사합니다." 레브친의 비전에서는 기술이 유휴 시간을 활용하고 아날로그 세계의 비효율성을 바로잡는다. 그 과정에서 상당한 수익을 창출하는 것은 말할 것도 없다. 언젠가 우리가 토스터기의 유휴 시간을 판매하고 레브친과 같은 사람에게 이익을 가져다주는 앱을 통해 생리 주기를 추적하는 날이 오리라는 것을 알았다면 마르크스는 노동소외론을 재고했을까?

유휴 시간과 백일몽은 거기 따르는 예기치 않은 즐거움 때문에 소중히 여겨졌다. 윌리엄 워즈워스는 이런 말을 남겼다. "오늘 하루는 나태에 바치자. 지금 한순간이 이성이 50시간 동안 주는 것보다 더 많은 것을 줄 것이다."[50] 그는 시골 들판을 한가롭게 돌아다니면서 "머리를 비운 시간은 기록할 필요도 정당화할 필요도 없다"고 했다. 시골 계곡에서 여가 시간을 보내는 것은 아닐지라도 어쨌든 이런 종류의 유휴 시간은 우리 문화가 권장하는 시간의 도구적이고 실용적인 사용과 반대된다. 레브친과 같은 기술 전문가들은 우리의 한가로운 시간을 태스크래빗TaskRabbit에 내놓게 만들 것이다. 하지만 우리는 이 휴경기(워즈워스가 사용한 시골 들판의 이미지를 빌리자면)를 받아들여야 한다. 휴경은 쓸모없는 것이 아니다. 휴경은 땅을 쉬게 함으로써 미래의 경작을 가능하게 하는 과정이다. 매개된 경험이 우리의 유휴 시간을 흡수하면 휴경 시간, 즉 인간적인 경험의 중심이 되는 시간은 점점 줄어들 것이다.

## 인내의 열매

버번을 만드는 증류소들과 비스킷 월드 같은 이름의 식당들을 지나 켄터키주 루이빌에서 남쪽으로 한 시간 정도를 가면 겟세마네 수도원이 있다. 가톨릭 작가 토머스 머튼이 머물기도 했던 이곳에는 여전히 트라피스트 수도사들의 작은 공동체가 자리하고 있다. 작가들이 수도원을 찾는 데에는 실용적인 목적과 진부한 목적이 있다. 사우스다코타에 있는 블루 클라우드Blue Cloud 수도원의 베넷 트베텐 수사는 "요즘에는 수도원에 들어가고 싶어 하는 사람은 거의 없지만 방문하고 싶어 하는 사람은 점점 많아지는 것 같습니다"라고 말했다.[51] 수도원을 찾는 동기는 디즈니월드를 찾는 동기와 크게 다르지 않다. 자극을 추구하는 대신 자극에서 벗어나려는 것이 다를 뿐이다.

애초에 겟세마네에 간 목적은 시간을 다르게 이해해보고 싶어서였지만 나는 그곳에서 인내심이 얼마나 중요한지 깨닫게 되었다. 수도원에서의 첫날 저녁, 카를로스 신부는 이런 말로 우리를 맞이했다. "우리 죄의 주된 원인은 무엇입니까? 편리함입니다. 우리는 편리함을 추구합니다. 편안함을 말입니다. 일을 더 쉽게 하기를, 재미를 얻기를 바랍니다."

수도원 생활에는 쉽고 재미있는 것이 없다. 손님들도 따르라는 권유를 받는 기도 일정(나 역시 참여했다)은 엄격했다. 아침 3시 15분에 조과로 시작해서 5시 45분은 찬과, 6시 15분은 일시과, 7시 30분은 삼시과, 12시 15분은 육시과 등으로 이어지다가 오후 7시 30분의 종과로 끝난다. 수도원의 수사들이 기도문을 낭송한다. 매일 기도 일정을 따르면서 나는 수도사들의 낭송 방식은 아름다울 것이 전혀 없고 아름다운 것은 매일 수차례 모여서 기도문을 낭송

한다는 사실 그 자체임을 깨달았다.

이 엄격한 일과야말로 우리 일반인의 일상을 둘러싸고 있는 주의를 빼앗는 오락거리, 편리함, 다른 재미있는 탈출구로부터 수도사들을 보호한다. 수도사들은 매일, 매년 죽음에 이르기까지 같은 일과를 지킨다. 그들은 같은 옷을 입고, 같은 음식을 먹고, 장식이 거의 없는 같은 공간을 공유한다. 많은 문헌은 이런 생활 방식이 자신과 마주하도록 한다고, 내면의 악마, 불안, 다루기 힘든 생각들과 마주하도록 만든다고 강조한다. 그러나 한편으로 이런 생활 방식은 시간에 대한 완전히 다른 경험을 촉진하고 기다림의 의미를 다르게 이해하게 한다.

통제할 수 없는 기다림은 대개 부정적인 경험으로 여겨진다. 행동과학 연구에 따르면 누군가를 기다리게 하는 것은 관계에서 계층, 지배, 권력을 드러내는 데 자주 사용된다. 그리고 여러 면에서 이것은 수도사들의 기다림과 같은 형태다. 그들은 자신과 자신의 시간을 신의 일보다 우선하지 않는다. 수도사들은 신의 음성을 듣기를 바라고 기다린다. 그들은 그 음성을 듣기까지 평생이 걸릴 수도 있다는 것을 받아들인다. 다른 종교들도 예배 의식에 기다림이 포함되어 있다. 예를 들어 퀘이커교도들은 침묵의 모임 중에 '기대의 기다림expectant waiting'을 행한다. 그 목적은 인내심을 키우고, 신의 목소리든 공동체 구성원의 목소리든 경청하는 습관을 만드는 것이다.

겟세마네에서 보낸 일주일 동안 나는 인내심이 대단히 강한 카를로스 신부와 이야기를 나누었다. 나는 그와 동료 수사들이 일상의 요구(수도원의 모든 사람이 육체노동을 하고 지역사회를 위한 활동을 한다)와 명상 사이에서 어떻게 시간의 균형을 잡는지 물었다. 그는 이렇게 말했다. "매일 침묵을 위한 시간을 만듭니다. 따로 뭔가를 할 필요는 없어요. 그저 침묵 속에 앉아 있는 것으로 충분합니다. 이로써 우리는 신의 말씀을 들을 수 있습니다." 토머스 머튼은《고독 속의 명상》에서 침묵과 기다림에 편안해지면 "내적 자유"를 얻을 수 있다고 했다.[52] 머튼의 조언은 12세기에 쓰인 것이지만 우리 시대에도 적용될 수 있다. 그는 말했다. "침묵을 깨뜨리는 것은 말이 아니라 인정받고자 하는 열망이다."

인정받고 사랑받고 리트윗을 받고 싶은 열망은 기다림에 내재된 또 다른 인간 경험인 기대를 약화시킨다. 신의 음성을 듣기 위한 겟세마네 수도승들의 기다림은 단순한 기다림이 아니다. 그들은 기쁘게 그것을 기대하고 있다. 그 때문에 그들의 기다림은 고통스럽지 않고 즐겁다. 영상이 로딩되는 1초가 너무 길고 1분이 영원처럼 느껴지는 세상은 기대에 어떤 영향을 미칠까?

우리 각자는 다른 시간적 편향을 갖고 있다. 어떤 사람은 과거를 바라보고, 어떤 사람은 항상 미래를 향하며, 또 어떤 사람은 현재 지향적이다. 이런 경향은 우리의 행동에 영향을 준다. 만족을 미루거나 저축하는 성향에서 다른 모습을 나타내게 하는 것이다. 개인이 어떤 시간적 편향을 갖고 있든 개인용 기술의 사용은 새로운 종류의 시간적 편향, 즉 현재 지향성보다 더 극단적인 현재성nowness

을 내놓는다.

몇 년 전부터 문화 비평가들은 우리가 시간을 말하는 방식이 변화한 것을 주목하기(그리고 때로는 한탄하기) 시작했다. 디지털 세계가 아날로그적 현실을 잠식하면서 '정시'라는 개념이 '동시'라는 개념으로 대체되었다. 즉각적인 만족에 대한 요구가 필요의 신속한 예측에 대한 요구로 바뀌었고, '시간 이동(예를 들어, 티보TiVo와 같은 기술을 사용해 나중에 볼 수 있도록 TV 프로그램을 녹화하는 것)'이 일상적인 관행이 되었다. 오늘날 우리의 시계時界는 더욱 좁아졌고 실시간과 라이브 스트리밍이 표준이 되었다. 리한나부터 교황에 이르기까지 모든 사람이 실시간 소셜 미디어를 사용한다. X는 사실상 시간 사용 과시주의time-use-exhibitionism의 거대한 실험이다.

다음 개척지는 당신이 말하기도 전에 당신이 무엇을 원하는지 아는 인공지능 기반 기술이다. 이와 같이 기대를 예측하는 기술(구글 어시스턴트 같은)은 정교한 알고리즘, 이메일, 캘린더, 위치, 웹 브라우징 습관 등에 대한 구식 데이터 마이닝을 활용해 구글 웹사이트의 표현대로 "사용자가 요청하기도 전에" 유용한 정보를 보여준다. 현대 기술의 편리함과 맞바꾼 개인 정보에 대해서는 많은 논의가 있지만 이런 기대 예측 기술이 미래에 기다림의 경험에 미칠 영향에 대해서는 아직 알려진 바가 많지 않다. 구글은 사용자에게 "적절한 시기에 적절한 정보"를 제공하겠다고 약속한다. 그렇다면 "적절한 시기"라는 모호하고 개인적인 결정에서 알고리즘이나 인공지능을 얼마나 신뢰할 수 있을까?

휴가 계획을 세운다고 생각해보자. 비행기, 호텔, 방문지 등 세부 사항을 처리해야 하고 어떤 유형의 휴가를 원하는지와 같은 정성적인 질문도 해결해야 한다. 모험이 가득한 흥미진진한 여행? 긴장을 푸는 편안한 여행? 대부분의 사람은 두 과제 모두에 구글을 사용할 것이고, 구글 어시스턴트 사용자라면 항공편이 지연된다는 알림을 받고 유익하다고 생각할 것이다.

하지만 구글이 과거의 습관과 소비만을 기준으로 관광지를 추천하는 것이 정말 당신이 원하는 일인가? 지난해 당신이 무신론에 관한 책을 구입했다면 아마 구글은 성당 방문을 추천하지 않을 것이다. 휴가를 떠난 뒤라면 어떨까? 새로운 장소를 탐험하는 동안 구글이 당신이 좋아할 만한 음식, 보고 싶어 할 만한 것, 사고 싶어 할 만한 것을 계속 예측해주기를 바라는가? 만약 당신이 중국 음식을 자주 주문하는 사람이라면 구글은 토스카나를 여행 중인 당신에게도 온갖 중국 식당의 정보를 보여줄 것이다. 그럼에도 점점 더 많은 사람이 알고리즘을 이용한 이런 종류의 자극을 열광적으로 받아들인다. 데이터에 기반하지 않은 경험(실시간으로 사용자의 선호도를 처리하는 플랫폼에서 정교한 알고리즘으로 관리·조정하지 않는 경험)에 대한 두려움은 모든 것이 연결되어 있는 시대의 드러나지 않은 공포다.

첫 번째 경험(항공편과 호텔 검색)에서는 구글을 목적(휴가 계획)을 위한 수단으로 사용하고 있다. 두 번째 경험에서는 구글이 사용자를 목적(사용자에 대한 더 많은 정보를 수집해 광고 수익을 올린다)으로 사용하고 있다. 이런 애플리케이션의 목표는 사용자의 편의 향상만이 아니라는 점도 알아야 한다. 구글은 개인 비서 스타일의 정보 제공(예약, 날씨 예보, 항공편 지연)을 강조하지만 구글 경영진의 미래 비전을 들어보면 이런 실용적인 기능은 훨씬 더 광범위한 예측 기술의 서막에 불과하다는 점을 알 수 있다. 구글의 검색 부문 부사장은 〈뉴욕타임스〉와의 인터뷰에서 "개인 비서가 인류에게 알려진 모든 분야(겸손이라는 분야는 제외해야 할 것이다)의 전문가가 되는 미래"를 상상해보라고 했다.[53] 점점 더 많은 사람이 구글 홈Google Home이나 '스마트' 스피커(아마존의 에코Echo 등)를 집에 들이고 스마트폰 사용자들이 애플의 시리Siri 같은 음성 어시스턴트의 도움을 받으면서 계획을 디지털 어시스턴트에게 아웃소싱하는 것이 일반화되고 있다. 스파이크 존즈의 영화 〈그녀〉에서 스칼렛 요한슨이 연기한 가상의 어시스턴트는 외로운 주인을 위해 모든 것을 해준다. 자신이 정말로 그를 아끼고 있다고 설득하기까지 한다. 좀 더 무서운 예로, 공포 영화 〈메간〉에 등장하는 로봇 인형은 인간에 대한 임무를 극단적인 형태로 수행한다.

구글을 비롯한 기술 기업들은 (기대라는 경험에서 즐거움을 얻지 못하는) 알고리즘과 인공지능에 편의라는 이름을 붙이고 점점 더 많은 기대를 대체하려 한다. 구글은 이를 통해 기분 좋은 우연처럼 기대를 조작할 수 있을 거라고 주장한다. 물론 이런 예측 서비스를 사용하라는 강요는 없다. 하지만 구글이 보편적으로 사용된다는 사실과 아마존의 '스마트' 스피커 시장점유율을 고려한다면 이런 사회가 기다림을 어떻게 이해할지 생각해볼 필요가 있다. 기대를 구글에 아웃소싱함으로써 우리는 그 즐거움을 직접 경험하지 못하게 된다.

1000명 이상의 네덜란드인을 대상으로 행복과 휴가의 관계를 조사했다. 그 결과, 당연하게도 "휴가를 앞두고 있는 사람은 그렇지 않은 사람보다 여행 전의 행복도가 더 높았다."[54] 즉 여행을 기대하는 사람이 여행 계획이 없는 사람보다 더 행복했다. 이보다 더 흥미로운 결과는 "여행 후의 행복도는 휴가를 다녀온 사람과 그러지 않은 사람 사이에 차이가 없었다"는 것이다. 대개 휴가의 긍정적인 효과는 빠르게 사라졌다. 연구자들은 이런 차이를 설명하는 데 기대감이 중요한 역할을 한다는 이론을 제시했다. 여행을 계획하고, 여행에 관한 책을 읽고, 여행의 세부 사항을 정리하는 것은 대부분의 사람에게 즐거운 경험이었다. 결국 사람들을 행복하게 만든 것은 휴가 자체가 아니라 휴가에 대한 기대였다. 왜 우리는 그 즐거운 경험을 더 효율적으로 만들려는 것일까?

기대를 아웃소싱하는 것은 가본 적이 없는 레스토랑에서 식사를 하기 전에 옐프의 리뷰를 샅샅이 뒤지는 것과 같은 이유에서일 것이다. 우리는 놀라움을 좋아하지만 불쾌한 놀라움은 반기지 않는다. 기대는 놀라움의 가까운 친척이며, 기대가 즐거운 경험으로 이어질 때면 기다림이 즐거움을 한층 더 키운다. 그러나 기대와 놀라움이 실망으로 이어질 때면 우리는 거기에 할애한 시간을 낭비로 보는 경향이 있다.

아주 짧은 틈새 시간도 채울 수 있는 너무나 많은 방법이 있다 보니, 기대 심리에 미묘한 변화가 나타났다. 기다림을 기대보다는 지연으로 경험할 가능성이 더 높아진 것이다. 이제 기다림은 정상적인 인간 경험이 아닌 해결해야 할 문제가 되었다. 시간을 쉽게 채우는 데 익숙해지면 기대의 기회는 사라진다. 백일몽의 기회처럼 말이다.

지연delay은 오늘날 부정적 뜻(비행 지연, 서비스 지연)을 내포하고 있다. 더 이상 미덕(의지력이나 인내력의 발휘)이나 기회(반성이나 기대)를 암시하지 않는다. 지연은 불편을 의미한다. 니어퓨처래버러토리Near Future Laboratory의 공동 설립자 줄리언 블리커는 속도와 편리함에만 심취한 우리 문화를 비판하는 의미로 "메시지를 매우 느리게 전달하는 인스턴트 메시지 장치"인 슬로 메신저Slow Messenger를 만들었다.[55] 블리커는 〈굿GOOD〉과의 인터뷰에서 자신의 장치가 디지털 시대 이전, 상대에게 전달되기까지 지구를 가로질러야 했던 연애편지에서 영감을 얻었다고 전했다. 그는 "그 기대와 불확실성의 경험을 다시 찾고 싶었습니다"라고 말했다.

슬로 메신저까지는 아니더라도 다만 기대만이라도 받아들인다면 자신에 대해 뭔가 배울 수 있다. 진화심리학자들은 앞날을 생각하고 미래의 사선에 내비하는 능력이 지각과 인지외 측면에서 상당한 혜택을 준다고 했다. 기대는 미래에 대한 일종의 준비다. 기대를 적극적으로 받아들이는 것은 정서적 건강에도 중요하다. 신경과학자 안토니오 다마지오Antonio Damasio는 미래의 경험과 감정을 예상하는 것을 "상상 반응imagination response"이라고 부른다.[56] 상상 반응은 새로운 경험을 위해 마음을 준비하는 데 도움이 된다는 면에서 백일몽과 유사하다. 다마지오는 엘리엇이라는 특이한 환자에 대해 설명한다. 엘리엇은 자신의 행동에 따를 긍정적, 부정적 결과를 합리적으로 생각할 수 있고, 자신에게 일어난 일에 대해 행복이나 실망을 경험할 수 있었다. 다만 그는 미래의 감정을 상상하지 못했다. 상상 반응이 작동하지 않았던 것이다. 즉 그는 미래에 대해 합리적으로 생각할 수는 있었지만 감정적으로 느낄 수는 없었다. 그 결과, 그는 대개 우유부단하거나 충동적이었고, 이는 그를 불행하게 했다.

기다림의 경험은 철학자 데릭 파핏이 현재 자아와 미래 자아라고 묘사하는 것 사이에서 협상을 강요한다. 우리의 현재 자아는 멀리서 냄새를 풍기는 시나몬 페이스트리를 즉시 입에 넣길 원한다. 미래 자아는 건강한 식이라는 목표에 맞지 않기 때문에 저항해야 한다고 생각한다. 이런 개인적인 투쟁은 사회적으로도 영향을 미친다. 〈생물사회과학 저널Journal of Biosocial Science〉에는 미국인의 조급증 증가와 비만 증가의 연관성을 다루는 논문이 실렸다.[57] 뮌헨 대학교의 존 콤로스와 그의 동료들은 시간 선호time preference("현재의 쾌락을 미래의 쾌락과 교환하려는 자발적 성향을 나타내는 척도")와 비만의 연관성을 주장했다. "시간 선호도가 높은 사람은 미래의 건강과 유용성을 희생하면서 더 많은 고칼로리 음식을 소비하고 몸을 별로 움직이지 않는 여가 활동을 한다"는 것이 그들의 결론이다. 조지아주립대학교의 연구를 비롯한 이후의 연구들도 이를 확인했다. 조지아주립대학교 연구진은 "성별, 인종, 교육 수준, 소득 등 BMI(체질량지수)의 결정 요인들을 통제해도 조급함이 비만을 야기하는 주요 원인으로 작용한다"고 말했다.[58]

시간을 가치가 크고 순식간에 사라지는 자원으로 여기는 사람들은 건강한 체중 유지와 같은 장기적인 목표를 꾸준히 좇을 가능성이 낮다. 조지아주립대학교 연구진은 조바심 외에도 "기술 발전"이 "빠른 만족에 대한 기대를 높였다"고 지적했다. 다른 연구자들은 개인 저축률의 감소, 개인 부채의 증가, 도박의 증가가 사회적 조바심을 반영한다는 것을 알아냈다.[59]

인내심이 없어서 만족을 미루지도 계획을 세우지도 못하는 사회는 그런 것들이 가능한 사회와는 자연 자원과 인적 자원의 소비, 제도적·전문적 전문성, 정치에 대한 접근 방식이 다를 것이다. 주문형on demand은 영상을 시청할 때 안성맞춤이다. 하지만 이렇게 즉각적인 만족을 추구하는 방식은 민주주의와는 잘 맞아떨어지지 않는다.

조급함은 전문가와 기관에 대한 사회의 신뢰도 떨어뜨릴까? 새로운 기술은 새로운 것과 현재의 것에 가치를 두라고 부추긴다. 대중 담론의 영역에서 숙고보다는 반응에 가치를 두는 것도 그 때문이다. 숙고와 마찬가지로 전문성도 개발하고 성숙해지기까지 시간이 걸리고 실험, 비판, 학문, 교육의 형태로 공유하는 데도 시간이 걸린다. 학술 웹사이트와 온라인 출판은 전문 지식의 도달 범위를 크게 확장시켰다. 물론 즉각적이고 간결한 반응에 길들여진 문화에서는 이런 형태의 전문 지식은 종종 열등한 정보에 기반한 더 큰 목소리들에 삼켜진다.

반대로, 기다릴 줄 아는 문화에서는 힘을 합해 사회적 문제를 해결하기가 더 쉽다. 일부 진화생물학자들은 상호 이타주의가 나타나기 위해서는 인내가 진화해야 했다고 주장한다. 시간 선호도가 다른 피험자들 사이의 협력적, 이타적 행동을 조사한 결과, "참을성 있는 사람이 실제로 더 협력적"이었다.[60] 할머니에게 들었을 법한 이야기지만 현대 사회과학이 이를 확인해주는 것을 보면 뿌듯하다. 사회과학자와 진화심리학자 사이에서는 인간 행동에서 인내의 기원과 유용성에 대한 논쟁이 계속 격화될 것이다. 한편 일상을 사는 우리는 모두 조금씩이라도 더 관대한 기대감과 지연에 대한 건강한 태도를 받아들이고, 기다림을 오락거리를 찾는 변명이 아닌 백일몽과 유휴 시간의 기회로 해석하고, 서로에게 더 인내심을 가지려고 노력함으로써 개인적인 인식과 행동을 바꿔야 한다. 이런 조언에는 오랜 내력이 있다. 아리스토텔레스는 "인내는 쓰지만 그 열매는 달다"고 했다.


회전 극장에서

당장 디즈니월드를 방문해도 줄을 서지 않고 즐길 수 있는 놀이

기구가 하나 있다. 진보의 회전 극장Carousel of Progress이다. 1964년 뉴욕 세계 박람회를 위해 디즈니가 직접 디자인한 이 오디오 애니메트로닉스animatronics* 장치는 20세기의 기술 혁신을 주제로 한다. 웅장한 회전 극장은 중앙 무대를 중심으로 천천히 움직인다. 무대 위에서 애니메트로닉스 로봇이 20세기 초부터 '현재'까지의 가족 생활을 묘사한다. 마지막 장면의 로봇 의상으로 판단하면 '현재'는 1983년경에 끝난 것 같다.

공연을 보는 동안 회전 극장이 덜컹거리며 삐걱삐걱 소리를 냈다. 내 아이폰의 연산 능력이 무대 위의 오래된 로봇보다 클 것이 분명했다. 그러나 과거의 기술(축음기, 아이스박스, 라디오, 텔레비전 등)에 바치는 이 찬가는 미래에 대한 낙관적인 전망을 암시한다. 로봇들은 "아름답고 대단한 내일이 있어!"라고 노래를 부른다.

회전 극장은 인기 많은 놀이기구가 아니다. 옐프에는 이런 리뷰가 남아 있다. "옛날 방식을 좋아하는 사람에게 추천합니다." 내가 갔을 때는 공연이 시작되고 5분도 지나지 않아, 지루한 속도를 참지 못한 많은 사람이 어두운 극장에서 빠져나가려고 했다. 회전무대가 갑자기 멈추더니, 확성기를 통해 무뚝뚝한 목소리가 흘러나왔다. "공연 중에는 일어서면 안 됩니다! 공연 중에는 자리를 뜨지 마십시오!" 도망치려던 사람들은 투덜거리면서 지시를 따랐다. 20세기 기술을 찬양하는 이 공연은 기술에 익숙한 21세기 사람들

---

* 영화 등을 위해 사람이나 동물을 닮은 로봇을 만들고 조작하는 과정

의 주의를 끌 수 없었다. 자리를 뜨지 않은 관객 대다수가 휴대전화를 확인하면서 우리의 아름답고 대단한 내일을 찬양하고 있는 것이 눈에 띄었다.

더는 기다림을 좋아하지 않는 것이 문제가 될까? 우리가 열렬히 즉각적인 답을 요구하는 것이 나쁜 것만은 아니다. 그것은 혁신과 상거래의 동력이 되었고, 100년 전에는 상상조차 하기 힘들었던 대규모의 커뮤니케이션을 가능하게 했다. 그러나 인간으로 산다는 것은 경계적 경험에 대처하는 것을 의미한다. 즉 회의 중의 지루함에서부터 아픈 사람의 고통을 목격하는 것과 단순히 버스에 갇혀 있는 것까지, 불편하거나 언짢거나 불안한 경험을 견뎌야 하는 삶의 중간적 순간에 대처해야 하는 것이다.

우리는 작은 글씨로 쓰인 설명을 읽지 않고 작은 상자에 체크 표시를 하고는 무언가(약관과 조건에 '동의'한다고 알리는)를 다운로드하는 데 익숙하다. 그러나 이런 약관이 일상적인 경험의 조건을 어떻게 변화시키는지 더 자세히 살펴보는 편이 현명할 것이다. 몽테뉴는 수세기 전에 이렇게 경고했다. "모든 사람이 다른 곳으로, 미래로 서둘러 움직인다. 아무도 자기 자신에게 이르지 못했기 때문이다."[61] 자신의 내면으로 들어가서 자신이 누구인지, 무엇을 좋아하는지, 세상과 사람들에 대해 어떻게 생각하는지 파악하려면 시간, 인내, 지루함, 백일몽, 발견에 대한 기대가 필요하다. 이것들이 없다면 우리는 그저 시간을 죽이고 있는 것이다.

## 5장

# 감정
# 길들이기

감정이라는 괴팍한 야수를 길들이는 것은 현대 기술이
극복할 수 없는 또는 극복해서는 안 되는 도전이다.

인간은 모방에 능숙하다. 우리는 자연계에서 발견한 것, 같은 인간 사이에서 발견한 것을 가리지 않고 좋아하는 것을 모방하며, 모방 후에는 다른 사람들과 공유하는 경향이 있다. 이로써 더 많은 사람에게 아이디어가 퍼져 나간다. 진화생물학자 리처드 도킨스는 1970년대에 이 관행에 밈meme이라는 이름을 붙였다. 밈은 유전자gene라는 단어에 '모방된 것'을 의미하는 그리스어 미메메mimeme를 결합한 신조어다. 밈은 유전 물질이 계속 재생되어 전달되는 방식과 같이 사회적으로(바이러스처럼) 전달되는 아이디어를 말한다.

오늘날 '밈'이라는 단어는 약간 다른 것을 의미하며, 전적으로 온라인 문화에 기반을 둔다. 최근의 문화적 또는 정치적 사건을 아이러니하게 혹은 허무주의적으로, 때로는 터무니없이 해석한 것이("오케이, 부머*", 다크 브랜든Dark Brandon**) 뚜렷한 이유 없이 인기를 얻어 인터넷 전반에 확산된다. 문구도 이미지도 단어도 밈이 될 수 있지만 어떤 경우에든 밈은 무언가에 대한 강력한 감정적 반응이다. 심지어 지나치게 많이 사용된 밈("야스 퀸!Yaaaas queen!****")에도 원래의 감정적 호소가 여전히 남아 있다.

밈은 인터넷의 가장 열렬한 사용자이자 가장 창의적인 밈 생성 집단인 Z세대 사이에서 점점 더 늘어나는 우울, 불안 등 반갑지 않은 감정 상태를 포착하고 그에 대한 관점을 제시한다.

오늘날 많은 사람(나이 든 사람도 포함된다)이 질문에 답을 얻기 위해 구글을 사용하듯이 자주 그리고 무의식적으로 자신의 감정을 표현하기 위해 기본적인 이모티콘을 사용한다. 이미 수천 개의 이모티콘이 유통되고 있으며, 새로운 이모티콘을 승인하는 국제단체인 유니코드 컨소시엄Unicode Consortium은 2022년 31개의 새로운 이모티콘을 승인했다.

이모티콘은 사회학 연구의 기묘한 하위 장르를 낳았다. 그 대표적인 예가 온라인 데이트 사이트 매치Match의 사용자 5000여 명을 대상으로 한 연구다. 이 연구에서는 "이모티콘을 사용하는 독신자가 사용하지 않는 독신자보다 성관계 횟수가 많다"는 것이 드러났다.[1] 이 연구에는 "이모티콘과 성관계" 사이의 연관성을 보여주는 그래프와 재미있는 사실들이 포함되어 있다. 예를 들어, 남성

---

* 베이비 붐 세대의 낡은 가치관을 조롱하는 밈
** 바이든 정부에 대한 불만을 표현하는 말이 와전되어 '레츠 고 브랜든Let's Go Brandon'이 되고 이를 한 번 더 비꼬아 다크 브랜든이라는 캐릭터가 만들어졌다.
*** 야스는 예스Yes의 과장된 표현, 퀸은 자신감 있는 여성을 뜻한다. 소셜 미디어에 누군가가 멋진 사진을 올리면 칭찬의 뜻으로 야스 퀸이라는 댓글을 단다.

은 "키스"와 "하트 눈" 이모티콘을 사용할 가능성이 높고 여성은 좀 더 전통적인 "웃는 얼굴"을 선호한다. 이후 킨제이 연구소Kinsey Institute의 유사한 연구가 이런 결과를 확인해주었다. 어도비Adobe의 〈2022년 미국 이모티콘 트렌드 보고서〉에 따르면 미국 젊은 세대는 곤란한 감정적인 상황을 해결하는 데에도 이모티콘을 사용한다. 또한 "Z세대의 32퍼센트가 이모티콘을 사용해 인간관계를 끝냈다."[2]

밈과 이모티콘은 모두 감정을 표현하는 일종의 구두점이다. 인간의 경험 중 한 측면(감정적인 삶)을 화면에 옮기려는 창의적인 시도이며, 꽤나 성공을 거두었다. 하지만 한편으로는 인간의 감정과 감정 표현에 사용되는 기술의 한계를 조화시키려는 더 광범위한 투쟁의 신호이기도 하다.

감정은 놀랍고 변덕스럽고 복잡하다. 과학자, 심리학자, 철학자들은 수세기 동안 감정의 정의에 대해 논쟁을 계속했지만 여전히 합의에 이르지 못했다. 감정은 극히 주관적이어서 측정하기가 어렵다. 당신을 웃게 하는 것이 다른 사람을 눈물짓게 할 수 있다. 자신의 감정조차 완전히 식별할 수 없다. 자기기만은 인간 본성의 보편적인 특성 중 하나다.

각종 장치와 소프트웨어를 통해 감정 표현을 매개하는 경우가 점점 늘고 있다. 이메일, 문자 메시지, 소셜 미디어, 화상 채팅 등 각각의 플랫폼은 우리 자신을 다르게 표현하라고 요구하고, 우리 자신의 다른 버전을 선보이고 연기하라고 부추긴다. 머지않아 기술자들은 인간의 감정을 활용해 우리를 추적, 자극, 설득, 심지어는 강압할 수 있는 다양한 신기술(센서, 모니터, 소프트웨어)을 내놓을 것이다. 현재 인스타그램은 사용자가 자해 등 각종 문제 있는 이미지나 동영상에 너무 많은 시간을 보내는 것을 감지하면 "도움이 필요하신가요?"라는 내용의 팝업을 띄워 사용자에게 가벼운 자극을 준다(이런 팝업의 효과에 대해서는 이론의 여지가 있다). 우리는 온라인과 실제 모두에서 끊임없이 감정을 표현한다. 그러나 기술이 매개가 되면 강한 감정 표현은 의도치 않게 의미가 희석될 수 있다.

작가 케이틀린 메이시는 디지털을 매개로 타인과 과도한 긍정의 반응을 열심히 나누는 상황에 대해 이렇게 말했다. "요즘에는 개를 산책시켜주는 사람에게 5시까지 집에 돌아간다고 문자를 보내면 바로 하트 이모티콘이 옵니다. 해충 방제업자는 내 사업을 '소중히 여기고' 저를 '진심으로 아낀다'고 하죠."[3] 이제 우리는 거의 자동적으로 친구의 게시물을 클릭해 "좋아요"를 누른다. 어쩌면 같은 반응을 돌려주기를 바라고 부러움이나 두려움 또는 "좋아요"보다는 미지근한 감정을 거기에 감추고 있는지도 모른다. 이런 새로운 감정 표현 방식은 분명히 어떤 사회적 기능을 한다. 그렇다면 그런 방식은 우리에게 서로가 더 가깝게 연결되어 있다는 느낌을 줄까?

감정적 영향의 관점에서 우리의 새로운 기술은 과거의 기술과 완전히 다르다. 일상생활에 깊이 침투해 끊임없이 활동하는 기술은 정말 새로운 것이다. 텔레비전은 당신의 맥박을 측정할 수 없지만 키넥트 게임 시스템은 당신의 심장 박동을 추적할 수 있다. 사원증에 내장된 센서는 동료와 대화하는 당신의 억양을 모니터링할 수 있다. 감성 컴퓨팅affective computing,[*] 설득형 기술persuasive technology,[**] 센서 기반 소프트웨어 응용 프로그램과 같은 기술의 설계자들에게 새로운 건물을 올리기 전에 제출하는 환경 영향 평가서와 비슷한 감정 영향 평가서를 요구해야 할지도 모르겠다. 그러면 그들의 침투가 우리의 전반적 감정 상태에 어떤 영향을 미칠지 더 잘 이해할 수 있지 않을까?

기술자들은 시계가 시간에 한 일을 감정에 하려고 한다. 감정을 조절하고 조직화하고 측정하고 모니터링하려는 것이다. 그러나 감정이라는 괴팍한 야수를 길들이는 것은 현대 기술이 극복할 수 없는 또는 극복해서는 안 되는 도전이다.


## 인간이라는 감정적 존재

나는 남부 캘리포니아의 한 대학에서 열린 콘퍼런스에 참석했다. 건축가, 도시계획가, 공동체 학자, 역사학자 등 다양한 사람이 참석하는 행사였다. 우리는 기술이 공적 공간과 사회성을 어떻게 변화시키고 있는지 토론했다. 이동성과 즉각적인 의사소통에 의해

---

[*]    인간의 감정을 인식·해석·대응할 수 있는 컴퓨터 또는 시스템
[**]    감정에 호소해 사용자의 행동을 바꾸도록 설계된 기술

정의되는 세상에서는 장소 감각을 키우는 것이 중요하다는 의견을 모으기도 했다.

청중이었던 한 학생과의 만남은 내게 깊은 인상을 주었다. 이 친절하고 사려 깊은 청년은 1학년 때부터 페이스북 친구였던 여성에 대해 이야기해주었다. 그는 두 사람의 관계를 어떻게 정의해야 하는지 깊이 생각해본 적이 없었다. 그녀는 그의 넓은 인맥에 속한 수백 명의 지인 중 한 명이었고, 캠퍼스에서 우연히 마주치더라도 대화할 일이 없는 사람이기도 했다.

어느 날 수업에 가던 그는 그녀와 마주쳤고 그녀는 그를 알아봤다. 그는 말했다. "우리는 대화를 시작했습니다. 몇 분 후에 저는 땀이 미친 듯이 흐르는 것을 알아차렸습니다. 왜 그런지 전혀 알 수 없었습니다. 날씨가 덥지도 않았거든요. 그냥 땀이 흘렀죠. 정말 이상했습니다." 그는 잠시 말을 멈추고 한숨을 쉬었다. "얼마 후 제가 그녀를 좋아해서 땀이 났을 수 있다는 것을, 그녀가 바로 제 앞에 있었기 때문에 평소처럼 행동할 수 없었다는 것을 깨달았습니다." 그는 몸이 보내는 여러 압도적인 신호를 인식하지 못하다가 그 신호의 의미를 파악하고는 몹시 놀랐다.

2장에서 보았듯이 우리는 대면 커뮤니케이션의 욕구를 가진 육체적 동물로서 물리적인 방식으로 감정을 표현한다. 우리는 땀을 흘리고, 움찔거리며, 미소를 짓는다. 우리는 순식간에 이루어지는 상호작용에서도 무언의 메시지를 보낸다. 사회학자 어빙 고프먼이 "무방비하게 자아를 드러내는 작은 경련"이라고 부르는 것을 말이다.[4] 우리 몸이 이해하는 많은 것은 말로 표현하기 어렵고, 이런 신체적 반응은 감정적 레퍼토리의 중요한 부분이다. 일부에서는 이런 감정을 직관의 기초라고 말한다. 철학자 마이클 폴라니가 이런 형태의 "묵시적 지식"에 대해 말했듯이 우리는 항상 "말할 수 있는 것보다 더 많은 것을 알 수 있다."[5]

그런 지식은 측정하기가 (불가능하지는 않더라도) 어렵다. 감정을 둘러싼 미스터리가 그렇게 많은 것도 그 때문이다. 르네 데카르트는 모든 인간에게 공통된 기본 정념passion들로 감정을 정의하려 했다. 데카르트는 사랑, 증오, 욕구, 기쁨, 슬픔, 놀람을 이런 정념으로 보았다. 2장에서 언급했듯이 찰스 다윈은 인간과 동물의 감정 표현을 연구하기 위해 얼굴 표정과 신체의 움직임을 관찰하며 많은 시간을 보냈다. 보다 최근에는 제롬 케이건을 비롯한 심리학자들이 우리가 행동, 생물학적 반응, 언어적 묘사를 통해 다른 사람의 감정을 어떻게 추론하는지를 연구하고 있다.

신경과학자 안토니오 다마지오는 "내향적이며 사적인" 느낌feel-ing과 "외향적이며 공적인" 감정emotion을 구분했다.[6] 다마지오에 따르면, 우리의 느낌은 "신체적 상태에 대한 정신적 경험"이며, 다른 동물들에게는 없는 수준의 의식이 필요하다. 감정에는 정체성 또는 자아의식이 필요하다. 다마지오는 "자아의식이 있어야만 감정의 주인인 개인이 감정을 알아차리게 된다"고 했다. 감정은 의식적으로 인지할 수 있고 무의식적으로 경험(왠지 모르게 짜증이 나는 모호한 느낌)할 수도 있다. 감정은 개인에 따라 범위와 강도가 다르다(금욕주의자의 눈물과 항상 과잉 반응을 하는 사람의 눈물).

우리는 자신의 감정을 무시하는 데 능숙하다. 수필가 윌리엄 해즐릿은 "인생은 잘 속이는 기술"이라고 말했다.[7] 가장 큰 속임수는 바로 우리 자신에게 쓰는 속임수다. 자기 인식의 실패는 흔한 일이다. 우리가 자신과 타인의 행동을 평가할 때 '감정'보다 '이성'을 우선하는 것은 아마도 이 때문일 것이다. 많이 사용되는 마이어스-브리그스 성격 테스트Myers-Briggs personality test는 '감정'과 '사고'를 분류 체계의 스펙트럼 양쪽 끝에 둔다.

감정 표현에 대해 때로 회의적으로 반응하는 것은 조작에 대한 두려움과 관련이 있다. 감정은 조작될 수 있다. 사실 산업 전체가 감정 조작에 의존한다. 그리고 인간으로 산다는 것은 다른 사람의 감정 신호에서 진실과 거짓을 구분하는 것이다. 직장에서든 동료들 사이에서든 누구나 이런 감정 노동을 한다. 사람들과 어울리기 위해 싫어하는 것에도 미소를 짓고, 하얀 거짓말로 친구를 달랜다. 디즈니 직원들(디즈니는 캐스트 멤버cast member라고 부른다)은 디즈니 "고객학guestology(디즈니가 "서비스를 제공하는 사람들에 대한 학문"에 붙인 이름)"이라는 광범위한 "과학"으로 방문객들에게 행복한 감정을 전달하는 기술을 배운다.[8] 캐스트 멤버는 일을 하는 동안 항상 밝은 태도를 유지해야 하며, 일주일의 교육 기간에 익힌 다양한 전술을 갖추고 있다.

하지만 강요된 행복이나 상대에게 강요하는 행복에는 결과가 따른다. 감정 노동에 대한 연구 결과, 대부분의 디즈니 직원은 "표면

연기surface acting"에 관여하고 있으며, 분노와 원망 같은 진짜 감정을 억누르고 행복의 감정을 꾸며냈다.[9] 이는 당연히 "정서적 피로"로 이어진다. 그럼에도 다른 기업들도 디즈니의 전략을 채택했다.

디즈니는 중요한 것을 알고 있다. 감정의 경험은 자신만의 고유한 것이지만 감정은 사회적 영향을 받기도 한다. 심리학자 스탠리 샤흐터와 제롬 L. 싱어는 실험 대상자들에게 익명의 물질(합성 아드레날린의 일종인 에피네프린)을 투여하는 실험을 했다.[10] 한 집단에게는 심계 항진의 부작용이 있을 수 있다고 말하고 다른 집단에게는 아무 말도 하지 않았다. 이후 연구진은 피험자들을 화내거나 기뻐하는 연기를 하는 배우들과 한 방에 있게 했다.

이 실험의 결과는 정서의 영향력을 보여준다. 약물 부작용에 대해 듣지 못한 피험자의 경우 화난 배우와 함께 있을 때는 분노의 감정을, 기뻐하는 배우와 함께 있을 때는 행복감을 느꼈다. 반면 부작용에 대해 들은 피험자는 배우의 행동에 거의 영향을 받지 않았다. 샤흐터와 싱어는 "원인이 명확하지 않은 강한 생리적 반응을 경험한 사람들은 같은 화학물질에 노출된 것으로 추정되는 다른 사람들의 행동에 따라 자신의 감정을 분노 또는 행복감으로 해석했다"고 결론지었다. 다시 말해 주변 사람들의 행동에서 단서를 얻은 것이다. 현대 기술은 이런 수많은 감정 전염의 기회를 제공한다. 광활한 가상의 세계에서.

## 우리 내부의, 숨겨진, 우리 자신

안토니오 다마지오의 표현대로 감정이 우리 몸을 극장처럼 이용한다면 그 극장이 가상이 되었을 때 어떤 일이 일어날까?

작고한 스탠퍼드대학교의 심리학자 클리포드 나스가 발견했듯이 매개된 환경에서 많은 시간을 보내는 것은 다른 사람의 감정을 읽는 능력을 약화시킨다. 나스가 기술 사용량이 많은 사람(설문에서 인터넷 사용량이 평균 이상이라고 응답한 사람)에게 다른 사람의 얼굴 사진을 보여주거나 이야기를 들려주었을 때 그들은 표현된 감정을 식별하는 데 어려움을 겪었다. 나스는 이런 결론을 내렸다. "인간의 상호작용은 학습된 기량이다. 기술을 많이 사용하는 사람은 그 기량을 충분히 연마하지 못한다."[11]

감정적 경험이 점점 더 많이 온라인에서 이루어지면서 우리는 감정을 공유할 듯이 맞는 사람을 더 쉽게 찾아 인맥을 늘릴 수 있게 되었다. 그와 동시에 우리는 대면 상호작용의 핵심인 물리적 단서를 놓치며, 따라서 다른 사람의 의도를 읽고 감정을 이해하는 중요한 기량이 약화될 위험이 있다. 이에 많은 사람이 다른 사람의 동기에 대해 최악을 가정한다.

우리는 화면 반대편에 다른 사람이 있다는 것을 합리적으로는 인식하면서도 기술을 사용할 때는 특정한 감정적 반응을 선호한다. 〈컴퓨터 매개 커뮤니케이션 저널Journal of Computer-Mediated Communication〉에 발표된 한 연구는 모욕적인 댓글이 기사(나노기술과 같은 신생 기술에 대한 중립적인 설명)에 대한 사람들의 인식에 영향을 미치는지 조사했다.

결과는 놀라웠다. 무례한 댓글은 의견을 양극화하는 것에 그치지 않고 기사에 대한 인식까지 변화시켰다. 연구진은 "대면 토론에서는 비언어적 의사소통과 고립 같은 사회적 질책이 무례한 행동을 억제하는 반면, 오프라인 대면 만남에서와 같은 결과가 없는 인터넷 환경은 무례한 행동을 조장할 수 있다"고 말했다.[12] 그들은 온라인상의 이런 나쁜 매너(연구진은 "불쾌한 영향nasty effect"이라고 부른다)가 공적 논의가 가진 "민주적 목표"를 방해할 수 있다고 주장했다.

이런 종류의 전염은 빠르게 확산된다. X와 같은 소셜 미디어 플랫폼에서 악당(으로 추정되는 사람)에게 가해지는 신속한 처벌은 특히나 악의적인 형태를 띤다. 새로운 '디질란테digilante*'식의 정의는 과거라면 가까운 사람들에게 창피를 당하는 것에서 끝났을 실수에 대해 전 세계적인 범위의 즉각적인 보복을 가한다. 소셜 미디어에서의 공개적인 망신은 심지어 아이들에게까지 퍼져나갔다. 버지니아주의 한 백인 치어리더는 대학 입학과 장학금이 취소되었다. 반 친구가 그녀가 인종차별적 언어를 사용한 몇 년 전의 스냅챗 영상을 올렸기 때문이다. 당시 15세였던 그녀는 그 영상이 다시 부각되었을 때 반 친구들에게 사과를 했다. 그럼에도 소셜 미디어 공격을 가한 친구는 〈뉴욕타임스〉에 자랑스럽게 이렇게 말했다.

---

\* 디지털digital과 비질란테vigilante(자경단 단원)를 합성한 말

"저는 잊지 않을 겁니다. 제가 대단한 일을 시작했다는 것을요. 제가 누군가에게 교훈을 주었다는 것을요."[13]

익약Yik Yak과 같은 익명 앱의 정서적 영향력을 생각해보라. 익약에서는 아주 좁은 범위의 지역(특히 대학이나 고등학교)을 경계로 사용자가 학생 식당이나 최근의 파티에서 일어난 일을 게시할 수 있다. 2013년에 처음 출시되었다가 2021년에 재출시된 익약은 당연하게도 교육기관의 골칫거리가 되었다. 대부분의 게시물은 일상적인 내용이지만 가끔 성차별적, 폭력적, 인종차별적, 비하적인 게시물도 올라왔다. 한 대학 교수는 학생들이 강의 중에 익약을 통해 자신에게 성적 모욕을 주는 대화를 주고받았음을 알게 되었다.[14] 시인 에밀리 디킨슨은 익명 앱이 부상하기 훨씬 전에 "우리를 가장 놀라게 하는 것은/우리 내부의, 숨겨진, 우리 자신"이라는 시를 남겼다.[15] 우리는 숨겨진 우리 자신에게 남을 비하할 수 있는 거대한 힘을 부여했다.

기다림에 대한 논의에서 언급했듯이 이런 행동 변화는 우리 문화가 시간을 이해하는 방식이 불러온 결과다. 감정마다 몸이 처리하는 속도가 다르다. 서던캘리포니아대학교 뇌·창의성 연구소Brain and Creativity Institute의 연구진은 뇌 영상 기술을 사용해 감탄과 연민 같은 감정이 어떻게 생기는지 조사했다. 연구 참가자들이 연민과 감탄을 불러일으키는 실제 이야기를 읽은 후 다른 사람의 고통이나 미덕에 대한 서술에 반응하기까지는 6~8초가 걸렸다. 연구진 한 명이 언급했듯이 "일이 너무 빨리 진행되면 다른 사람의 심리적 상태를 온전히 경험하지 못할 수도 있다."[16] 기술이 선호하는 속도는 단 하나, '지금 당장'이다. 우리가 대부분의 시간을 온라인에서 보낸다면 자신의 감정에 대해 숙고할 기회를 잃게 된다. 한 연구자는 "우리의 연구는 우리 인간이 우리 몸의 느낌을 발판 삼아 타인의 사회적, 심리적 상황에 어떻게 반응할지를 파악한다는 것을 보여준다"라고 말했다. "이런 감정은 문자 그대로 본능적이다."

페이스북, 인스타그램, 익약, 트위터에서 우리의 삶은 본능적이지 않고 가상적이다. 그런 삶은 즉각성을 선호하고 긍정적 감정보다 부정적 감정을 조장하곤 한다. 독일에서 실시된 연구에서는 페이스북을 많이 사용하는 사람들 사이에서 "통제 불능의 질투"를 비롯한 "불쾌한 감정들"이 발견됐다.[17] 연구진은 "소셜 네트워킹 사이트에 질투가 확산되면서 사용자의 삶에 대한 만족도가 떨어졌다. 이는 사용자가 다른 사람의 자기 홍보 콘텐츠에 더 많은 자기 홍보 콘텐츠로 반응하는 '자기 홍보와 질투의 순환'으로 이어졌다"고 말했다. 우리는 소셜 네트워킹의 긍정적인 영향에 대해 많은 이야기를 듣는다(많은 사례가 있다). 하지만 최근 여러 연구에서 드러났듯이 소셜 미디어는 우리의 감정에 더 복잡한 영향을 미친다.

기술 기업이 점점 더 능숙하게 우리의 감정을 조작하는 시대에는 이런 복잡성에 직면하는 일이 대단히 중요하다. 〈MIT 테크놀로지 리뷰〉와의 인터뷰에서 당시 페이스북 데이터과학팀의 책임자였던 캐머런 말로는 이렇게 말했다. "우리는 사상 최초로, 이전에는 볼 수 없었던 매우 세밀한 수준에서 사회적 행동을 조사할 수 있게 되었을 뿐만 아니라 수백만 명의 사용자를 대상으로 실험을 진행할 수 있는 현미경을 갖게 되었습니다."[18] 보다 최근에는 전직 페이스북 직원인 프랜시스 하우건이 내부 고발자가 되어 폭로를 이어갔다. 그녀는 이 회사의 엔지니어들이 알고리즘을 설계할 때 더 강한 감정, 특히 분노를 드러내는 콘텐츠를 선호하게 한다고 설명했다. 그녀는 2021년 영국 의회에서 이렇게 증언했다. "분노와 증오는 페이스북 내에서 성장하는 가장 쉬운 방법입니다."[19] 페이스북이 알고리즘을 변경해 분노를 덜 강조하고 '사랑'과 '슬픔' 같은 반응을 우선하게 한 것은 오랜 시간이 지난 후였다.

데이트 웹사이트 OK큐피드의 엔지니어들은 사용자 선호와의 일치도가 "이례적으로" 높다고 주장했지만 사실은 일치도가 낮은 상대를 추천하도록 사이트를 프로그래밍했다.[20] 모두 사용자가 평가를 믿고 추천 상대와 관계를 만들어가는지를 알아보기 위해서였다. 당연히 대부분의 사용자는 그렇게 했다. 우리는 사랑이란 문제에서는 남의 영향을 대단히 많이 받는다. 큐피드의 화살이 OK큐피드의 알고리즘으로 대체되었다고 하더라도 마찬가지다. 그리고 그 알고리즘은 생활의 감정적인 면에 대해 많은 것을 알고 있다. 일부 OK큐피드 사용자는 이 사이트가 자신이 상대에게 보낸 모든 메시지를 보관한다는 것을 알고 경악했다.[21] 사용자들은 이용당했다는 느낌을 받았다. 그럼에도 OK큐피드의 설립자인 크리스천 러더는 흔들리지 않았다. 그는 OK큐피드 블로그에 이렇게 자랑했다. "우리는 인간을 대상으로 실험을 합니다!"[22] 2023년 이 회사는 챗

GPT를 활용해 데이트 상대 추천을 위한 질문을 생성할 거라고 발표했다. 인공지능이 온라인에서 진정한 사랑을 찾는 인간 사용자를 대상으로 실험을 할 수 있는 미래가 열린 것이다.

페이스북 같은 소셜 미디어는 지금은 금지된 살충제 DDT와 같다. DDT는 병을 옮기는 모기를 죽이지만(좋은 점) 새알의 껍데기를 약화시켜서 알 속의 새끼 새를 살아남지 못하게 했다. 페이스북과 같은 플랫폼은 멀리 떨어져 있는 사람들과 연락을 유지하는 효율적인 방법을 제공하지만(좋은 점) 그 과정에서 우리의 행동에 대한 책임감과 기꺼이 감정적 위험을 감수하려는 마음 등을 약화시킨다. 작가 카엘리 울프슨 위저는 전화를 통한 대화에서 점점 멀어진 자신에 대해 글을 썼다. "화면이나 글로 소통을 하면 감정적 위험이 적다. 그러니 이를 선호하는 것은 본능적 반응이다. 내가 아는 모든 사람이 마찬가지다."[23]

반면에 공감은 상상력과 의지가 필요한 행위다. 다른 사람의 관점에서 세상을 보려고 노력해야 한다. 공감은 물리적 신체를 통해 다른 사람의 움직임과 표정을 관찰해야 가능하다. 경제학자 애덤 스미스는 말했다. "다른 사람의 다리나 팔에 타격이 가해지려는 순간을 포착하면 우리는 자연스럽게 우리 자신의 다리나 팔을 뒤로 뺀다. 그리고 타격이 가해지면 타격을 받은 사람뿐 아니라 우리도 어느 정도 충격을 느끼고 고통을 겪는다."[24] 다른 사람이 온라인에 올린 경험을 소비할 때와는 다르게 말이다. 이때의 느낌은 공감이라기보다는 동정, 연민, 부러움, 샤덴프로이데Schadenfreude*에 가깝다.

오늘날은 공감을 대단히 효율적인 형태로 실천한다. "여기를 클릭하세요"라는 형태로. 어느 해 크리스마스를 몇 주 앞두었을 때 식당의 옆 테이블에서 오가는 대화가 들려왔다(사실은 엿들었다). 한 여성이 다른 여성에게 말했다. "정말 쉽더라니까. 타깃 웹사이트에 들어가기만 하면 노숙자에게 양말을 선물할 수 있어." 사실인지는 모르겠지만, 없는 말은 아닌 듯했다. 원클릭 자선 단체와 킥스타터 Kickstarter 같은 모금 플랫폼은 훌륭한 목적을 갖고 많은 돈을 모금해왔다. 하지만 이런 기술은 직접 노숙자 쉼터나 자선 단체에 가서 시간을 보내고 사람들과 얼굴을 맞대고 대화를 나누고 좋은 뜻에 자신의 시간을 할애하는 것과는 정서적 참여의 측면에서 매우 다르다.

점점 더 많은 시간을 온라인에서 보내는 우리에게 이런 종류의 오프라인 참여가 반드시 필요하다는 증거가 늘어나고 있다. 미시간대학교 사회연구소의 연구 결과, "오늘날 대학생의 공감 능력은 20~30년 전의 대학생보다 약 40퍼센트 낮으며, 가장 급격한 감소세는 스마트폰 보급과 추세가 일치한다."[25] 한 연구원은 "온라인에서 '친구'를 쉽게 사귈 수 있기 때문에 다른 사람의 문제에 반응하고 싶지 않을 때 무시해버릴 가능성이 높아지며, 이런 행동은 오프라인으로 이어질 수도 있다"고 지적했다. 코로나19 팬데믹은 이런

---

\*    남의 불행을 보고 얻는 쾌감

경향을 악화시켰다. 2022년 대학생을 대상으로 연구한 결과, 팬데믹의 여파로 대학생들의 불안과 우울증이 증가했고 공감 능력도 크게 감소했다.[26]

2장에서 온라인 소통과 대면 소통의 "동기 향상 효과"를 설명할 때 만났던 코넬대학교의 제프 행콕 교수는 수년간 온라인 행동이 오프라인 행동에 어떤 영향을 미치는지 연구해왔다. 그는 특정 행동을 연습하는 것이 실생활로 이어진다는 사회 학습 이론이 온라인에서도 적용되는지 실험했다. 한 연구에서 그는 피험자들을 둘로 나누어 자신이 외향적인 것처럼 글을 쓰되 한 집단은 외부에 공개되지 않을 워드 문서를, 다른 집단은 외부에 공개되는 블로그를 사용하도록 했다. 블로그를 사용한 쪽이 훨씬 더 외향적이었다. 행콕은 온라인에서 특정 방식으로 행동하면 그 행동이 강화되어 "실생활에서 같은 행동을 더 많이 하게 된다"는 결론을 내렸다.[27]

온라인 활동이 오프라인 행동에 어떤 영향을 미치는지는 많은 연구에서 다루어지는 논란 많은 연구 주제다. 폭력적인 비디오게임이 행동에 미치는 영향을 조사하는 하위 연구 장르가 있을 정도다. 이런 연구는 대개 모의 폭력에 대한 노출이 다른 곳에서의 폭력에 둔감해지게 하는지를 다룬다. 그에 대해서는 합의가 이루어지기 시작했다. 폭력적인 게임을 한다고 해서 사람들이 폭력적인 행동을 저지르는 것은 아니지만(사실 폭력적인 비디오게임을 하는 사람은 증가했지만 폭력 범죄율은 감소했다), 폭력적인 범죄보다 측정하기 어려운 결과, 즉 공감 능력의 저하는 나타난다는 것이다. 임상심리학자 진 브로크마이어는 〈뉴욕타임스〉에 "장기적으로 폭력적인 비디오게임에 더 많이 노출된 사람들은 폭력에 대한 낮은 공감 능력 등의 특징을 보인다는 것이 점점 더 명확해지고 있다"고 말했다.[28] 브로크마이어는 10대들이 폭력적인 이미지에 장기간 노출될 경우 공감 능력과 관련된 뇌 영역이 약화된다는 것을 발견했다.[29]

폭력적인 이미지에 대한 노출 빈도가 높아지면 우리의 배려심이 전반적으로 약화될까? 매개가 많아진 삶 때문에 우리는 자기 행동이 주는 실제적 영향력, 특히 정서적 측면의 영향력에 둔감해지고 있는 것은 아닐까? 배려와 공감 능력이 어느 정도 필요한 직업군에 대해서는 이미 이런 문제가 제기되고 있다. 간호를 생각해보자.[30] 2012년 캔자스주 한 대학의 간호학과 학생 네 명이 인간의 태반을 들고 있는 자신들의 사진을 페이스북에 올렸다. 그들 모두 퇴학당했다가 이후에 복귀했다. 캘리포니아주에서는 간호사 두 명이 자신들이 돌보던 죽어가는 환자의 사진을 페이스북에 올렸다는 이유로 징계를 받았다. 위스콘신주의 간호사 두 명은 직장에 성기구가 박혀 있는 환자의 엑스레이 사진을 페이스북에 올렸다가 해고되었다.

물론 온라인에 응급실을 찾은 환자에 대한 게시물을 올리는 것은 극히 이례적인 일이다. 하지만 간호사가 훈련을 받는 환경과 문화를 조사해 이런 이례적인 행동이 나온 단서를 찾아보는 것도 가치 있는 일일 것이다. 간호 관련 문헌에는 소셜 미디어 사용에 주의해야 한다는 내용이 점점 더 자주 나오고 있으며, 미국 간호사협

회와 같은 조직은 간호사를 위한 소셜 미디어 사용 원칙과 지침을 개발했다.

동시에 간호학교에서는 과거 간호사들이 받던 실제 임상 교육을 시뮬레이션으로 대체하기 시작했다. 간호과 학생들은 실제 환자를 돌보는 대신 비디오게임, 스크린 기반 시뮬레이션, 그리고 때로는 정교한 의료용 마네킹을 이용해 기술을 연마한다. 예를 들어, 보스턴의 매사추세츠 종합병원에는 심 맨Sim Man*과 함께 모의 출산 및 모의 육아 훈련 센터가 있다.[31]

래어달 컴퍼니Laerdal Company는 전국의 병원과 의과대학에 "환자 간호 마네킹"인 너싱 앤과 "관절식 정맥주사 훈련용 팔"을 판매한다. 교육에는 유용하지만, 마네킹은 절대 실제 사람처럼 보이지 않는다. '피부'는 흠 하나, 털 하나 없고, 눈은 항상 감겨 있으며, 입은 항상 벌어져 있다. 마네킹은 무서울 정도로 완벽한 환자다. 그러나 점점 더 많은 간호과 학생이 시뮬레이터와 보내는 시간이 늘어나고 있다. 오히려 인간 환자와 보내는 시간보다 많아지고 있기 때문에 그런 교육이 그들의 공감 능력에 미치는 영향을 평가해봐야 한다. 실제 환자는 꼼지락거리고, 냄새가 나며, 소리를 지르고, 털이 전혀 없는 경우는 드물다.

시뮬레이션 기술은 간호사들에게 상당한 교육적 혜택을 주었지만 환자에게 어떤 영향을 미치는지는 증거가 부족하다. 몬태나

---

* 남성형 시뮬레이션 마네킹

에 있는 캐롤대학교 간호학과 학과장 제니퍼 엘리슨은 〈뉴욕타임스〉와의 인터뷰에서 "대면 임상 경험을 줄이고 시뮬레이션 시간을 늘리는 간호 프로그램에 대해 들을 때마다 걱정됩니다"라고 말했다.[32] 오늘날의 간호학과 학생들은 페이스북을 비롯한 소셜 미디어를 사용하며 자랐고, 화면 속의 가상 세계에서 여가 시간을 보냈다. 그들의 간호 교육은 기술 사용과 정교한 시뮬레이션의 기회를 충분히 제공하며, 이런 기회들은 그들의 기술적 숙련도를 향상시키는 데 이상적이다. 하지만 간호는 이런 숙련도와는 별개로 많은 공감을 요구하는 직업이기도 하다. '의료직health care professional'이라는 말에는 돌보고 배려한다는 뜻의 단어 '케어care'가 들어 있다. 다른 인간과의 대면 경험은 타인에 대한 건강한 존중과 공감을 발전시키는 데 필수적이다.

물론 우리는 효율성이라는 명목하에 의례적인 인사를 몰아냈듯이 감정 노동도 아웃소싱한 시대에 살고 있다. 적은 비용을 치르고 아이들의 생일 파티를 관리할 사람을, 연로한 친지를 돌볼 사람을 고용할 수 있다. 태스크래빗을 통해 아주 작은 집안일도 다른 사람에게 맡길 수 있다. 사회학자 앨리 러셀 혹실드가 인터뷰한 한 임원 비서는 자신의 일에 대해 이렇게 말했다. "제 상사는 저에게 인내심을 아웃소싱합니다."[33] (감정 노동이 많이 요구되는 직업에 여성이 많고, 현재 널리 사용되는 디지털 비서 프로그램 알렉사나 시리가 여성의 목소리를 기본 값으로 갖고 있다는 점에도 주목할 필요가 있다.)

이메일 메시지에 대한 일종의 '감정 검사기' 역할을 하는 소프트웨어 프로그램 톤체크ToneCheck로 감정적 효율성을 얻을 수 있다.[34] 이 프로그램은 "분노, 슬픔, 무신경이 과도하게 드러나는 표현"을 지적해준다. 근로자들이 근무시간 내내 생산성을 쥐어짜내야 한다는 압박감을 느끼는, 경쟁이 치열하고 불안정한 경제 상황에서 우리는 감정마저 효율성과 유용성의 관점에서 측정하기 시작했다.

　기술 기업들은 우리가 이 새로운 디지털 정서 경험을 받아들이기를 원한다. 구글의 전략 기획 책임자인 애비게일 포즈너는 2015년 기술 산업 콘퍼런스에서 이 분야의 초기 활동에 대해 개술했다. 그녀는 모닥불 주위에 둘러앉아 이야기를 나누는 우리 조상들을 묘사했다. 그리고 "유튜브는 이제 우리의 글로벌 모닥불입니다. 브랜드들은 이것을 활용하고 있습니다!"라고 단언했다.[35] 이어 그녀는 도요타 미니밴 광고를 보여주면서 이 광고가 인간이 가진 "심층 놀이deep play*" 욕구를 잘 표현했다고 주장했다. 다시 말해 그녀는 인간의 중요한 상호작용과 경험, 특히 깊은 의미를 담거나 정서적인 상호작용과 경험을 상품화하는 것에서 아무런 문제도 발견하지 못하고 이런 활동에 기술을 활용하기를 열망했던 것이다. 최근 싱크 위드 구글Think with Google에는 패션 브랜드 케이트 스페이드Kate Spade의 경영진 메리 비치와의 인터뷰 기사가 실렸다. 그녀는 공감 마케팅 광고로 케이트 스페이드의 유튜브 광고 시청 시간이 39초 늘어났고, 조회수가 500퍼센트 증가했다고 자랑했다. 구글이 사람들의

---

*　　피상적인 놀이와 달리 창의성, 상호작용을 포함하는 놀이

감정 상태를 이해하는 것이 이 마케팅의 핵심이었다. 비치는 "우리는 구글과 협력해 유튜브 뷰티 팬들이 정서적으로 필요로 하는 것들이 자신감, 사랑, 행복, 성공이라는 것을 알게 되었습니다"라고 열변을 토했다.[36] "광고 타깃으로 설정된 사람이 '자존감을 높이는 방법'과 같은 것을 검색하면 우리는 관련성 있고 의미 있는 광고로 대응할 수 있었습니다."

영국 경제학자 E. J. 미샨이 40여 년 전에 묘사했듯이 "상호 소외의 우아한 도구"인 새로운 매개 기술은 새로운 행동에 대한 접근권을 제공할 뿐만 아니라 틱톡 댄스와 같은 단순한 모방에서부터 새로운 집단 형성(소셜 미디어에서 만들어진 플래시 몹flash mob이 대규모 절도에 가담한 데에서 알 수 있듯이 모두 유익하지는 않다)에 이르기까지 새로운 행동과 새로운 감정적 연결을 만들어낸다.[37]

기술 전문가들은 온라인에서 발생한 감정을 실제 세계에서의 정서적 경험으로 만드는 장치도 개발하고 있다. MIT 학생들이 디자인한 '착용형 소셜 미디어 조끼'인 라이크어허그Like-a-Hug가 한 가지 예다.[38] 발명자 중 한 명인 멜리사 차우는 이 조끼가 "페이스북을 통해 포옹을 받을 수 있게 함으로써 물리적인 거리와 관계없이 우리를 더 가깝게 만든다"고 설명했다. 누군가 조끼를 입은 사람의 사진이나 상태 업데이트에 "좋아요"를 누르면 조끼가 몸을 조인다. 마치 사람이 포옹을 하듯이 말이다. 이로써 "포옹을 받을 때 느끼는 따뜻함, 격려, 지원, 사랑을 느낄 수 있다"는 것이 차우의 말이다.

이 조끼를 입는 것이 내키지 않는 사람조차도 기술과 강한 정서적 유대감을 갖고 있다. 메릴랜드대학교 국제 미디어·공공 의제 센터International Center for Media and the Public Agenda의 연구는 미국과 중국을 비롯한 10개국 대학생들을 대상으로 24시간 동안 모든 기술과 미디어에 대한 접촉을 자제했을 때의 감정을 조사했다.[39] 한 아르헨티나 학생은 마치 "죽은 것 같은 느낌"이었다고 했다. 한 레바논 학생은 그 경험을 "넌더리 난다"고 묘사했다. 한 미국 학생은 마약중독자처럼 전화기를 쓰고 싶어서 "안달"이 났다고 했다. 연구자들은 학생들이 표현한 갈망의 대상이 기술이 제공하는 정보뿐 아니라 물리적 장치 자체이기도 하다는 것을 발견했다. 크레디트 스위스 유스 바로미터Credit Suisse Youth Barometer의 보고서에 따르면, 10대와 20대에게는 스마트폰이 어떤 것보다, 심지어 '친구와의 만남', '페이스북', '해외여행'보다 더 중요하다.[40]

기술에 대한 정서적 애착은 새로운 것이 아니다. 루크 페르난데스와 수전 J. 맷의 저서 《테크 심리학》에 따르면 벨의 초기 전화 광고는 그 기술이 "외로움을 없애기" 때문에 "집에 전화기가 있다면 외로워할 필요가 없다"고 약속했다.[41] 과거와 달리 오늘날의 기술은 대개 어디에나 존재하지만, 종종 숨겨져 있고 장소나 시간에 구애받지 않는다.

우리가 기기에 애정(혹은 중독?)을 품고, 감정의 아웃소싱을 받아들이고, 매개된 경험을 수용한다는 점을 감안할 때 우리는 공감에 가치를 두는 세상에서 벗어나 많은 감정적 경험이 간접적으로 이루어지는 세상으로 이동하고 있는지도 모르겠다. 결국 타인이 어떤 느낌인지 파악하는 데에는 그들과 대화를 나누는 것보다 그들의 피드를 스크롤하는 것이 훨씬 더 효율적일 테니까.


여섯 번째 감각

리들리 스콧 감독의 1982년 작 〈블레이드 러너〉의 첫 장면에는 한 방에 있는 두 남자가 등장한다. 그중 한 명은 미래의 거짓말 탐지기로 조사를 받고 있다. 심문관은 상대가 자신과 같은 인간인지, 아니면 파괴해야 할 위험한 외계 복제 인간인지 확인하려고 한다. 심문관은 자신의 질문이 "감정적 반응을 유발하도록 설계되었다"고 말한다. 취조를 받는 남자는 긴장한 듯하다. 그는 뒤집힌 거북이 바로 서도록 돕겠냐는 질문에 안절부절못한다. 다음 질문은 어머니에 대해 어떻게 생각하느냐는 것이었다. 그는 "제 어머니에 대해 이야기해드리죠"라고 말하며 심문관을 총으로 쏜다.

이 영화는 2019년을 배경으로 인간과 비인간을 구분하기 어려운 미래에 대한 불안감을 다룬다. 진정한 공감이나 후회를 모르는 것이 복제 인간이라는 표식(그리고 그들이 노예 노동자로 살아가는 것을 징딩화하는 이유)이다. 그런데 이 영화에는 레이첼이라는 이름의 더 새로운 실험체가 등장한다. 이 복제 인간의 설계자들은 그녀에게 인간의 거짓 기억을 이식해 감정을 표현할 수 있게 했다. 그 결과, 그녀는 인간으로부터, 심지어는 복제 인간을 사냥하고 "은퇴"시키는 블레이드 러너로부터 공감을 이끌어내는 데 성공한다.

18세기 메커니컬 터크Mechanical Turk는 체스를 두어서(사실 기계 안에 사람이 숨어 있었다) 전 세계 청중들에게 즐거움을 주었다. 기계 지능을 만들기 위한 이런 초기 활동은 사람들의 경탄을 받았지만 대부분 속임수였다. 기계 안에 사람이 있었기 때문이다. 오늘날 우리는 우리 자신의 감정을 더 잘 이해하기 위해 기계를 우리 몸에 장착한다. 계몽주의 과학자들은 오감을 통해 세상을 이해하고 해석해야 한다고 말했다. 하지만 현대의 기술 전문가들은 오감으로는 더 이상 충분치 않고, 그것만으로는 길을 잃을 수 있다고 생각한다. 그러니 새로운 정교한 기술로 오감을 확장해야 한다는 것이다. 스마트폰 칩 제조 업체인 퀄컴Qualcomm의 CEO가 설명했듯이 우리는 "여섯 번째 디지털 감각"의 시대를 살고 있다.[42] 이 새로운 세계를 열성적으로 옹호하는 사람들은 단순히 스마트한 수준을 넘어 감정까지 인식할 수 있는 유비쿼터스 컴퓨팅을 받아들인다. 과학자이자 인공지능 연구자인 에곤 L. 판덴브룩은 "유비쿼터스 컴퓨팅을 다음 단계로 발전시키기 위해서는 감정을 필수 요소로 수용해야 한다"고 주장한다.[43] 이런 미래에서라면 기술은 인간을 확장하는 것이 아니라 인간에 침투할 것이다.

MIT의 앨릭스 펜틀랜드Alex Pentland와 같은 연구자들은 대면 상호작용과 인간의 기량이 약화되는 것을 걱정하는 사람들에게 간단한 해법을 제시한다. 걱정은 그만두고 기계가 일을 하게 두라는 것이다. 그들은 네트워크 과학과 보완적 장치가 약화되는 사회적 기량을 대신할 거라고 주장한다. 곧 기계 장치가 우리 대신 자신과 타인의 신호를 읽어줄 테니까. 우리보다 더 능숙하게. 펜틀랜드는 그의 책 《어니스트 시그널》에서 "인간의 행동을 지속적이고 보편적으로 측정할 수 있는 능력이 우리가 상상하지 못할 정도로 삶을 최적화할 능력을 선사할 것이다"라고 말했다.[44] 실제로 펜틀랜드와 그의 동료들은 이드id*를 가시화하는 일종의 프로이트 기계를 만들려 한다. 이 기술이 있다면 사람들은 "집단 내의 정보 흐름을 모니터링함으로써 무의식적이고 암묵적인 지식을 개방적이고 의식적인 정보로 전환할 수 있다." 펜틀랜드와 그의 동료들은 수백 년간 개인의 이성을 떠받들어왔던 계몽주의 사상은 잘못되었다고 생각한다. 우리는 스스로를 이성적인 개인으로 생각하고 싶어 하지만 실상 우리는 "사회적 네트워크 효과에 의해 지배"당하고 있다. 즉 우리는 비이성적이며 쉽게 속아 넘어가는 무리다.

기술계에서는 행동을 추적해 감정을 측정하는 다양한 장치와 센서를 고안하고 있다. 펜틀랜드의 MIT 연구실에서는 내장된 위치 센서, 가속도계, 근접 센서, 마이크를 이용해 개인의 신체 움직임을 추적하는 소시오메트릭 배지sociometric badge로 사용자의 언어, 소비 내역, 소셜 미디어 게시물에 대한 정보를 기록한다. 펜틀랜드는 "사용자가 얼마나 돌아다녔는지, 누구에게 언제 전화를 했는지, 사

---

\* 지그문트 프로이트의 정신분석학의 용어로서 도덕, 선악, 논리적 사고가 존재하지 않는 인간의 본능 또는 원초아

람들과의 대면 접촉을 언제 얼마나 가졌는지에 대한 데이터만으로도 사용자의 성격 유형과 가처분 소득을 추정할 수 있다. 독감에 걸렸거나 우울할 때도 파악할 수 있다"고 말한다.

대부분의 스마트폰이 이런 식의 행동 캡처 기능을 제공할 것이다. 이미 이 기능이 탑재된 스마트폰도 있다. 삼성 갤럭시 스마트폰 모델 중에는 심박수 모니터가 내장된 것도 있다. 스탠퍼드대학교 학생들은 호흡과 심박수를 조절하는 자율 신경계 신호를 이용해 플레이어의 감정을 판단하는 수정형 게임 컨트롤러를 개발했다. 학생들은 텍사스 인스트루먼트Texas Instruments와 같은 기업의 지원 하에 그레고리 코박스 교수와 함께 운전자의 주의력과 감정을 모니터링하는 차량용 센서를 개발하고 있다. 자동차 제조 업체와 보험 회사에는 대단히 요긴한 도구다. 코박스는, 대부분의 기술 전문가가 그렇듯이, 감정 상태를 모니터링하는 자동차를 운전할 때 발생할 수 있는 개인 정보 보호 문제를 염려하지 않는다. 그는 말했다. "사생활 침해로 보는 사람도 있겠죠. 하지만 저는 이런 차량의 운전자들은 인간의 목숨을 위해 사생활을 일부 포기해야 한다고 생각합니다."[45]

센서 기술의 얼리어답터인 뱅크오브아메리카Bank of America는 직장에서의 상호작용을 연구하기 위해 직원들에게 소시오메트릭 배지를 지급했다. 이 은행의 인사 담당 임원은 〈월스트리트 저널〉과의 인터뷰에서 "이 배지는 객관적인 방식으로 실제 행동을 측정한다"고 말했다.[46] 다른 기업들도 직원들의 움직임, 어조, 동료와의 대화 패턴을 측정하는 유사한 연구를 실시했다. 기업들은 매개가 없는 대면 의사소통을 가장 많이 하는 팀이 생산성도 가장 높다는 것을 발견했다. 첨단 기술을 활용한 실험에서 이런 결과가 나오다니 아이러니한 일이 아닐 수 없다.

집에서 일하는 직원도 상시 모니터링의 대상이 될 수 있다. 2020년 런던 주재 〈뉴욕타임스〉 기자 애덤 사타리아노는 인디애나주의 허브스태프Hubstaff라는 회사로부터 직원 모니터링 소프트웨어를 다운로드받아 자신을 대상으로 실험을 했다. "소프트웨어가 몇 분마다 내가 검색한 웹사이트, 내가 쓴 문서, 내가 방문한 소셜 미디어 사이트의 스크린샷을 찍었다. 휴대전화에서는 내가 어디를 갔는지 지도로 표시했다. 거기에는 근무시간 중 두 시간 동안 아이들과 배터시 공원에서 자전거를 탄 것도 기록되었다."[47] 직원의 생산성을 파악하기 위해 수집하는 세부 정보의 양은 상당하다. 사타리아노는 "이 시스템은 시간을 10분 단위로 쪼개어 작업자가 타이핑을 하거나 컴퓨터 마우스를 움직이는 데 사용한 시간 비율을 구한다. 이 비율은 생산성 점수의 역할을 한다"고 말했다.

이런 시스템은 이미 광범위하게 사용되고 있다. 2021년 〈조직 행동과 인간의 의사결정 과정Organizational Behavior and Human Decision Processes〉에 발표된 한 연구는 다음과 같은 예측을 내놓았다. "다수 조직이 8300만 개 이상의 착용형 행동 추적 장치를 도입할 것이다. 최근 239개 대기업을 대상으로 설문 조사를 실시한 결과, 실제로 50퍼센트의 기업이 이메일, 소셜 미디어 활동, 생체 인식 데이터, 만남의 상대, 업무 공간의 사용 방식 등 비전통적인 직원 지표를 추적하고 있었다."[48]

펜틀랜드는 10여 년 전에 센서 기반 연구를 처음 시작하면서 자신의 연구를 "현실 마이닝reality mining"이라고 불렀다.[49] 그는 사람들이 설문 조사나 인터뷰에서 하는 주장을 무시하고 그들의 행동을 추적하라고 했다. 그는 여기서 얻어낸 데이터를 대단히 야심찬 방식으로 이용하려 했다. 그는 자신의 연구에 대해 이렇게 말했다. "이전에는 결코 볼 수 없었던 방식으로, 신의 관점에서 상황을 볼 수 있습니다." 개인 정보 보호에 관해서는 "새로운 거래가 필요합니다"라고 말했다. "그 문제에 대해 모른 척하는 것은 전혀 도움이 되지 않습니다."

많은 고용주가 '새로운 거래'를 반겼다. 기업들은 근로자의 '웰빙'을 증진한다는 미명하에 사내 메신저와 직원 이메일을 감시하고, 매일같이 직원들의 기분과 감정 상태에 대한 정보를 설문 조사하고, 심박수 등을 모니터링하는 기기를 지급한다. 미시간주 블루 크로스 블루 실드Blue Cross Blue Shield의 건강·웰빙 담당 이사는 〈월스트리트 저널〉과의 인터뷰에서 이렇게 말했다. "우리는 '매일 1만 보 걸으세요'라는 말로 건강한 생활을 권하는 데에서 더 나아가 정신 상태의 개선에까지 주의를 기울입니다."[50] 토론토에 기반을 둔 소프트웨어 기업 리셉티비티Receptivity는 캐나다와 미국의 수많은 기업에 제품을 판매하고 있다. 기업은 이 제품으로 직원들의 의사소통을 살피고 정서적 고충을 찾는다. 리셉티비티의 CEO는 〈월스트리트 저널〉과의 인터뷰에서 "이런 형태가 없는 것들까지 측정할 수 있다"고 했다. 그는 이 소프트웨어가 "기업의 마음 챙김"을 발전시킬 것이라고 말했다.

우리 행동의 미세한 패턴을 포착하고 측정함으로써 우리 자신에 대한 통찰을 얻는다는 생각은 매력적이다. 너무나 주관적인 우리의 감정적 경험을 센서가 객관적으로 측정해 우리 자신에 대해 알려주는 미래가 기대되는 것은 당연하다. 그러나 소시오메트릭 배지를 비롯한 센서 기술은 점성술과 마찬가지로 여러 해석에 열려 있는 모호한 정보를 제공한다. 이 정보를 해석하는 기술자들은 용한 점성술사처럼 해석에 신뢰감을 부여한다.

감정적 성찰을 아웃소싱하면 세상은 어떻게 변할까? 펜틀랜드에 따르면 이 세상은 "모든 것이 우리의 편의에 맞추어 정리된 합리적인" 사회가 될 것이다.[51] 데이트에 나갔다가 실망하는 비효율을 감당할 필요가 없다. 멀지 않은 미래에 우리 몸이나 휴대전화에 센서를 내장해 우리의 애정이 보답받을 수 있는지를 신호로 받은 뒤 그 신호에 따라 행동하는 날이 올지도 모른다. 구글 대변인이 말했듯이 "휴대전화에는 눈, 귀, 피부, 위치 감각이 있습니다. 휴대전화는 항상 주머니나 지갑 속에 있습니다. 잠을 잘 때도 옆에 있습니다. 우리는 그 점을 활용하고 싶습니다."[52] 우리가 허락만 한다면 센서가 우리 대신 감정을 인식하게 될 것이다.

그러나 이런 인식의 아웃소싱은 시간의 흐름과 그에 따른 신체적 질병과 같이 우리가 통제할 수 없는 것들을 더 다루기 어렵게 한다. 우리의 상황은 화면의 이미지처럼 쉽게 통제되지 않는다. 감정을 알려주는 기술에 점점 더 의존하게 되면서 우리는 집단적으로 감정적 기량을 잃을 수도 있다. 우리는 이미 페이스북에 우리의 기억을, 구글에 우리의 호기심을, 휴대전화에 내장된 GPS에 우리의 방향 감각을 아웃소싱하고 있다. 이제 이런 기술이 우리 자신에 대한 보다 합리적인 견해를 갖고 있다는 주장까지 받아들여야 하는 것일까?

이것은 가설에 근거한 질문이 아니다. 컴퓨터나 스마트폰에 내장된 마이크로 목소리의 억양과 어조를 진단함으로써 "인간 감정의 전체 스펙트럼"을 분석하는 무디스Moodies 앱을 생각해보자.[53] 이 앱을 상시 실행 상태로 두면 15~20초마다 스마트폰으로 최신의 감정 분석 결과가 즉각 전달된다. 개발자들은 아이폰의 시리부터 인터넷에 연결된 자동차에 이르기까지 모든 것이 "정서 분석"을 이용해 당신이 어떤 느낌인지 실시간으로 파악하는 미래를 예견한다. 무디스는 온전히 신뢰할 수 있는 앱이 아닐 수도 있다. 한 짓궂은 사용자가 구글 플레이 스토어에 남긴 리뷰에 따르면, 폴란드 침공을 발표하는 히틀러 연설의 녹음 파일을 앱에 입력하자 앱이 히틀러의 기분을 "친근감"으로 해석했다고 한다.

오우라 링(센서 기술로 체온, 혈중 산소 농도, 심박수, 호흡, 수면을 모니터링하는 '스마트' 기기)과 같은 착용형 기술은 건강 증진을 약속하지만 우리가 감정을 경험하고 표현하는 방식에 변화를 가져오기도 했다. 이 회사의 웹사이트에서 약속하는 것처럼 "오우라 링은 착용자에게 심도 높은 개인적 지침을 제공합니다." 오우라 링으로 "자기 관리의 **마법**을 느껴보세요." 새로운 기능인 오우라 서클Oura Circles 은 주변 사람들과 데이터를 공유할 수 있게 해준다. 흥미롭게도 오우라의 웹사이트에 적힌 "배려는 새로운 공유"라는 문구는 "공유는 배려"를 모토로 하는 탐욕스러운 기술 기업의 이야기를 담은 데이브 에거스의 디스토피아 소설《더 서클The Circle》을 연상시킨다.

자신의 감정적인 삶을 얼마나 드러낼 준비가 되어 있는지를 생각해봐야 한다. 이런 기술은 양의 탈을 쓴 디지털 늑대일 수 있기 때문이다. 자기 인식을 돕는 기술로 마케팅되고 있지만, 원치 않는 노출을 야기하는 기술로 쉽게 변질될 수도 있다. 그런데 이런 기술에는 사회적 상호작용을 방해할 수 있는 요소가 있다. 어떤 동료가 직원 회의에서 발언할 때마다 당신의 심박수가 올라가고 호흡이 가빠지는 것을 포착하기 전까지는 당신이 그를 싫어한다는 것을 깨닫지 못하는 상황을 생각해보라. 아니면 아내가 사랑한다고 말할 때 스마트폰이 그녀의 어조가 불안한 것을 파악하고는 거짓이라고 인식하는 상황을 생각해보라. 소비자 가전 협회Consumer Electronics Association 회장 게리 셔피로는 "우리는 그 어느 때보다 더 많은 것을 측정하고 있습니다. 감정을 지속적으로 추적할 날도 그리 멀지 않았습니다"라고 말한다.[54] 그는 이 기술의 필요성과 시급성을 납득시키고 싶어 한다. 그러나 셔피로는 감정을 드러내는 기술은 감정을 숨기는 기술의 개발도 촉진하리라는 점을 인정한다. 이렇게 만들어진 "감정 은폐 장치"는 일상을 감정적 가면을 쓴 사람들이 오가는 스크린으로 만들어버릴 것이다.

철학자이자 작가인 앨런 와츠는 1950년대에 이런 글을 남겼다. "현재의 경험에서 당신은 경험 자체만을 인식한다. 자신이 인식하고 있다는 것은 인식하지 못한다. 내 몸 안에서 무슨 일이 일어나고 있는지 느낄 수는 있지만 다른 사람의 몸 안에서 일어나는 일에 대해서는 짐작만 할 뿐이다."[55] 미래의 기술은 다른 사람이 느끼는 것에 대한 추측을 없애줄지도 모른다. 다른 사람의 센서 데이터는 그 사람이 어떻게 느끼는지를 알려줄 것이고, 당신의 데이터는 당신이 자신의 감정을 잘못 파악하고 있음을 알려줄 것이다.

그러나 이런 기술은 단순히 감정에 대한 피드백만 실시간으로 제공하는 것이 아니다. 이 기술은 이른바 설득 기술의 핵심이 되어 왔다. 설득의 기술은 특정한 행동을 유도하는 것을 목적으로 하는 소프트웨어와 기기를 말한다.

잘 알려지지는 않았지만 설득 기술의 수호성인이라 할 만한 인물이 있다. 20세기 심리학자 B. F. 스키너다. 스키너는 관찰 가능한 행동의 원인과 결과를 강조하는 조작적 조건화operant conditioning 이론을 통해 오늘날 설득 기술의 많은 근거를 제시했다. 스키너는 이렇게 주장했다. "'인간 문제에 대한 깊이 있는 이해를 통해 기술을 사용하는 것', '기술의 초점을 인간의 영적 요구에 맞추는 것', '기술자들이 인간 문제를 살피도록 격려하는 것'만으로는 충분하지 않다. 우리에게 필요한 것은 행동에 영향을 미치는 기술이다."[56]

그가 말하는 기술은 인간의 사적인 경험을 다른 사람이 관찰할 수 있게 하는 기술이다. 스키너가 글을 쓸 당시에는 이런 일을 하는 가장 정교한 기술 장치가 무드 링이었다. 하지만 현재는 설득 기술의 선구자인 B. J. 포그가 "대규모 대인 설득mass interpersonal persuasion"이라고 불렀던 것에 관여할 수 있는 기술이 있다.[57] 이런 설득 기술은 앞서 소개했던 소시오메트릭 배지와 같은 센서 기반 기술에서부터 특정한 방식으로 행동을 유도하는 웹사이트나 금연 또는 건강한 식이를 돕는 설득 게임에 이르기까지 다양하다.

기술이 사람보다 설득력이 있다는 것은 거의 확실하다. 기술은 지독할 정도로 끈질기고, 방대한 양의 정보를 관리할 수 있으며, 익명성(또는 적어도 익명이라는 환상)을 제공할 수 있고, 엄청난 기억을 가지고 있기 때문이다. 그러나 이런 설득 기술은 사회적 규범, 개인 정보 보호, 친밀감, 정서적 삶에 새로운 도전을 제기한다.

예를 들어, 건강보험 회사는 개인의 행동에 영향을 줄 수 있는 설득 기술에 매력을 느낄 것이다. 흡연이나 무방비한 성관계와 같은 특정 행동에는 건강상의 위험이 따른다. 사람들의 행동과 관련된 정보에 접근할 수 있는 건강보험 회사는 고객에게 맞춤형 서비스를 제공해 전반적인 건강을 개선할 수 있다. 그렇다면 가끔 담배를 피우고 싶다는 사실을 건강보험 회사에 알리고 싶지 않은 고객은 어떻게 해야 할까?

이제 우리에게 좋지 않은 일을 하게 하는 설득 기술에 대해 살펴보자. 문화인류학자 나타샤 다우 쉴은 도박 기계에 프로그램된 "매혹적인 지각 왜곡" 때문에 도박꾼들이 상식의 한계를 훨씬 넘어서는 시점까지 게임을 계속하게 된다고 했다.[58] 그녀는 "도박 기계 설계자들은 도박꾼을 속이기 위해 기술을 전략적으로 이용한다"고 말한다. 그리하여 설계자들조차 금세 게임에서 빠져나오지 못하게 된다. 인터내셔널 게이밍 테크놀로지International Gaming Technology의 임원은 왜 어떤 기계가 다른 기계보다 사용자를 붙잡아두는 힘이 더 강한 것처럼 보이냐는 쉴의 질문에 B. F. 스키너의 조작적 조건화에 관한 책을 읽어보라고 했다.

유능한 세일즈맨이나 정치인은 이미 알고 있듯이, 반복적이고 권위를 이용하고 감정에 호소하는 설득 도구는 언제나 유용했다. 그러나 오늘날의 설득 기술은 과거의 설득 기술과는 달리 윤리적 문제를 야기한다.

우선 오늘날의 설득 기술에는 투명성이 부족하다. 정치인이 아기에게 입을 맞추는 것은 자신이 신뢰할 만한 사람이라고 설득하기 위해서다. 하지만 여기 쓰인 설득 기술은 불투명하기만 하다. 초창기에 열린 설득 기술 콘퍼런스에서 한 참여자는 심박수와 음성을 모니터링하는 센서는 어디에나 존재하며 눈에 띄지 않는다는 점에서 설득 기술에 이상적인 도구라고 했다. 그는 "그러면 사용자가 알아차리지조차 못하는 설득 기술의 설계가 가능하다"면서 찬성의 뜻을 표했다.[59] 대부분의 설득 기술 회사가 선택한 디자인과 마케팅 방식을 보면 이런 기술을 숨겨두려는 의도가 있음을 알 수 있다.

또한 설득 기술 전문가들은 "사람들의 존재와 기분에 민감한 반응형 전자 환경"을 만들고자 한다.[60] 가까운 커피숍에서 당신이 착용한 센서의 신호를 읽게 허용함으로써 어두운 조명과 부드러운 음악이 더 낫겠다는 판단을 하게 하는 정도라면 반응형 전자 환경이 그리 해로워 보이지는 않는다. 기술 전문가들이 말하는 "생활환경 지능ambient intelligence" 역시 사용자의 선호나 행동을 예측하고 그에 맞게 개인화하는 것이어서 사용자에게 유익해 보인다.

그러나 일부 윤리학자들이 지적했듯이, 이런 기술은 이미 "설득 프로파일링"의 부상을 가능하게 했다.[61] 기술 기업들이 특정 설득 전략에 대한 반응을 바탕으로 개인 프로파일을 작성하는 것이다. 당신은 비평가들이 추천하는 책을 사는 편인가, 아니면 친구들이 추천하는 책을 사는 편인가? 이를 토대로 아마존은 당신에게 노출될 추천 도서 목록을 미묘하게 조정한다. 정부나 기업이 특정한 감정적 호소에 대한 당신의 취약성 관련 정보에 접근권을 가진다면 어떻겠는가?

1999년 기술 윤리학자 대니얼 베르디체프스키와 에릭 노이엔슈반더는 설득 기술의 설계자들에게 자발적으로 설득 기술의 황금률을 채택할 것을 촉구했다. "당신이 만든 기술이 사용자에게 권하는 행동이 당신 자신에게 권하고 싶지 않은 행동은 아닌지 자문해야 힌디."[62] 그들은 설득 기술에 적용할 여덟 가지 원칙을 추가로 개발했다. "설득 기술은 설득을 위해 잘못된 정보를 제공해서는 안 된다." 페이스북은 사용자의 뉴스 피드를 조작함으로써 이 원칙을 무시했고, OK큐피드는 사용자에게 보내는 매칭 결과를 조작함으로써 이 원칙을 짓밟았다. 베르디체프스키와 노이엔슈반더는 설득 기술을 만드는 사람들에게 "합리적으로 예측 가능한 모든 결과에 대해 고려하고, 논쟁하고, 책임을 져야 한다"고 충고했다.

영국 랭커스터대학교의 브랜 놀스는 설득 앱을 개발해온 기술자다. 그는 "이른바 '설득' 기술에 실제 조작이 있는지를 밝히기 위한 진지한 조사가 컴퓨팅 커뮤니티 내에서 이루어지지 못했다"고 지적했다.[63] 놀스는 이 분야에서는 작업 윤리에 대한 접근 방식이 막연히 "우리를 믿어라"라는 식이라고 말한다. 그는 "사용자는 설계자가 선택한 최종 행동이 '정확'하다는 기본 전제를 받아들여야 하지만 설계자는 이 최종 행동의 선호도에 대해 엄밀한 논의를 거치지 않는다"고 했다. '최종 사용자'의 결과에 주의를 기울인다고 주장하는 이 분야에서 설계자의 윤리에 대한 접근 방식은 무척 설득력이 없다.

설득 기술은 인간의 의도를 전복하고 인간의 감정을 조작하는 파괴적인 기술로 여겨지기 쉽다. 홀로코스트 생존자이자 정신과 의사인 빅터 프랭클은 그의 책《죽음의 수용소에서》에서 "인간에게서 모든 것을 빼앗을 수 있겠지만 단 한 가지, 마지막 남은 인간의 자유, 즉 주어진 상황에서 자신의 태도를 선택하고 자신의 방식을 선택하는 자유만은 빼앗을 수 없다"고 주장했다.[64] 선택뿐만 아니라 감정과 느낌까지도 기술로 매개하는 일이 늘어나고 있다. 이런 기술을 만드는 기업들이 원하는 것은 예전의 텔레비전 광고가 그랬듯이 "세상 사람들에게 콜라를 사주고 싶어"라는 노래를 유쾌하게 흥얼거리는 것이 아니다. 그들은 당신이 목마를 때를 알고 싶어 한다. 그때를 알게 되면, 셰익스피어의 《템페스트》에서 안토니오가 말했듯이 당신은 "고양이가 우유를 핥듯이 제안을 받아들일 것이다."

## 감정 아웃소싱의 결과

우리는 다양한 방식으로 감정을 표현하지만, 가장 깊은 감정을 말할 때는 심장heart과 연결된 비유적 언어를 사용한다. 예를 들면, 심박수가 함께 시간을 보내는 사람에 대해 당신이 실제로 어떻게 느끼는지를 알려준다는 것이다. PPLKPR("people keeper"의 줄임말)이라 불리는 스마트폰 앱은 GPS와 심박수 모니터링 손목 밴드("강한 감정을 경험할 때"를 추정할 수 있다)로 인간관계를 추적하고 "자동 관리"해준다고 한다.[65] 이 앱은 스트레스나 불안을 의미하는 미묘한 심박 변화를 측정한 다음 "자동으로 일정에 추가해야 할 사람과 제거해야 할 사람을 결정"해준다고 한다. PPLKPR은 성가시거나 스트레스를 주는 사람들을 친구 목록에서 삭제하고 팔로우를 취소한다. 이 앱의 홍보 자료에는 이렇게 쓰여 있다. "우리의 감정적 에너지도 시간도 한정되어 있습니다. PPLKPR이 당신과 맞는 사람들을 찾아드리겠습니다."

이 앱의 제작자인 로런 매카시와 카일 맥도널드는 기술 사용의 한계를 탐구한 예술가들로서 자신들의 작품에 유토피아적 요소와 디스토피아적 요소가 모두 포함되어 있다고 인정한다. 그들은 자신과 타인의 행동에 대한 피드백을 제공하는 이 앱이 자폐 스펙트럼에 속하는 사람에게 유용할 수 있지만 광고주에게 악용되어 우정의 상품화가 가속화될 수도 있다고 지적했다.

카네기멜론대학교의 학생들을 대상으로 PPLKPR을 테스트한 매카시와 맥도널드는 열광적인 반응을 얻었다. 한 학생은 〈패스트 컴퍼니〉에 자신에게 스트레스를 주는 사람들을 무시할 핑계가 생겨서 짜릿하다고 말했고, 데이터를 살펴보던 또 다른 학생은 "마크와 어울리지 말아야겠어요. 이기적인 놈 같아요"라고 말했다.[66]

일상의 감정 노동을 앱과 알고리즘 그리고 신체 센서에 아웃소싱하는 것은 감정적 용병이 되어줄 기술을 만드는 것이다. 이것은 이미 공감을 "여기를 클릭하세요"라는 효율적 자선으로, 감정을 이모티콘으로, 자아를 '셀카'로 대체하는 시대의 논리적 귀결이다.

그러나 우리는 여전히 감정적으로 배가 고프다. 풍부한 가상의 대안들이 있음에도 이런 상황에 처한 것이 아니다. 그런 풍부한 대안들 때문에 이런 상황에 처한 것이다.

우리의 감정이 데이터가 되고 우리의 세계가 감성보다는 센서에 의해 움직인다면 우리의 경험은 더 이상 고유한 것이 아닌 단순한 정보가 된다. 우리의 감정이 데이터로 변환되면 다른 사람들에게는 유용할 것이다. 그렇다면 그 대가는 무엇일까? 또한 감정 경험이 표준화되면 어떤 위험이 있을까? 1950년대 프랑스 소설가 알베르 카뮈는 동시대 사람들에 대해 이렇게 말했다. "요즘 사람을 설명하는 데에는 이 한 문장이면 충분하다. 그는 간음을 하고 신문을 읽었다."[67] 오늘날이라면 "그는 간음을 하고 휴대전화를 확인했다"고 하지 않았을까? 그런데 그의 휴대전화는 이미 간음을 예측했을 것이다.

기술 전문가들은 감정에 어떤 의미가 있는지, 우리가 왜 감정을 경험하는지 고심하기보다는 감정을 이해하고 이를 이용하려 한다. 이 분야의 창시자 중 한 명인 MIT의 로잘린드 피카드가 "감정과 관련되거나 감정을 유발하거나 감정에 영향을 미치는" 컴퓨팅이라고 설명한 감성 컴퓨팅 분야에 대해 생각해보라.[68] 어펙티바Affectiva는 역시 MIT 미디어 랩Media Lab의 연구자인 라나 엘 칼리우비Rana el Kaliouby의 연구를 토대로 얼굴 표정에서 감정을 인식할 수 있는 기계를 만들고 있다. 칼리우비는 〈뉴요커〉에 이렇게 말했다. "10년 후면 기기가 내 찡그린 표정을 알아보지 못했던 때가 기억나지 않을 것입니다. 그때쯤이면 내 찡그린 표정에 기기가 '마음에 들지 않으셨군요, 그렇죠?'라고 말할 것입니다."[69]

어펙티바는 원래 자폐 스펙트럼 등으로 얼굴 표정을 읽는 데 어려움이 있는 사람들이 타인의 감정을 더 잘 이해하도록 돕는 프로그램이었다. 그러나 어펙티바는 곧바로 기업 마케팅으로 방향을 돌렸다. 기업들이 이 소프트웨어로 광고 효과를 테스트하고 싶어 했기 때문이다. 칼리우비는 한 인터뷰에서 "휴대전화를 들 때마다 기기가 감정 펄스를 수집합니다. 연구 결과, 사람들은 한 시간에

10~12번 휴대전화를 확인했습니다. 그 정도면 그 사람의 경험에 대한 충분한 데이터 포인트를 얻을 수 있습니다"라고 말했다.

이런 데이터 포인트는 돈벌이가 된다. 많은 기술 회사가 이미 게임 장치부터 센서가 탑재된 ATM에 이르기까지 다양한 감정 감지 기술에 대해 특허를 신청한 것도 그 때문이다. 이런 기술 덕분에 감정을 더 잘 이해하게 될 것 같지는 않다. 대신 감정을 통한 경제적 이익 창출이 가능해질 것이다. 칼리우비가 말했듯이 기업은 우리의 "긍정의 순간"을 포착하고 활용하고자 한다. "5킬로미터를 달리겠다는 목표를 달성하는 순간, 그것이 긍정의 순간입니다. 6시에 알람을 맞추고 실제로 일어난 순간, 그것이 긍정의 순간입니다. 그들은 이런 순간들을 수익화합니다. 그들은 사람들이 물건을 사게 합니다. 예를 들어, 슬픈 순간을 극복하고 있을 때 크리넥스Kleenex가 쿠폰을 보내주는 거죠."

마치 과거 남성들이 아내를 대하듯이 기술 기업들은 우리의 감정을 자신의 재산처럼 대한다. 우리는 남성들에게 재산으로 여겨졌던 아내들처럼 기업에게 '디지털 유부녀'로 취급 받는 것이다. 그러나 효율성, 예측 가능성, 반복 가능성 등 기술이 촉진하는 것들은 우리가 감정적 삶에서 반드시 가치를 두어야 할 것들이 아니다. 기술은 감정을 모니터링한다. 표면적인 이유는 우리가 감정을 더 잘 통제하도록 돕겠다는 것이다. 하지만 이런 모니터링은 우리가 세상을 보고 거기서 사는 방식에서 일어난 큰 변화 중 하나다. 다시 말해 우리는 점점 더 기계처럼 되어간다. 컴퓨터 키보드는 이런 식으로 감정을 이해하는 데 안내자가 된다. 항상 통제control 버튼이 있고, 명령을 내릴 수 있고, 더는 원치 않는 것을 삭제delete할 수 있고, 실수하면 빠져나갈escape 수 있다. 언제나 선택지가 있다.

많은 신기술과 소프트웨어 플랫폼이 감정보다 감각을, 참을성 있는 숙고보다 즉각적인 반응을 우선한다. 정확히 이런 것이 필요할 때가 있다. 심한 폭풍 상황을 실시간으로 블로그에 게시하거나 잔인한 집단 괴롭힘을 재빨리 온라인에 올리는 것처럼 말이다. 하지만 그렇지 않은 때라면 기술의 사용이 감정을 증강하기보다는 대체하는 것처럼, 관계를 맺고 공감을 표현하기보다는 확인과 편리함을 찾는 것처럼 보이기도 한다. 모든 것에 "좋아요"로 반응하지만 그 무엇과도 감정적으로 연결되지 않는 세상에 사는 것은 어색한 악수가 따뜻한 포옹을 대체하는 세상에 사는 것이다.

컴퓨터 과학자 요제프 바이첸바움은 이미 오래전부터 인간이 해야만 하는 일을 컴퓨터에게 맡기려는 시도가 위험하다고 경고했다. 그는 주장했다. "컴퓨터가 무엇을 할 수 있고 무엇을 할 수 없는지는 아무런 문제가 되지 않는다."[70] 어떤 것들은 컴퓨터가 만든 세계관에 적합하지 않다. 그는 "존중, 이해, 사랑은 기술이 다룰 문제가 아니다"라고 말했다.

그것들은 감정이다.

언어가 세상을 이해하는 방식을 형성하듯이 기술은 감정의 스타일을 형성한다. 시인 W. H. 오든은 시가 복잡한 감정의 명료한 표현이라고 했다. 센서, 소프트웨어, 정교한 기술은 혼란스러운 인간의 감정이 보다 순조롭게 해결되는 세상을, 데이터가 주도하고 기술이 지원하는 "여섯 번째 감각"이 오랫동안 우리의 감정적 삶을 지배해온 모호함과 자기기만을 말끔하게 제거하는 세상을, 감정에 대한 명확하고 즉각적이며 보편적인 표현을 찾을 수 있는 세상을 약속한다. 그러나 감정의 투명성을 보장하는 세상에는 대가가 따른다. 우리 삶의 깊이와 복잡성을 없애서 단조롭고 무미건조하게 만드는 것이다. 이것이 바로 인간 감정의 성가신 부분이다. 우리는 때로 뒤섞인 감정을 좋아한다.

## 6장

# 기술로 매개된
# 쾌락

우리는 포토샵으로 수정하고, 필터를 적용하고,
육체적·정신적 결점을 제거해서 남에게 보이고자 하는
모습대로 자신을 드러낼 수 있다. 대신 여기에는 희생이
따른다. 매치닷컴에는 희미해진 향수 냄새가 없고,
틴더의 알고리즘에는 연인의 피부가 주는 느낌이 없다.

사라이 시에라는 갑자기 여행을 하고 싶다는 충
동을 느꼈다.[1] 두 아이의 엄마인 33세의 그녀는 혼자 튀르키예 여
행에 나서기로 마음먹기까지 외국을 여행한 적이 한 번도 없었다.
그녀는 뉴욕주 스태튼아일랜드의 실버레이크 지역에 살면서 카이
로프랙틱 클리닉에서 접수원으로 파트타임 근무를 했고, 최근에는
스태튼아일랜드대학교에서 사진 수업을 들었다. 그녀는 인스타그
램에 가입해 도시의 스카이라인, 다리, 일몰 사진을 올렸고 다른 사
용자들과 친분을 쌓았다.

　사라이 시에라는 특별히 큰마음을 먹고 모험에 나선 것이 아니
었다. 그럴 필요가 없었다. 스태튼아일랜드에서 이스탄불로의 여
행을 계획하는 것은 터무니없이 쉬웠다. 시에라는 에어비앤비에서
묵을 곳들을 예약하고 인스타그램 팔로어들과 만날 약속을 정했
다. 튀르키예에 도착한 그녀는 미국에 있는 친구와 가족들에게 메
시지를 보내고, 영상 통화를 했으며, 다양한 소셜 미디어 계정에 최

신 정보를 계속 게시했다. 이후 한 친구는 기자에게 시에라가 집을 떠나지 않은 것처럼 느껴질 정도였다고 말했다.

사라이 시에라는 혼자 여행을 했지만 21세기적인 의미에서 혼자였다. 그녀는 고향에 있는 모든 지인과 끊임없이 연락을 했다. 오늘날의 많은 여행자가 그렇듯이, 가족이나 친구들과의 소통이 현지인들과의 소통만큼, 아니 그보다 더 많았다. 그녀는 어느 정도 안전을 보장해주는 듯한 디지털 버블digital bubble 내에서 즐겁게 여행을 했다. 물리적으로 혼자 있을 때도 아이패드와 휴대전화가 그녀를 완전히 단절되지 않게 해주었다.

그러나 시에라는 2013년 1월 21일 돌아오는 비행기에 타지 않았다. 11일 후 그녀는 이스탄불의 역사 지구 술탄아흐메트의 성벽 근처에서 시체로 발견되었다. 둔기로 수차례 공격당한 흔적이 있었다. 몇 개월 후 튀르키예 경찰은 가끔 폐지를 주워 파는 노숙자 한 명을 체포했다. 그는 시에라를 만났을 때 페인트 시너에 취해 있었다고 자백했다. 그는 그녀에게 입을 맞추려다가 그녀가 휘두르는 휴대전화에 맞아 코피가 났다. 그녀가 반항하는 가운데 그는 돌로 그녀의 머리를 계속 내리쳤다. 그는 그녀가 입고 있던 갈색 가죽 재킷을 인근 중고 시장에 팔았다. 그녀의 휴대전화와 아이패드는 바다에 던졌다. 그녀의 친구와 가족은 그녀의 죽음을 애도하면서 시에라가 여행 경험을 강화하기 위해 의존했던 기술 때문에 자신이 안전하다는 잘못된 인식을 갖게 되지는 않았는지, 혼자 여행하는 여성이 직면하는 위험에 무감해진 것은 아닌지 의심했다.

사라이 시에라의 비극적인 운명은 이례적인 것이지만 그녀의 여행 경험에는 전혀 특별할 것이 없었다. 삶의 많은 쾌락이 그렇듯이, 이제 여행도 여행 경험을 계획·기록·기억하는 기술을 통해 매개되는 경우가 많다. 매개된 모험에는 편리함, 용이함, 여행의 보편화 등 부인할 수 없는 혜택들이 있다. 기술은 "알지 못하는 곳"을 접근하기 쉽게 만들고, 심지어 우리가 여행하면서 보는 곳들을 더 생생하게 만들기도 한다. 옐로스톤 국립공원을 찾은 사람들은 클로즈업한 대형 회색곰, 독수리의 시선으로 보는 공원, 장엄한 사운드트랙을 특징으로 하는 아이맥스 영화 〈옐로스톤〉을 볼 수 있다. 극장의 광고처럼 "옐로스톤 아이맥스 극장에 가보기 전까지는 온전히 옐로스톤을 경험한 것이 아니다." 그에 비하면 실제 공원은 따분하다. 며칠이 가도 다른 관광객들 이외의 대형 포유류를 보지 못할 수 있다.

여행, 음식, 섹스, 예술, 음악, 문학…… 어떤 쾌락이든 우리가 경험하는 방식은 짧은 기간 동안 극적으로 변했다. 휴대전화, 태블릿, 노트북 같은 기기와 거기에 사용되는 소프트웨어와 앱 등 매개 기술이 우리 삶에 포화되고 일상적인 의사결정에 끼어듦으로써 인간의 경험은 새로운 국면에 접어들었다. 우리는 이런 기술을 가장 가까운 커피숍, 미술관, 섹스 상대를 찾는 데만 사용하는 것이 아니다. 우리는 경험할 가치가 있는 것과 없는 것을 판단하는 데에도 이런 기술을 사용한다.

우리는 즐거운 경험을 하기로 결정한 순간부터 그 경험을 끊임없이 기록한다. 캘리포니아주 타호호의 공원 관리인은 테일러 크리크에서 산란 중인 코카니 연어를 먹는 곰과 '셀카'를 찍으려는 시도를 멈추라고 관광객들에게 공식 경고를 해야 했다. 타호호 국립 공원 대변인은 많은 사람이 사진을 찍기 위해 곰에게 돌진하는 것이 "안전상의 큰 문제로 부각되고 있다"고 했다.[2] 포드 자동차가 실시한 조사를 통해 상당수의 사람이 오로지 소셜 미디어에 게시물을 올리기 위해 일을 한다는 사실이 드러났다.[3] "한 번이라도 소셜 미디어에 게시하기 위해 일을 한 적이 있습니까?"라는 질문에 응답자의 16퍼센트가 "한 번 이상"이라고 답했고 13퍼센트는 "한 번"이라고 답했다.

항공 업계에서는 불연성 소재로 좌석 쿠션을 만들거나 통로에 비상등을 추가하는 등 재료와 구조를 바꿔서 항공기의 위험을 줄이는 복잡한 과정을 "치명성 제거delethalization"라고 부른다. 디지털 시대의 쾌락도 비슷한 치명성 제거의 과정을 거쳤다. 개인의 쾌락이 이렇게 광범위하게 공유되고 퍼지고 전시된 적은 없었다. 유튜브의 동영상에서 알 수 있듯이, 우리는 그 어느 때보다 강렬하고 위험한 행동을 대리로 목격할 수 있다. 쉽게 접근할 수 있는 수많은 이미지가 사적 경험의 대량소비를 촉진했다. 하지만 이렇게 만들어진 연결된 느낌은 가짜 친밀감일 뿐이다.

또한 매개는 쾌락을 균질화한다. 마치 모든 경험이 똑같은 몇 개의 필터를 통과한 것처럼, 마치 모든 사람이 똑같은 도전이나 곡예를 하고 촬영을 하고 공유를 하는 것처럼 쾌락을 순응적으로 만든다. 다른 사람들에게 우리의 쾌락과 경험을 공개하는 플랫폼들은 시청자의 기대에 부응하기 위해 우리 경험에서 불쾌한 부분을 제거할 것을 장려한다. 당신의 쾌락은 다른 모든 사람의 쾌락과 마찬가지로 앱과 플랫폼을 통해 여과되고 같은 방식으로 소비된다. 순식간에 지나가는 순간들이 잘 조정된 끊임없는 흐름으로 소비되는 것이다. 이것은 소심한 형태의 쾌락으로서 그 증가세는 너무 강렬하거나 너무 현실적이거나 너무 위험하거나 너무 통제할 수 없거나 너무 육체적이거나 너무 비순응적인 경험으로부터의 집단적인 후퇴를 암시한다. 쾌락은 디지털 형태로 더 쉽게 소화되고 공유될 수 있도록 치명성이 제거된다. 그러면 쾌락이 완전히 탈바꿈된다. 때로 쾌락은 알지도 못하는 사이에 더 조작된 경험, 즉 위험보다는 통제, 우연보다는 검색, 변덕보다는 알고리즘, 개인 정보 보호보다는 편의를 우선한다. 다시 말해 쾌락의 가장 큰 변화는 쾌락의 상당 부분이 데이터화된다는 점이다.


## 데이터로 축소된 쾌락

쾌락은 별난 존재다. 제러미 벤담은 쾌락이 인류의 "통치권자" 중 하나라고 선언했고, 지그문트 프로이트는 쾌락이 "삶의 파수꾼"이라고 믿었다. 프로이트는 쾌락 추구, 즉 그가 "쾌락 원리pleasure principle"라고 부르는 것이 이드의 원동력이고, 이는 시간이 지남에 따라 에고가 발달해서 욕망의 한계를 인식하는 "현실 원리"로 쾌락 원리를 통제하고 길들여야만 완화된다고 생각했다.

오늘날 우리는 **가상현실의** 지배를 받고 있다. 일상적인 쾌락의 대부분이 기술과 소프트웨어를 통해 여과되고 모니터링되고 지배되며, 숨겨진 이드가 아닌 인정과 관심을 얻으려는 에고의 욕망에 의해 주도되기 때문이다. 의식주, 성, 오락 등 인간의 기본적인 욕구와 쾌락은 아날로그와 디지털의 형태를 띤다. 자신을 추적하는 일에 열심인 사람들은 슬립사이클Sleepcycle이나 베드포스트Bedpost와 같은 앱을 통해 수면과 성생활을 모니터링한다. 사람들은 인스타그램에 최근 먹은 음식의 사진을 올리고, 핀터레스트Pinterest에 자신이나 다른 사람들이 꿈꾸는 집의 사진을 올린다. 쾌락, 즉 자신과 타인의 쾌락은 대중 오락의 한 형태가 되었다.

또한 쾌락은 목적을 위한 수단이 되었다. 목적은 우리의 데이터를 가장 높은 값을 부르는 곳에 판매하는 플랫폼과 "공유"하는 것이다. 그리고 이것을 표지 삼아 기업, 광고주, 정부, 연구자, 수많은 데이터 중개업자가 우리에 대한 추측을 하고 그에 따라 행동하게 될 것이다. 그들은 과거에는 침입자가 없었던 도로에 나타난 새로운 노상강도다. 모든 시대에는 쾌락과 그것을 통제하려는 활동이 공존한다. 역사적으로 쾌락의 통제는 종교 기관, 국가, 가족 등에 의해 이루어졌고 지금도 여전히 그렇다. 이런 전통적인 규제 기관이 여전히 우리의 쾌락을 감시하고 통제하는 가운데 메타와 구글을 비롯한 디지털 플랫폼이 여기에 가세했다.

우리의 쾌락은 데이터로 축소되어 프로이트가 간절히 이해하고 싶어 했던 인간의 욕망에 대한 디지털 초상화가 되었다. 당신은 자신을 지역 스포츠팀의 충성스러운 팬이자 정상적인 성욕을 가진 사람으로 생각하겠지만 당신의 쾌락을 추적하는 회사는 토요일 오후에 포르노를 즐기고 가상의 축구를 하는 친구들과 스포츠 뉴스를 공유하는 더뷰크 출신의 25세 남자로 생각할 뿐이다. 당신이 소비하는 쾌락, 즉 당신이 남기는 데이터의 자취가 곧 당신이다.

가상 세계를 넘나드는 시간이 점점 늘어나서 많은 사람이 그 차이를 인식조차 하지 않게 되면서 우리는 새로운 쾌락 원칙을 받아들였다. 오늘날의 쾌락 원칙은 기술 사용 그 자체의 즐거움, 즉 우리가 원하는 많은 것을 즉시 얻게 해주는 날렵한 기기와 영리한 앱 그리고 그런 기술들이 촉진하는 감정의 지배를 받는다. 이런 기기를 구입하고 소프트웨어를 사용하면서 우리는 기술 회사들이 광고에서 항상 약속하는 진보의 일부가 된 듯한 느낌을 받는다. 최신 기기를 소유하면 자신감, 소속감, 연결감 등을 갖게 된다. 이런 것을 원치 않는 사람이 있을까?

그러나 쾌락은 고립된 것이 아니다. 시간과 장소는 우리가 원한다고 판단하는 것, 그런 욕망을 충족시키는 방법에 영향을 준다. 곰 사냥은 셰익스피어 시대에는 인기가 있었지만 지금은 크게 인정받지 못한다. 미래 세대는 스트리밍 플랫폼에서 드라마를 몰아보는 것을 이상한 일로, 또는 자기학대로 생각할 것이 분명하다. 그리고 맛있는 식사나 황홀한 섹스가 주는 만족감처럼 보편적이라 여겨지는 쾌락조차도 거기에서 얻는 만족감은 시대마다 다르고 종종 특이하다.

　매개된 쾌락을 수용하다 보면 데이터에 근거하지 않은 경험에 거부감을 느끼고 불신하며, 다른 사람이 추천하거나 평가하거나 순위를 매기지 않은 대상에 대해 불안감을 느끼게 된다. 식당에서 식사를 하고 리뷰를 남기지 않거나 물건을 사고 평가를 하지 않았다면 우리는 그것을 다른 쾌락과 다르게 기억할까? 짧은 시간 동안 우리는 수백만 명의 낯선 사람이 식당에 대해 평가한 총체적인 '지혜'를 신뢰하게 되었다. 많은 리뷰가 돈을 받고 작성되거나 봇에 의해 생성되거나 그 식당을 한 번도 방문한 적이 없는 사람들이 올린 것이라는 사실을 알면서도 말이다. 그런데도 나의 기호를 대리로, 가상으로 지지받는 것에 만족감을 느낀다.

　점점 더 많은 쾌락이 간접적인 쾌락이 되어가고 있다. 점점 더 많은 쾌락의 경험을 스크린으로 소비하게 되면서 촉각, 후각, 미각, 장소 감각보다 시각과 청각이 중시된다. 깨지기 쉬운 물건 주위에 있는 호기심 많은 아이에게 하는 "손이 아닌 눈으로 봐"라는 경고가 우리 시대 쾌락의 슬로건이 된 것 같다. 우리가 기술 설명에 "터치스크린"이라는 표현을 사용하는 것도 그 말이 대상을 이해하기 위헤 만지고 느끼고자 하는 인간의 깊은 욕망을 알려주기 때문일 것이다. 우리는 매개된 즐거움 속에서도 촉각적 연결을 갈망한다. 그러나 스탠퍼드대학교의 신경과학자 로버트 새폴스키가 주장했듯이 "강렬한 인공적 경험과 감각 그리고 쾌락의 부자연스러운 폭발은 부자연스럽게 강한 습관화의 욕구를 불러일으킨다."[4] 새폴스키는 이런 "인위적인 강렬함의 홍수"에 익숙해지면 그보다 강렬하지는 않아도 중요성만은 결코 덜하지 않은 일상적인 경험의 순간, 즉 시인과 소설가가 몇 세기 동안 이야기해온 "순식간에 지나가는 쾌락의 속삭임"을 알아차리는 능력이 약해질 수 있다고 주장한다.

쾌락(그리고 그에 대한 기억)은 시각뿐 아니라 청각, 미각, 후각과도 연결되어야 더 강렬해진다. 연인의 손길을 피부로 느끼는 것과 연인의 나체 사진을 보는 것의 차이라고 할까? 오늘날 우리는 두 가지 모두를 할 수 있다. 이런 선택지를 가진다는 것이 우리가 두 가지 경험을 이해하는 방식을 변화시킬까? 그리고 우리가 경험하는 쾌락을 더는 그것을 여과하는 기기나 데이터베이스와 구분하지 않는다면 어떤 일이 일어날까?


## 기록되기 위한 여행과 픽셀화된 예술


새로운 장소를 이해하려면 그곳의 냄새를 맡아야 한다. 여행의 큰 즐거움 중 하나는 낯선 땅의 기묘한 냄새와 새로운 소리를 경험하는 것이다. 낯선 도시의 수돗물에서 나는 톡 쏘는 냄새, 이상하게 들리는 전화 벨소리, 음정이 맞지 않는 듯한 불규칙한 경찰 사이렌, 혀에 느껴지는 유난히 진한 커피의 질감. 사소한 감각적 경험조차도 장기 기억을 만들어낸다. 헨리 제임스가 베네치아라는 도시를 묘사하면서 그 도시를 사랑하는 사람들에게 "위로의 저장소"라고 한 것처럼 말이다.

오늘날 위로의 저장소는 감각 기억이 아니라 어디를 가든 가지고 다니는 스마트폰 속의 사진들이다. 우리에게는 위로가 필요치 않다. 인스타그램이 있으니까. GPS 기능이 탑재된 휴대전화와 소셜 미디어에 대한 지속적인 접근성 덕분에 우리는 여행하는 내내 혼자가 아니다. 우리는 지구 반대편에 있는 친척에게 문자를 보내고 킬리만자로를 오르는 동안에도 상태를 업데이트할 수 있다. 우리의 기술은 익숙하지 않은 새로운 장소를 탐험할 때의 불안을 덜어준다. 유나이티드 항공의 광고가 이를 잘 포착하고 있다. 이 광고에는 한 사업가가 등장한다. 그는 재킷과 서류 가방을 한쪽에 던져두고 이국적인 섬을 배경으로 진지하게 '셀카'를 찍고 있다. 광고에는 "멀리 있지만 친근한"이라는 문구가 적혀 있다.

물론 멀리 있는 곳이 항상 친근한 것은 아니다. 그래서 여행에는 특별한 설렘이 있다. 적어도 예전에는 그랬다. 오늘날 여행으로 불리는 것은 대개 관광이다. 관광은 여행과는 다르다. 애머스트대학교의 문학 교수 일란 스타반스와 〈아비투스Habitus〉의 편집자 조슈아 엘리슨은 이렇게 말한다. "여행은 예상치 못한 것, 방향 감각을 상실한 흐미한 상태에 자신을 맡기는 것이고 관광은 안전하고 통제된 것, 미리 정해진 것이다."[5] 현대의 기술은 관광업의 이상적인 시녀다. 기술은 통제, 편의, 안전을 촉진하고 불안감의 완화를 약속한다. 기술은 모험이 빗나갈 경우의 안전망을 여행자의 손에 쥐여준다. 과거 등반가가 조난을 당할 경우 의지할 것은 자신의 지혜와 자연의 힘뿐이었다. 이제는 위성 전화로 구조 헬기를 부를 수 있다. 모험가 데이비드 로버츠는 미숙한 오지 탐험가를 찾는 탐색·구조 작전(일부 구조대원은 이들의 조난 전화를 "여피 911"이라고 부른다)이 "유행병"처럼 번지는 현상을 탐험에 대한 태도에 큰 변화가 일어나고 있다는 증거로 본다.[6] 탐험에 가볍게 뛰어드는 당일치기 여행자들은 이제 위험한 구조를 드물게 누리는 호사가 아닌 "양도할 수 없는 권리"로 생각한다.

관광객은 예측 가능성과 편리함을 원한다. 여행자는 불안이 음악의 꾸밈음처럼 여행의 작지만 중요한 부분이라는 것을 이해하고, 일상에서 벗어나는 것이 바로 여행의 핵심이라는 것을 이해한다. 소설가이자 여행 작가인 폴 서로는 《여행자의 책》에서 "최고의 여행에는 단절이 필수다. 사람들이 당신이 어디에 있는지, 어떻게 해야 찾을 수 있는지 모르는 것은 행운이다"라고 말했다.[7]

서로는 20세기 탐험가 피터 매티슨의 예를 들었다. 피터 매티슨은 티베트 고원에서 눈표범을 보기 위해 몇 주간 고향의 친구나 가족과 아무런 연락도 하지 않았다. 편지가 도착했을 때도 그는 편지를 읽지 않았다. 편지에 담긴 메시지가 "현재를 순간순간 살아갈 기회를 망칠 위험이 있고 …… 내가 내려놓으려는 연속성과 영구성의 환상을 부추길 수 있다"는 것이 이유였다. 이런 감성을 로열 캐리비안 크루즈Royal Caribbean Cruise의 조사와 비교해보자.[8] 이 설문 조사로 평균적인 가족이 일주일의 휴가 기간 동안

200개 이상의 소셜 미디어 업데이트를 한다는 것이 밝혀졌다. 휴가 기간 동안 트위터와 페이스북에 하루 15번 이상 글을 올렸다고 인정한 사람도 있었다.

"사이버 공간에서의 상호작용은 일상에서 도망치고 싶은 마음을 약화시킨다."[9] 영국 모험 여행가 데블라 머피가 〈가디언〉과의 인터뷰에서 한 말이다. 머피는 거의 모든 대륙을 탐험했고, 짐을 나르는 튼튼한 짐승이 노트북이나 스마트폰보다 훨씬 더 유용하다고 믿는다. 이런 짐승이 있다면 식량과 물이 더 필요하고 그들을 보호하기 위해 현지인들과도 친해져야만 한다. 반면 기술은 새로운 장소에 완전히 몰입하기보다는 집에서의 더 친숙한 쾌락이나 오락으로 옮겨가고 싶은 유혹을 만든다. 머피는 "당신이 있는 곳에 집중해야 한다. 즐거움은 당신 주변의 가시적인 세계에서 얻어야 한다"고 강조한다. 화면에서 눈을 떼지 않으면 바로 코앞에 있는 것을 놓칠 수 있다.

비행기, 기차, 자동차는 스크린이 여행을 매개하기 훨씬 전부터 경험을 가속하고 길들일 기회를 제공했다. 자동차는 여러 면에서 무선 인터넷보다 여행 경험을 훨씬 더 많이 변화시켰다. 저널리스트 폴 살로펙은 초기 탐험가들의 발자취를 따라가는 '아웃 오브 에덴Out of Eden' 프로젝트를 진행하면서 지금까지 10년 동안 약 3만 3800킬로미터를 걸었다. 그는 이제 세계 어디에서나 피할 수 없는 존재가 된 자동차가 걷기라는 경험을 어떻게 변화시켰는지를 이야기했다.[10] 그는 "생물학적으로 설계된 우리의 이동 속도인 시속

5킬로미터로 세계를 여행하는 것이 넋이 빠질 정도로 매혹적"이라고 생각한다. 걷는 것은 그를 "인류의 기원에 뿌리를 둔 것이 분명한 명상적 무아지경"에 빠지게 한다. 쉐보레 트래버스 SUV의 광고는 자연 세계에 대한 다른 형태의 사색을 장려한다. 이 광고에는 거친 산을 배경으로 "편안한 실내에서 대자연을 탐험하라"라는 문구가 등장한다. 이 차의 고급스러운 인테리어와 내장된 대형 GPS 화면에 잘 어울리는 조언이다.

편안하고 안전하게 야생의 야외를 탐험하려는 이런 역설적인 충동은 지도에 표시되지 않은 공간의 예측 불가능성을 제거하려는 기술 회사의 욕망과 잘 맞아떨어진다. 기술 회사들은 우리가 이런 플랫폼들이 조성하는 세계관을 받아들여주기를 원한다. 효율성과 매끄럽게 설계된 여행 경험에 가치를 두는 세계관을 말이다. 또한 구글과 애플 같은 회사들이 지도를 만드는 것은 우리에게 정보를 제공하기 위해서만이 아니다. 그들에게는 우리가 여행하는 동안 우리에 대한 정보를 수집하려는 목적이 있다. 지도 제작자 루시 펠로우즈가 상기시켜주듯이 "모든 지도는 사람들이 지도 제작자의 방식대로 세상을 바라보게끔 하는 방법이다."[1] 기술 회사들의 지도는 우리를 잘 살펴볼 수 있는 방법이다. 구글 스트리트 뷰 카메라가 세계의 도로를 지도로 만들면서 포착한 사람들의 기이한 이미지를 생각해보라.

파인더리Findery 앱은 또 어떤가? 카테리나 페이크(플리커Flickr의 공동 설립자이기도 하다)가 설립한 파인더리를 이용하면 방문한 실제 장소에 대한 가상의 메모를 남길 수 있다. 페이크는 캘리포니아 북부의 레드우드 숲을 지나는 여유로운 하이킹에서 영감을 받아 이 앱을 만들었다고 한다. 페이크는 〈뉴욕타임스〉에 "정말 아름다운 순간이었습니다"라고 말했다.[12] 너무 아름다워서 '이곳에 메모를 남겨 내가 이곳에 다시 왔을 때 첫 방문을 떠올리고, 다른 사람들과 그 경험을 공유할 수 있었으면 좋겠다고 생각했다'는 것이다. 그녀는 자신의 경험에 대한 감상을 담아 공개 스크랩북을 만들고 싶었다. 그녀는 파인더리를 사람들이 새로운 장소에서 경험하고 싶어 하는 '경이를 되살릴' 방법으로 본다. 페이크는 말했다. "저는 지금 샌프란시스코에 있는 콘퍼런스 센터의 안뜰에 앉아 있습니다. 샌프란시스코를 제게 흥미로운 곳으로 만들어주세요."

새로운 곳에서 경이를 경험하라고 사람들을 격려하는 것은 분명 좋은 일이다. 하지만 파인더리의 감수성은 수세기 동안 여행자를 움직여온 감수성과는 다르다. 주문형 디지털 기술이 없는 세상에서는 존재할 수 없는 감수성인 것이다. 그것은 탐험에 대한 열망보다는 자기중심주의와 권리 의식과 이윤 추구를 우선하는 감수성이다. "이 도시를 내게 흥미로운 곳으로 만들라"라는 방식은 탐험의 부담을 자신이 아닌 다른 사람이나 사물에 안긴다. 파운더리의 정신은 희망이 절대 실망으로 바뀌지 않아야 한다는 것을 암시한다. 도시가 흥미롭지 않은 것은 당신이 대담하게 그곳을 탐험하지 않아서가 아니다. 그저 잘못된 앱을 사용했기 때문이다.

실리콘밸리의 많은 회사와 마찬가지로 파인더리는 자기실현이라는 얄팍한 미사여구로 돈벌이라는 회사의 목적을 가리고 있다. 페이크는 2013년 〈안트러프러너Entrepreneur〉에 이렇게 말했다. "이들은 실제 사람이고 실제 장소이고 실제 이야기입니다. 여기에는 영혼이 담겨 있습니다." 물론 이런 것들은 파인더리가 수익을 창출하려는 시도를 하기 전부터 이미 존재했던 것들이다. 그리고 우리는 이 앱이 어떻게 여기 홍보되는 사람들과 이야기가 실제라는 것을 확인하는지 알지 못한다.

파인더리는 우리 시대에 완벽하게 어울린다. 탐색에 대한 우리의 이해는 웹 크롤링web-crawling* 알고리즘, 구글 지도, GPS와 같은 정교한 기술 대리인에 의해 주도된다. 국가의 영광을 위해, 혹은 모험 그 자체를 위해 모험에 나서는 일은 이제 거의 사라졌고, 피터 매티슨과 어니스트 섀클턴 같은 이들의 탐험은 역사의 각주나 위키피디아 항목으로 남아 있을 뿐이다.

여행을 이렇게 엄격히 기록해야 하기 때문에 현재는 모험의 기준이 상당히 높아졌다. 눈표범을 잠깐이라도 보려고 티베트를 몇 달 동안 돌아다니는 것은 너무 단조롭다. 진짜 모험가가 되려면, 아마존에서 카약을 탄 최초의 미국 10대가 되거나 K2 정상에 오른 최초의 80대 사서가 되어야 한다. 그리고 그 경험을 소셜 미디어에 실시간으로 기록해야 한다. 착용형 디지털카메라인 고프로GoPro의 슬로건은 "영웅이 되라"다.

---

\* 인터넷에 있는 정보를 자동으로 수집하고 색인을 만드는 기술

대부분의 사람은 '영웅'이 아니고 영웅이 되기를 원하지도 않는다. 그 때문에 우리는 탐험을 하지 않는다. 포즈를 취한다. 우리는 우리가 거기에 있었다는 것을 증명한다. 수전 손택의 묘사처럼 "사진-트로피photograph-trophy"를 만들거나 유튜브에 올릴 고프로 동영상을 만드는 것이다.[13] 인스타그램에서는 마추픽추에서 찍은 '셀카'가 미국 고속도로 출구의 맥도날드만큼이나 흔하다.

오늘날 우리는 펠릭스 바움가르트너와 같은 모험가들을 감탄스럽게 바라본다. 그는 2012년 레드불이 후원한 우주에서의 점프로 실시간 모험, 기업의 후원, 명성을 완벽하게 결합시켰다. 바움가르트너는 우주에서 스카이다이빙을 할 때 머리에 고프로를 묶고 있었고 덕분에 우리는 그의 곡예를 경험할 수 있었다. 이 기술은 우리가 여행과 모험을 추구하는 방식에서 큰 변화를 상징한다. 고프로의 설립자가 〈뉴욕타임스〉에 말했듯이 "우리는 사진가를 위한 착용형 카메라가 아니라 사람들이 자신을 촬영하는 착용형 카메라에 더 큰 기회가 있다는 것을 깨달았습니다."[14] 고프로는 여행자의 눈에 보이는 것을 찍는 대신 훨씬 더 흥미로운 대상, 즉 여행자 자신을 보여준다. 유튜브에는 스키어, 서퍼, 스케이트보더, 사이클리스트가 찍은 수천 개의 고프로 동영상이 있다. 그들의 신음과 "대박!"이라는 계속되는 주문이 이런 영상의 주제다. 한 고프로 사용자는 샌디에이고 300미터 상공에서 스카이다이빙을 하면서 여자친구에게 프러포즈하는 자신을 촬영했다.

기술 기업들은 더욱 정교한 편집과 필터링 기능으로 이런 지속적인 자기 기록을 부추긴다. 인스타그램의 공동 설립자인 케빈 시스트롬은 이 사이트가 "당신의 가장 좋은 인상을 내보일 무대"라고 했다.[15] 실제로 지난 몇 년간 호텔과 레스토랑은 소셜 미디어 사용자가 매력을 느끼는 간판과 디자인으로 인스타그램 미감에 부응하고 있다. 몇 년 전 〈패스트 컴퍼니〉가 "인스타그램이 외식에 미치는 영향"을 설명하는 기사에서 언급했듯이 이런 "외식 경험은 소셜 미디어 플랫폼의 인플루언서 경제와 긴밀히 연결되고 인플루언서 경제에 의해 형성된다."[16] 뉴욕의 컬러 팩토리나 여러 도시에서 열리는 아이스크림 박물관 같은 박물관, 미술관, 공공 예술 전시물에서도 이런 추세가 분명하게 눈에 띈다. 이들은 거의 전적으로 사람들의 소셜 미디어 게시물에 인상적인 배경이 되기 위해 존재하는 것처럼 보인다.

웬들 베리가 시 〈휴가The Vacation〉에서 말하듯이 경험을 하는 동안 경험을 포착하는 것은 경험의 방식을 바꾼다. 이 시는 구식 기술인 비디오카메라로 휴가 전체를 촬영하는 한 남자의 이야기를 전한다. 강에서 보트를 타면서 "그는 휴가를 카메라에 보여준다. 카메라는 강, 나무, 하늘, 빛을 담아 영원히 보존했다."[17] 베리는 경험을 보존하려는 남자의 동기를 지적한다. 그가 촬영하는 것은 "그것을 가진 후에도 여전히 그것을 갖기 위해서다. 그것은 거기에 있을 것이다. 스위치를 한 번만 누르면 그것은 거기에 있을 것이다." 이 시는 이런 기록의 대가를 떠오르게 하는 말로 끝난다. "그러나 그는 거기에 있지 않을 것이다. 그는 결코 거기에 있지 못할 것이다."

새로운 장소들을 우리 눈이 아니라 화면 속의 축소된 이미지로 보는 데 익숙해지면 우리는 우리 앞의 새로운 경험 대신 일상적인 세계와 그 기기에 매어 있게 된다. 그런 이미지를 끊임없이 소비하다 보면 일종의 시각적 피로, 많은 작가가 묘사한 "현실에 대한 실망"이 나타난다.[18] 작가 헨리 슈크먼은 처음 그랜드캐니언을 봤을 때 실망했다고 고백했다. "수많은 사진을 통해 너무나 익숙해진 풍경이었다. 사진보다 나을 것이 없었다."[19] 많은 사람이 이미지를 통해 익숙해진 명소를 실제로 마주했을 때 이런 권태감을 느낀다. 눈앞의 현실이 우리가 예상했던 것보다 어쩐지 덜 인상적이고 덜 '진짜' 같다는 불안한 깨달음을 얻는 것이다.

스위스 예술가 코린 비오네는 이탈리아 피사를 여행하면서 관광객들이 피사의 사탑을 몇 가지 같은 각도에서 촬영하는 것을 봤다. 이후 사진 공유 사이트들을 뒤져보고 이런 의도하지 않은 시각적 동조visual conformity가 관광지에서는 흔하다는 것을 알게 되었다. 그녀는 〈영국 사진 저널British Journal of Photography〉에 "우리가 알고 있는 사진을 다시 만들어내려고 하는 것은 아닌지 궁금했습니다. 우리는 사진의 사진을 재생산하려고 애쓰는 것이 아닐까요?"라고 말했다.[20] 그녀의 작품 〈사진의 기회들Photo Opportunities〉은 이런 관광객들의 사진 수백 장을 투명 레이어로 융합해서 전 세계 유명 관광지의 초현실적인 몽타주를 만듦으로써 이런 동조에 의문을 제기한다.

사람들은 이미 오래전부터 사진이 여행의 욕구를 대체할지 모른다고 걱정해왔다. 올리버 웬들 홈스는 1859년에 출판된《대서양에서의 탐사Soundings from the Atlantic》에서 사진과 사진기라는 새로운 기술이 너무 대단해서 이제는 여행이 쓸모없어질 거라고 했다. 홈스는 사진들을 보며 여행하는 것을 이렇게 묘사했다. "누비아의 사원 정면 바위에 새겨진 파라오 람세스의 커다란 조각을 보고, 수정으로 만든 거대한 쿠푸왕의 피라미드를 오른다. ……나는 라인강을 따라 포도밭을 거닐고 로마의 아케이드 아래에 앉는다."[21]

오늘날 여행 작가들은 독일 하이델베르크와 같은 곳을 찾은 관광객이 유명한 성의 사진을 찍고는 싶지만 힘들게 정상에 오르고 싶어 하지는 않는 것에 주목했다.[22] 그들은 산을 오르는 대신 카메라를 버스 기사에게 건넨다. 관광객들이 아래에서 기다리는 동안 운전기사가 여행을 하고 사진을 찍는다. 전혀 움직이지 않고 사진을 보고 싶은 사람들을 위한 새로운 선택지도 있다. 첨단 안락의자 여행이다. 〈월스트리트 저널〉의 기사에는 구글 지도의 스트리트뷰와 같은 "디지털 여행" 프로그램에 대해 "가상 안락의자 여행은 그 어느 때보다 더 쉽고 만족스러웠다"는 감상이 실려 있다.[23]

1장에서 살펴봤듯이, 구글의 현장학습 프로그램인 익스페디션(구글의 아트 앤 컬처Arts&Culture 앱에서 이용할 수 있다)은 "거리는 중요하지 않다"면서 "교실 밖으로 나가지 않고도 학생들을 박물관이나 화성으로 데려갈 수 있다"고 약속한다. 메타는 퀘스트프로 가상현실QuestPro VR 헤드셋 광고에서 "증강현실을 통해 바이킹 시대의 정착지를 탐험하면서 당시의 삶을 보고, 느끼고, 온전히 경험할 수 있다"고 말한다.

거실에서 하는 여행을 통해 우리는 여행을 일상생활과 비슷하게 만든다. 여행을 스크린으로 하는 것이다. 로열 캐리비안의 최근 목록에 있는 "지금까지 유람선에서 할 수 없었던 10가지"에는 로봇 바텐더와 X박스 라이브 키오스크를 이용하는 것에서부터 와이파이가 가능한 라운지에서 "춤추는 로봇 스크린"을 보는 것까지 여러 형태의 기술적 매개들이 포함되어 있다.[24]

우리가 매개하기로 선택한 모든 쾌락이 그렇듯이 사진은 실제의 예측 불가능성과 번거로움보다 더 만족스러워 보인다. 기술이 실제 여행의 불편함 없이 여행에서 만들어지는 감각을 점점 더 능숙하게 불러일으킴에 따라 우리는 엘리자베스 비숍이 자신의 시 〈여행의 질문Questions of Travel〉에서 제기한 의문과 마주하게 된다.

여행을 마치고 집으로 돌아가는 먼 길을 생각해보라.
집에 머물면서 여기를 생각하는 것이 나았을까?[25]

몇 년 전 나는 친구와 함께 워싱턴 D. C. 국립미술관에 앤디 워홀 전시회를 보러 갔다. 한 전시물 앞에 서 있을 때 한 여성이 휴대전화 카메라를 사람 눈높이에 맞추기 위해 무례하지는 않지만 단호한 태도로 우리를 옆으로 밀어냈다. 그녀는 "죄송합니다"라고 빠르게 말하면서 사진을 찍고는 다음 전시물로 이동해 같은 일을 했다. 모든 작품을 찍으면서 전시회장을 돌아다니는 그녀는 전시의 주제가 타블로이드 신문의 광적이고 비뚤어진 세계라는 아이러니를 의식하지 못하는 듯했다.

이렇게 참을성 없는 관객이 새로운 것은 아니다. 화가 파울 클레는 1920년의 에세이에서 이렇게 한탄했다. "관람객은 스치듯 본 것(안타깝게도 그들은 종종 그렇게 한다)으로 작품을 다 이해할 수 있을까?"[26] 한 연구에 따르면 오늘날 미술관을 방문하는 사람이 작품 하나에 소요하는 시간은 평균 15~30초다.[27] 워홀의 작품들을 스쳐 지나가던 그 관람객이 예외가 아닌 표준인 셈이다. 다만 클레의 시대에는 그렇게 맹렬하게 작품을 기록하지 못했을 뿐이다.

예술은 인간 경험을 기록하는 가장 매력적인 방법 중 하나다. 올 더스 헉슬리가 말했듯이 "좋은 예술은 일종의 초진실을 가지고 있다."[28] 왜냐하면 좋은 예술가는 "감성과 소통의 힘, 사건과 그 사건을 겪는 대다수 사람이 갖고 있지 않은 능력, 즉 '아이디어, 감정, 메시지를 효과적으로 전달하는 능력'을 타고났기" 때문이다. 미술사학자 데이비드 조슬릿은 회화를 "시간을 담고 있는 배터리"이자 인간 경험의 "저장고"라고 부른다.[29] 수많은 예술 작품이 잔치, 목욕, 놀이와 같은 즐거운 인간 활동을 영원히 남겨둔다. 그러나 예술은 우리에게도 무언가를 요구한다. 예술은 우리에게 인간 경험을 다른 방식으로 보라고 요구한다.

새로운 기술 역시 마찬가지다. 망원경은 우리를 별에 더 가까워 지게 했고, 현미경은 우리 세계의 보이지 않는 세부적인 것들을 보이게 해주었다. 입체경stereoscope,* 다게레오타이프daguerreotype,** 카메라, 텔레비전 화면, 컴퓨터는 모두 우리의 만족할 줄 모르는 시각적 호기심을 채워주었다. 그러나 우리는 새로운 기술로 세상을 보느라 이런 기술이 우리 배경을 바꾸고 있다는 점을 간과한다. 미술관에서가 아니라 컴퓨터 화면으로 그림을 본다면 우리의 시각은 기술뿐만 아니라 주변 환경에 의해서도 매개된다. 컴퓨터에서 실행되는 프로그램의 전자적 간섭뿐만 아니라 책상 위의 소품들이나 아무렇게나 늘어져 있는 더러운 빨랫감도 영향을 미치는 것이다. 비평가 존 버거는 텔레비전 시대에 대한 글에서 이 경험을 이렇게 설명했다. "이제 관객이 그림에게 가는 것이 아니라 그림이 관객에게로 온다."³⁰

대부분의 사람은 이런 편리함이 과거를 개선한 덕분이라고 생각하며 더 나아가 예술 대중화의 일환이라고 여긴다. 여러 면에서 맞는 말이다. 나는 런던 테이트 모던에서 파울 클레의 전시회를 보고 미국의 친구에게 이메일을 보내 전시 작품 중 하나였던 〈천재의 유령Ghost of a Genius〉에 대해 이야기했다. 그녀는 알지 못하는 작품이었지만 온라인에서 바로 작품 사진을 찾을 수 있었다.

화가 피에르 오귀스트 르누아르는 말했다. "그림을 이해하는 유일한 방법은 직접 보는 것이다. 예술이 100만 명의 관람객 중 단

---

\* 한 물체를 다른 각도에서 찍은 사진들을 동시에 보게 해서 물체를 입체적으로 보이게 하는 기기

\*\* 사진술 초창기에 은판 사진법으로 찍은 사진

한 명에게라도 의미가 있었다면 그것만으로도 미술관은 존재의 정당성을 갖는다."[31] 이런 종류의 이해에는 많은 사람이 없다고 외치는 무언가가 필요하다. 바로 시간이다. 메트로폴리탄 미술관의 관장이었던 필립 드 몬테벨로가 말했듯이 "대부분의 예술 작품은 자신의 비밀을 천천히 드러낸다."[32] 예술은 영화 스크린, 비디오게임, 스마트폰 앱처럼 유혹의 손짓을 하지 않는다. 예술에는 우리가 "접근하고 시간을 줘야 한다."

하버드대학교의 미술사학자 제니퍼 L. 로버츠는 학생들에게 한 작품을 세 시간 동안 살핀 후에야 그 작품을 분석하게 한다. 이런 방식에 회의적이었던 학생들은 이후 인내심을 갖고 시간을 들여 작품을 보면 얼마나 많은 것이 드러나는지 느끼고 매우 "놀랐다"고 했다. 로버츠는 "시선을 두었다고looking 해서 보았다는seeing 의미는 아니"라고 했다.[33] 그녀는 현대 사회를 헤쳐 가는 데에는 인내심이 결정적이라고 믿는다. "과거에는 인내가 통제할 힘이 없는 것으로 여겨졌다면 지금은 현대 생활의 속도를 통제하는 한 가지 방법으로 여겨진다. 현대의 속도는 우리가 통제하지 않으면 우리를 통제한다. 인내는 더 이상 무력화를 의미하지 않는다. 이제는 인내심이 곧 힘일지도 모른다." 로버츠의 말이다.

훌륭한 예술 작품을 보는 시간은 당면한 현재, 즉 우리가 작은 지루함을 덜기 위해 스마트폰으로 눈을 돌리는 틈새 시간들의 요구에 굴복하지 않는 강력한 시간이다. 비평가 홀랜드 코터는 말했다. "디지털상에서 볼 때는 이미지만 눈에 들어온다. 직접 갤러리에서 볼 때는 그 이미지가 숨 쉬는 것을 느낀다."[34] 이런 공상의 상태는 디지털 시대에 흔한 효율성이나 즉각적인 논평과는 정반대다. 그것은 거의 꿈과 같이 기분 좋고 평온한 상태다. 다른 사람들에게 그 상태를 묘사할 때 공상 속에서 나를 "잃은" 느낌이었다고 말하는 것도 그 때문이다. 이때 우리가 잃은 것은 빨리 흐르는 시간에 대한 조급하고 불안한 감각이다. 훌륭한 시, 음악, 그림이 때때로 몽환적인 상태를 불러일으키는 것으로 묘사되는 이유도 여기에 있다. 예술은 그것을 보고 듣는 사람에게 시간이 아주 잠시 정지된 듯한 감각을 남긴다.

그러나 미술관에서 우리의 행동은 온라인에서의 행동과 닮아가기 시작했고 많은 미술관이 기꺼이 이런 융합을 권한다. 사람들에게 스마트폰으로 예술 작품을 촬영하거나 라이브 콘서트를 녹화하는 이유를 물으면 대부분은 그 경험을 기억하기 위해서라고 답한다. 미술관을 즐겨 찾는 사람들 중 일부는 이 새로운 현실을 받아들인다. 컬처 테마Culture Themes라는 웹사이트는 2014년 1월 22일을 "미술관 셀카 데이"로 정하고 좋아하는 작품을 배경으로 사진을 찍어 온라인에 게시할 것을 권했다(현재는 매년 1월 셋째 주 수요일을 "미술관 셀카 데이"로 기념하고 있다).[35] 래퍼 제이지는 피츠버그의 앤디 워홀 미술관에 있는 〈소파에 앉아 있는 앤디 워홀Andy Warhol on the red couch at the Factory〉의 사진 앞에 소파를 두고 거기에 앉은 자신을 촬영한 초현실적인 사진을 게시했다. 또한 뉴욕의 메트로폴리탄 미술관을 포함한 많은 미술관이 관람객의 사진 촬영에 대한 규제를 풀었다. 뉴욕시 공영 라디오 WNYC의 미술 평론가 데버라 솔로몬은 말한다. "정말 흥분됩니다! 작품 사진을 찍어 이메일로 보내고, 트위터와 인스타그램에 올릴 때 우리는 기술적 혁신을 활용합니다. ……이점은 많고 잃을 것은 없습니다."[36]

하지만 기술은 기억을 증강시키지 않는다. 사실 기억을 둔화시킨다. 페어필드대학교의 연구진은 미술관에서 작품을 촬영한 관람객들은 그렇지 않은 관람객들보다 작품에 대한 기억이 적다는 것을 발견했다. 연구를 이끈 린다 헨켈은 이것을 "사진 손상 효과photo-impairment effect"라고 부르며 "카메라의 '눈'은 '마음의 눈'이 아니"라고 경고했다.[37] 그녀는 "사람들은 관찰을 하기보다 촬영을 한 경우 대상을 전반적으로 적게 기억했고 대상의 세부 사항도 적게 기억했다"고 말했다. 헨켈의 연구는 다른 연구자들에 의해 두 번 복제되었고 최근의 복제는 2021년에 있었다.

대부분의 사람은 사진을 찍음으로써 특정 작품을 기억할 계기가 생긴다고 생각한다. 일종의 디지털 엽서를 만드는 것이다. 윌리엄스대학교의 한 학생은 한 학기 중에 방문한 미술관마다 수십 장의 사진을 찍었다고 했다. 그곳에서 돌아온 후에는 사진을 보면서 기억을 떠올린다는 것이었다. 하지만 그녀는 예외에 속한다. 연구자들은 대부분의 사람이 무질서하게 기록된 방대한 양의 디지털 사진 때문에 오히려 기억을 되새기고 되살리는 것에 방해를 받는다고 주장한다. 온라인 사진 공유가 아주 흔한 일이 되었음에도 요즘 가족은 과거에 비해 사진을 공유하는 시간이 적다. 온 가족이 둘러

앉아 누군가의 휴대전화에 있는 수천 장의 사진을 스크롤하는 일은 요즘 찾아보기 힘들다. 사진은 기억 복원에 극히 우수한 "회상의 단서"를 제공한다. 물론 사진을 볼 시간이 있을 때의 이야기지만.[38] 이제 사진을 보는 시간은 점점 줄어들고 있다.

작품을 보고 저장하는 새로운 방식은 예술 작품의 의미도 바꾸고 있다.[39] 예술 작품 복제를 둘러싼 논쟁은 오래전부터 계속되었고, 마찬가지로 예술 작품을 복제하는 방법도 긴 역사를 가지고 있다. 1837년 루이 자크 망데 다게르가 다게레오타이프를 발명하면서 사진의 시대가 시작되었다. 그는 자신의 발명품이 "단순히 자연을 그리는 데 도움을 주는 도구"가 아니라 "자연에 스스로를 다시 만들 수 있는 힘을 주는 도구"라고 했다.[40]

올리버 웬들 홈스는 사진을 "기억을 담은 거울"이라고 불렀고, 1859년에는 "이미지가 대상 그 자체보다 중요해질 것이며, 대상을 일회용으로 만들 것"이라고 예측했다.[41] 그러나 모두가 사진에 찬사를 보낸 것은 아니었다. 시인 샤를 보들레르는 1859년 에세이에서 이렇게 말했다. "진노하는 신이 수많은 이의 기도에 귀를 기울였다. 다게르는 신의 메시아였다. 우리의 타락한 사회는 나르키소스가 물웅덩이 속의 남자를 응시하듯이 금속 조각에 비친 자신의 하찮은 모습을 열렬히 응시하고 있다."[42] 보들레르는 그 결과로 "예술적 천재성"이 저하되고 있다고 우려했다.

현대의 사진에 대한 비판은 때때로 보들레르의 두려움을 연상시킨다. 수전 손택은 이미지(특히 사진)가 진실된 것과 진정한 경험을 손상시킬 위험뿐 아니라 예술에 대한 우리의 이해를 뒤집을 위험도 내포한다고 주장했다. 그녀는 "사진 이미지를 통해 세상에 존재하는 것들(예술, 재앙, 자연의 아름다움)을 접한 뒤에 실제로 그것들을 보면 실망하고, 놀라고, 무감동인 경우가 많다"고 했다.[43] 물론 새로운 문제는 아니다. 미술계는 인쇄를 통해 위대한 예술 작품의 대량 복제가 가능해지면서 난처한 상황에 처했다. 예를 들어 미술관 관람객들은 벽에 걸린 반 고흐의 그림이 자신의 머그잔에 찍힌 그림만큼 생생하지 않다는 불만을 토로하곤 한다.

복제가 진정성과 독창성의 의미를 변화시킨다고 우려하는 비평가들도 있다. 발터 벤야민은 1936년 에세이 〈기술적 복제시대의 예술작품〉에서 기술적 변화, 특히 기계적 복제가 새로운 관점인 "진보적 반응"(그가 붙인 이름이다)을 촉진한다고 주장했다.[44] 이 반응은 "시각적, 정서적 즐거움과 전문가적 분석을 직접 융합시키는 것이 특징이다." 오늘날에는 점점 더 많은 사람이 카메라, 녹음 장치, 컴퓨터와 같은 매개 기술을 통해 문화를 소비하고 있으며, 이런 기술은 문화를 여과해 개인적인 취향에 맞추어준다. 그 결과, 우리는 기꺼이 비평가가 된다.

문화를 보여주는 매체는 우리에게 비평가가 되라고 격려할 뿐, 비판적 판단이나 집중된 관심은 요구하지 않는다. 벤야민이 말했듯이 "대중은 시험관이되, 다른 곳에 정신이 팔려 있다." 벤야민은 이렇게 열정적이지만 산만한 비판이 문화의 수준을 낮추고 대중이 예술을 이해하는 능력은 점점 저속하고 단세포적으로 변할 것이라고 우려했다. "전형적인 것은 비판 없이 즐기지만, 새로운 것에는 혐오감을 느끼며 비판한다."

이는 매개된 경험이 촉진하는 또 다른 경향, 즉 인내심 부족으로 이어진다. 오락을 편리하게 즐기게 될수록 어렵거나 불편한 문화적 표현에 마주하려는 결의는 약해진다. 이제 음악과 이미지는 우리에게 직접 전달되고, 우리는 집에서 편안하게 그것들을 소비한다. 인터넷에서 유명 예술 작품을 볼 수 있는 것이다. 그렇다면 그 영향은 어떨까? 벤야민이 주장했듯이 "예술의 중요한 과제는 시간이 흐른 뒤에야 온전히 충족될 수 있는 것을 만들어내는 일이다."

이것이 캔버스와 스크린의 차이다. 벤야민은 말했다. "그림은 관람객을 사색으로 이끈다. 그림 앞에 선 관람객은 연상되는 것들에 자신을 맡긴다. 그러나 영화 프레임 앞에서는 그럴 수 없다. 장면은 눈에 포착되자마자 바뀐다." 캔버스의 특성(유일무이함, 영속성)은 "일시성과 재현성"을 촉진하는 스크린과는 반대다. 그리고 캔버스는 집에서 마음대로 소비할 수가 없다. 캔버스를 소비하기 위해서는 위험을 무릅쓰고 편안함 너머의 세계로 나서야 한다.

벤야민은 인내심 부족이 결국 예술의 "오라"를 파괴하고 우리를 사색으로 이끄는 겸손을 없앨 것이라고 우려했다. 하지만 우리는 예술의 오라를 파괴한 것이 아니라 다른 것으로 대체했다. 이제 오라는 예술과 이미지를 재현하는 기술 장치에 존재한다. 우리는 특정한 방식으로 기술에 대해 이야기하고, 우리의 상상력을 지배하는 힘, 과거에는 예술과 종교가 가졌던 힘을 기술에 부여한다. 그리고 각 기기에는 일련의 개별화된 의례가 수반된다. 디지털 시대의 재현성 덕분에 거의 모든 예술 작품(그림, 조각, 문학, 음악)을 정보로 변환할 수 있게 되었다. 그리고 인공지능의 출현으로 예술에 관한 디지털 정보는 인간이 아닌 기계에 의해 생성된, 예술에 가까운 새로운 것으로 변환된다. 그렇다면 우리가 예술에 부여하는 즐거움과 의미도 함께 변화할까?

2011년 화려하게 출범한 구글 아트 프로젝트Google Art Project에 대한 반응이 하나의 답을 제시한다. 뉴욕의 메트로폴리탄 미술관과 이탈리아 피렌체의 우피치 미술관을 비롯한 전 세계의 주요 미술관에 대한 구글 스트리트 뷰 수준의 투어를 제공하는 이 프로젝트는 "전 세계의 미술관을 탐험하고, 수백 점의 예술 작품을 믿기 힘들 만큼 확대해 감상해보세요!"라고 격려한다. 이 프로젝트는 사용자들에게 "나만의 개인 갤러리를 구축하고", 그림에 댓글을 달고, 친구들과 "공유"하라고 권한다. 구글 아트 프로젝트는 큐레이터의 눈과 전문성을 우리 자신의 눈과 전문성으로 대체한다. 디지털 음악 장치의 "셔플" 모드처럼 말이다. 물론 이 모든 것의 뒤에는 애초에 어떤 예술 작품을 디지털화할지 선택한 구글의 큐레이션이 있다. 구글 아트 프로젝트를 이용하면 보고 싶은 것만 볼 수 있다.

구글 아트 프로젝트는 예술을 더 쉽게 접하게 한다는 점에서 많은 찬사를 받는다. 대중에게 고해상도의 예술 작품을 제공한다는 면에서는 성공적인 프로젝트임이 틀림없다. 그러나 이 프로젝트의 픽셀화에는 또 다른 메시지가 담겨 있다. 아트 프로젝트에 대한 구글의 설명 전반에는 예술을 경험하는 이 방법이 다른 방법보다 낮다는 것을 미묘하게 상기시키는 내용이 들어 있다. 구글의 "놀라운 확대 수준"과 "기가 픽셀 사진 캡처 기술"로 "관람자는 육안으로 볼 수 있는 것을 넘어서는 붓놀림과 녹청* 등의 세부 사항을 볼 수 있다." 미술 평론가 제드 펄은 이 프로젝트 때문에 자신이 미술을 감상하는 사람이 아니라 피부과 의사 같다는 느낌을 받는다고 했다. 사용자는 구글의 눈을 통해 작품을 보는 것이 미술관에서 직접 작품을 보는 것보다 낮다는 합리적 판단을 내릴지도 모른다. 더 편리한 것만은 확실하다.

펄은 구글 아트 프로젝트를 통해 미술관을 가상으로 돌아다니는 것이 "미술관 관람을 컴퓨터 게임으로 바꾼다. 관람객은 로봇이다"라고 했다.[45] 그는 구글 아트 프로젝트가 세계 최고의 미술관에 대한 접근권을 준다는 구글의 주장에 이의를 제기한다. "사본은 사본일 뿐이다. 상상할 수 있는 최고의 해상도를 자랑하고 손가락으로 둘러볼 수 있다고 해도 말이다." 그는 구글 아트 프로젝트가 "대중적 경험이라는 환상"을 만든다고 주장한다. 또한 그 경험은 이제 컴퓨터 게임과 훨씬 더 비슷해졌다. 구글 아트 앤 컬처 페이지를 방문해 그림과 "아트 리믹스"를 선택하면 구글 인공지능이 원작의 스타일과 일부 대상을 통합한 임의의 이미지를 생성한다. 우리는 이 이미지를 구글 계정에 "내 작품"으로 저장할 수 있다.

---

\* 구리가 산화되면서 생기는 녹색 색소

기술은 매우 빠르게 미술관에 침투했다. 예를 들어, 메트로폴리탄 미술관은 2011년에야 방문객들이 작품을 둘러보며 휴대전화로 촬영하는 것을 허용했다. 그러나 점점 더 많은 사람이 집에서 기술을 매개로 미술관을 관람하면서 작품을 전시하는 기관들은 우리의 관심을 두고 스크린과 경쟁하게 되었다.

반 고흐 몰입형 체험은 전 세계 여러 도시의 관람객들이 프로젝션으로 벽 크기의 해바라기를 보거나 VR 헤드셋을 착용하고 〈별이 빛나는 밤Starry Night〉 속을 거닐게 한다. 2011년 뉴욕의 뉴 뮤지엄은 "카스텐 홀러: 경험Carsten Holler: Experience"이라는 전시회를 개최했다.[46] 한 비평가는 이 전시를 "예술 세계의 놀이공원"이라고 묘사했다. 이 전시에는 거꾸로 된 고글, 감각 박탈 탱크, 31미터 높이의 실내 미끄럼틀(그리고 상해를 입더라도 책임을 묻지 않겠다는 철저한 면책 서류에 대한 서명)이 포함되었다. 뉴욕 현대미술관 관장인 글렌 라우리Glenn Lowry는 미술관이 "수동적 경험에서 상호적 또는 참여적 경험으로, 벽에 걸려 있는 작품에서 사람들의 참여를 유도하는 작품으로 전환해야 한다"고 주장했다.[47] 클리블랜드 미술관은 방문객들이 얼굴 인식 소프트웨어로 미술관의 작품과 자신의 얼굴을 연결하거나 미술관에 걸린 대형 페르세우스 신화 태피스트리의 영화 예고편 또는 만화 버전 등을 만들 수 있는 갤러리를 공개하면서 디지털 시대에 발맞추어 스스로에 대한 재해석에 나섰다.[48]

미술관들은 이제 정교한 소셜 미디어 전략을 사용하여, 소장 작품들을 다양한 플랫폼에서 어떻게 각색할지 고민하고, 한 큐레이터가 〈뉴욕타임스〉에 말했듯이, "디지털 우선"의 사고방식을 자랑스럽게 내보인다.[49] 메트로폴리탄 미술관의 컬렉션·관리 담당 부관장인 캐리 레버라 배럿은 "미술관은 사람들이 살아가는 방식과 일치하는 경험을 만들어야 합니다"라고 말했다.

정말 그럴까? 끊임없이 스마트폰과 컴퓨터를 내려다보는look down 우리 일상은 이미 기술의 식민지가 되었다. 반대로 미술관은 "올려다보는look up" 경험의 보루가 되어야 하지 않을까? 우리가 평소 생활하는 방식을 한쪽으로 치워두고, 우리 자신을 뭔가 다른 것, 어쩌면 도전적이거나 불편할 수도 있는 것에 노출하는 장소 말이다. 미술관이 우리에게 좋다는 것은 널리 알려진 사실이다. 미시간 대학교의 스티븐 캐플런이 실시한 연구에 따르면 미술관은 "회복 환경restorative environment"의 역할을 했다.[50] 런던 정경대학교 대니얼 후지와라의 연구에 따르면 미술관 방문은 사람들이 느끼는 행복과 건강에 긍정적인 영향을 미친다.[51]

많은 논란을 일으킨 〈뉴욕타임스〉의 한 기사에서 작가 주디스 도브르친스키는 미술관이 예술 자체에 대한 감상 능력을 키우기보다 참여형 예술 체험을 강조하는 것은 실수라고 주장했다. "훌륭한 예술 작품을 보는 것, 그 자체가 하나의 경험이며, 반드시 그래야 한다. 사람들은 현재의 환경 때문에 그 능력을 잃어가고 있을지 모른다. 미술관마저 그 종말을 앞당기는 일에 가세해야 할까? 나는 그렇게 생각하지 않는다."[52]

도브르친스키는 기기가 예술을 향유하는 즐거움과 오락을 더욱 긴밀하게 융합하는 것에 불만을 표하고 있다. 예술은 우리에게 무언가를 요구하지만 오락은 그렇지 않다. 우리는 우리에게 무언가를 **주는** 오락을 추구한다. 비평가들은 예술과 오락이 동일하다는 오해에 대해 여러 세대에 걸쳐 언급해왔다. 철학자 테오도르 아도르노는 1951년 "교양 있는 척하는 속물은 예술 작품이 자신에게 무언가를 '주기'를 요구한다"고 한탄했다.[53] 오늘날 우리는 예술이 기술과 같은 것을, 우리가 선호하는 경험에 즉각적이고 매끄럽게 접근할 수 있는 권한을 **주기**를 기대한다.

하지만 예술은 우리에게 무언가를 요구해야 한다. 우리 자신의 선호를 제쳐두고 다른 사람의 비전에 따르려는 자발성을 말이다. 디지털 기술에 대한 미술관의 항복은 이미지 기반 문화에서는 예술이 오락으로 마케팅될 수 있을 때만 가치가 있다는 사실을 암시한다. 잠시 멈추어 이 선택의 결과를 생각해보지 않는다면 우리는 기억 대신 수백만 장의 인스타그램 사진만 있는 사회, 즉각적인 복제만을 기대할 뿐 한 세대에서 다음 세대로 문화를 전달하는 힘든 일은 지속하지 않는 사회를 갖게 될 것이다.


## 포르노로 대체된 섹스

사진 속에는 젊은 커플이 서 있다.[54] 그들 뒤에는 바다와 아름다운 일몰의 잔재가 있다. 그들은 해변에서 하루를 보내고 집으로 돌아가는 길에 잠시 멈춰 선 듯하다. 비키니와 반바지 차림인 여자의 긴 머리는 아직 젖어 있다. 남자는 상의를 입지 않은 채 왼손에 그들의 샌들을 들고 있다. 그리고 오른손으로는 여자를 안고 입을 맞추려 몸을 기울이고 있다. 여자는 그의 입맞춤을 받기 위해 발을 들고 있다. 브라질 산토스 해변에서 촬영한 이 사진은 애정 어린 장면을 담고 있다. 다만 여기에는 이 사진을 완전히 현대적으로 만드는 한 가지 요소가 있다. 바로 여자의 오른손에 들려 있는 휴대전화다. 여자는 입 맞추는 순간을 포착하기 위해 각도 맞춰 휴대전화를 들고 있다.

2014년 전 세계에서 가장 많이 검색된 질문은 "사랑이란 무엇인가?"였다.[55] "과학이란 무엇인가?"라는 질문보다 다섯 배나 많이 검색되었다. 그런데 매개된 여가 활동에 대한 열의를 드러내는 징후는 따로 있다. 바로 2022년에 가장 많이 검색한 질문인 "무엇을 볼까?"였다. 지난 몇 년간 구글에 "키스하는 방법"에 대한 조언을 구한 횟수는 "생존하는 방법"을 비롯한 다른 활동에 대한 조언을 구한 횟수보다 많았다. 우리가 우리의 가장 내밀한 순간(사랑뿐 아니라 성욕을 충족시키는 일까지)에까지 기술의 개입을 받아들이는 데에는 그리 긴 시간이 필요치 않았다. 철학 교수인 리처드 카니는 학생들이 데이트 앱과 만남 앱을 열심히 사용하는 것에 대해 글을 썼다. 그는 "성적 접촉이라는 명백하게 신체적이고 정서적인 활동이 디지털에 의해 매개되었다"는 사실에 내재된 역설을 지적했다.[56] 그의 학생들이 갖는 성적 상호작용은 대개 "대리적, 간접적, 그리고 종종 관음적"이었다. 그는 우리가 "점점 더 육체에서 분리된 방식으로 우리 몸에 집착하는" "탈육신excarnation"의 시대에 접어들고 있으며, 일상적인 "육체적 소외carnal alienation", 즉 우리 몸과 다른 사람의 몸과 거리를 두고 있다고 주장한다.

그런데 정말 소외일까? 매개된 성욕에 몰두하는 사람들(주로 인터넷, 스마트폰, 소셜 미디어와 함께 성장한 젊은 세대)은 그렇게 경험하지 않는다. 〈성 연구 저널Journal of Sex Research〉에 실린 연구에 따르면 남자 대학생의 67퍼센트가 포르노를 "자신의 성욕을 표출하는 수용 가능한 방법"이라고 생각했다.[57] 그들은 이전 세대보다 포르노를 훨씬 많이 소비한다. 작가 롭 헨더슨이 Z세대에 관한 에세이에서 언급했듯이 "실제 성매매 종사자들이 등장하는 사이트인 온리팬스OnlyFans는 현재 10억 명이라는 놀라운 월간 방문자 수를 자랑한다."[58] 전성기인 1970년대에 독자가 500만 명이었던 〈플레이보이Playboy〉와 비교해보라. 매주 기술이 매개하는 새로운 경험이 등장한다. 헨더슨은 "AI 여자친구 챗봇"을 제공하는 새로운 앱인 레플리카Replika의 사용자가 이미 1000만 명이라고 설명한다.

화면에서는 욕정이 예측 가능하고 반복할 수 있는 대리 쾌락으로 변형된다. 우리는 포토샵으로 수정하고, 필터를 적용하고, 육체적·정신적 결점을 제거해서 남에게 보이고자 하는 모습대로 자신을 드러낼 수 있다. 대신 여기에는 희생이 따른다. 매치닷컴(match.com)에는 희미해진 향수 냄새가 없고, 틴더의 알고리즘에는 연인의 피부가 주는 느낌이 없다.

물론 포르노는 수백만 명의 욕정을 가상으로 채워주며 오랫동안 번성해왔다. 또한 포르노 배우뿐 아니라 누구나 온리팬스와 같은 사이트에서 수익형 포르노를 만들 수 있다. 이제 매개 기술을 통해 욕망을 달랠 수 있게 되면서 현실 세계에서 우리가 서로를 대하는 방식에도 변화가 생겼다. 2장에서 살펴봤듯이 매개된 형태의 의사소통이 동기를 강화하여 거짓말을 조장한다면 내밀한 환경에서는 무엇을 조장할까? 데이비 로스바트는 〈뉴욕〉에 쓴 글에서 포르노가 자신을 포함한 남성들에게 미치는 영향에 대해 이야기했다. 데이비 로스바트는 인터뷰한 남성 중 많은 수가 "포르노를 보는 행위를 마치 자신이 실제로 했던 성행위처럼 묘사하는" 것에 주목했다.[59]

한 치료사에 따르면 포르노를 많이 보는 사람은 픽셀로 묘사된 상대가 아닌 실제 상대와의 성관계에서 일종의 "성적 주의력 결핍 장애"를 겪는다. 한 여성은 로스바트에게 자신이 만난 남성들에 대해 이렇게 말했다. "포르노와 현실을 구분하지 못하는 경우가 있어요." 그녀는 그들이 실제 여성과의 관계에서 "포르노 스타와의 경험"을 기대한다고 말했다.

한 20대 여성은 〈GQ〉에 포르노에서 본 성행위를 따라하겠다고 고집을 부리는 남성들에 대한 글을 썼다. "그걸 성행위라고 부르는 것은 공정치 못한 것 같다. 그것은 3D 인간과의 자위라고 하는 것이 옳을 것이다."[60] 그녀는 "그것은 상대할 여성이 없을 때 스트리밍으로 시청하던 장면"이라면서 다음과 같은 비관적인 말로 글을 마무리한다. "과거 포르노는 가난한 사람들이 성관계를 대신하는 수단이었다. 지금은 포르노의 절반이라도 따라가기 위해 실제 성관계를 잔뜩 꾸며야 하는 지경에 이르렀다." 독립 프로그래머들이 고글을 비롯한 증강현실 기기용으로 개발한 첫 번째 소프트웨어 애플리케이션이 거의 항상 관점 포르노 앱point-of-view porn app*인 것은 놀라운 일이 아니다(인기 웹사이트 폰허브PornHub에는 'VR 포르노'라는 카테고리가 있을 정도다). 바르셀로나, 토론토, 모스크바, 토리노 등의 도시에서는 "섹스 인형 윤락 업소"에서 인간 매춘부보다 훨씬 저렴한 시간당 비용을 내고 정교한 기술로 구현된 섹스 인형을 대여할 수 있다.[61]

도덕주의자들은 항상 음란물의 영향, 특히 젊은이들에게 미치는 영향을 걱정해왔다. 반면 포르노가 성생활에 유익하다고 찬양하는 사람들도 있다. 포르노는 늘 인간 경험의 일부였다. 예를 들어보겠다. 몬트리올대학교의 과학자들은 남성의 음란물 사용에 대한 연구를 시작했지만 곧바로 장애에 직면했다. 교수 중 한 명이 말했다. "연구는 포르노를 소비한 적이 없는 20대를 찾는 것으로 시작되었습니다. 하지만 그런 사람을 전혀 찾을 수 없었습니다."[62]

포르노에서 섹스가 이루어지는 방식에는 기계적인 면이 있다. 바로 그런 예측 가능성과 반복성이 포르노가 가진 매력의 본질이다. 오늘날 우리가 포르노를 소비하는 범위와 빈도는 과거와 비교할 수 없을 만큼 크다(여러 추정치를 통해 포르노 사이트의 트래픽이 아마

---

*    시청자의 관점에서 경험하도록 설계된 포르노 콘텐츠 유형

존, X, 넷플릭스를 합친 것보다 많다는 것을 알 수 있다. 이는 인간 쾌락의 계층 구조에 대해 말해준다). 포르노는 삶의 모든 영역에서 기계와 같은 효율성과 성과에 초점을 두는 우리 시대에 특히 적합하다. 인지과학자 도널드 노먼이 상기시키듯이 "기계 중심의 관점은 사람을 기계에 비교하고는 우리가 부족해 정밀하고 반복적이고 정확한 행동을 할 수 없다고 치부한다."[63]

대부분의 쾌락은 우연히 또는 진화적 욕구의 부산물로 생겨났다. 벌거벗은 사람들이 성관계 하는 것을 보고 싶은 욕망은 벌거벗은 사람이 되어 성관계를 하고 싶은 진화적 욕구의 부산물이다. 포르노는 이런 욕구의 한 예일 뿐이다. 이런 쾌락을 용이하게 채우기 위해 우리가 만든 기술은 쾌락 자체를 변화시킬 수 있다. 예를 들어, 소셜 네트워킹 소프트웨어는 우리가 다른 사람들과 연결되어 있고 사회집단의 일부라는 느낌을 갖기 위해 만든 것이다. 하지만 이 소프트웨어는 우정을 사적인 유대관계에서 공개적인 의례로 완전히 변화시켰다. 그리고 인터넷은 온라인 데이트를 통해 배우자를 찾는 경험을 좋은 면으로도 나쁜 면으로도 변화시켰다.

섹스는 다른 사람과 연결하려는 충동을 시험하는 시험장이고, 때로는 그 충동이 좌절되는 곳이기도 하다. 하지만 우리는 이런 매개 기술과 소프트웨어를 수용함으로써 성생활뿐 아니라 친밀감까지도 아웃소싱하고 있다. 우리는 전문적인 포옹 산업(커들 컴포트 Cuddle Comfort 같은 포옹 업체가 신체적 안정을 위해 다른 사람을 보내준다)을 지원하는 사회에 살고 있다.

섹스팅sexting*이 일상적인 전희이고 틴더 화면을 오른쪽으로 스와이프하는 것이 잠재적인 성적 정복인 오늘날, 우리의 기술은 우리에게 절정의 성적 효율성을 제공한다. 하지만 이런 기술적 대체물이 정말로 성적 만족을 제공하는지는 아직 지켜봐야 한다. 세계에서 가장 활발하게 기술이 사용되는 나라 중 하나인 일본의 경우 가족계획협회가 16~24세 젊은이들을 대상으로 실시한 설문 조사를 통해 여성의 거의 절반, 남성의 4분의 1 이상이 "성적 접촉에 관심이 없거나 이를 혐오한다"는 사실이 밝혀졌다.[64] 일본의 자칭 성치료사는 〈가디언〉과의 인터뷰에서 성경험이 없는 30세 남성 고객에 대해 들려주었다. 그는 파워레인저와 비슷한 비디오게임에서 여성 로봇을 볼 때만 성적 자극을 받았다. 작가인 롤런드 켈츠는 일본인의 미래 연애는 "매우 정교한 가상 세계"에서 기술에 의해 주도되는 관계가 될 것이라고 주장한다. 기술적으로 매개된 성적 쾌락을 경험하는 것이 현실에서 다른 인간과 쾌락을 추구하는 것보다 훨씬 더 간단하다. 이렇게 기술을 사용하는 것이 훨씬 더 편리하다는 이유로 실제 인간과의 관계를 피하는 것은 참으로 안타까운 일이다.

---

\* '섹스'에 문자 메시지를 보낸다는 의미의 '텍스팅texting'을 합친 말. 성적으로 노골적인 메시지, 사진 또는 비디오를 보내는 행위

## 미식 없는 식사, 현장 없는 경기

효율성에 희생되는 것이 성적 쾌락만은 아니다. "음식에 대해 걱정할 필요가 없다면 어떨까?"[65] 실리콘밸리의 기술 기업가가 개발한 음식 대체 음료인 소이렌트Soylent는 "최소한의 노력으로 얻는 최대한의 영양"이라는 구미 돋는 약속을 한다. 소이렌트를 온라인으로 주문하면 식단을 짜고, 장을 보고, 요리를 하느라 시간을 낭비할 필요가 없다. 이 회사의 웹사이트는 식사를 해결 가능한 공학 문제처럼 다룸으로써 몸을 "해방"시키라고 권한다. 이제 우리는 섹스와 마찬가지로 음식과의 관계도 최대한 효율적으로 바꾸고 실리콘밸리의 정신을 불어넣을 수 있다. 이 회사는 사람들이 이미 소이렌트의 "오픈 소스 제조법"을 "해킹"하며 "맞춤화"하고 있다고 말한다.

이 제품의 초기 홍보 영상은 "맛과 식감을 우선시하는 다른 식품과 달리 소이렌트는 영양을 극대화해서 가장 효율적으로 몸에 영양분을 공급한다"고 주장했다. 이 영상에는 미니멀하게 꾸며진 사무실을 바쁘게 돌아다니던 활기찬 젊은 여성이 컴퓨터 옆에 놓인 소이렌트 한 잔을 마시면서 기운을 돋우는 모습이 나온다. 이후 더 젊고 건강한 얼굴의 젊은이들이 매일 섭취한 소이렌트를 활력 넘치는 킥복싱으로 소화시키는 장면이 나온다. 회사는 "소이렌트는 여러분이 원하는 방식으로 삶을 살 수 있는 자유를 줍니다"라고 주장한다.

하지만 소이렌트는 큰 즐거움을 주지 못했다. 처음 출시된 소이렌트를 일주일 동안 섭취한 한 리뷰어는 "무의미한 실용주의"로 특징지어진 "벌을 받는 것처럼 지루하고 재미라고는 없는 제품"이라고 했다.[66] 그 단조로운 회갈색과 모래를 씹은 듯한 뒷맛은 불쾌한 부작용을 낳았다. 소이렌트의 온라인 게시판에는 회사 마케팅 자료에서 홍보하는 행복한 운동과 직장 생활의 이미지와는 달리 "소이렌트와 복부 팽만"이라는 내용의 토론이 활발하게 펼쳐지고 "부글거리는 속", "덤핑 증후군*", "악취가 나는 방귀"에 대한 이야기들이 가득하다. 크레이그리스트Craigslist에는 먹다 남은 소이렌트 팩을 처분하려는 사람이 많이 등장했지만 판매는 성공적이지 못했다. 소이렌트는 제품의 맛을 개선하기 위해 노력했다. 소이렌트를 다루는 레딧Reddit 하위 범주에는 크리미 초콜릿 맛에 대한 찬사가 쏟아졌지만 수천 건의 아마존 리뷰를 분석하면 여전히 "일부 고객은 여러 가지 소화 문제와 메스꺼움을 보고하며, 고객마다 맛과 가치에 대한 평가가 다르다"는 것을 알 수 있다.[67]

소이렌트는 언론의 주목을 받았고 설립자는 말토덱스트린이 엄마의 사과 파이를 대체하고 "유용성과 기능을 위한 식사와, 경험과 사교를 위한 식사가 구분"되는 세상을 희망한다고 설명했다.[68] 하지만 소이렌트가 조리하고 먹는 즐거움을 대체하기는 쉽지 않을 듯하다. 그럼에도 소이렌트는 우리 시대에 대해 무언가를 말해

---

* 음식이 위에서 소장으로 너무 빨리 이동하는 상태

준다. 소이렌트는 "와이파이 요리Wi-Fi cuisines(한 비평가가 붙인 이름이다)"로 정의되는 시대의 논리적 귀결이며, 더 넓게는 21세기에 우리가 음식과 맺는 복잡한 관계를 보여주는 신호다.[69] 우리 시대에는 쾌락이 쾌락주의자보다는 엔지니어에 의해 고안될 가능성이 높고, 효율성이 즐거움보다 더 큰 가치를 인정받는다.

시대를 막론하고 음식은 문화적 기표였고 계급, 부, 개인의 자제력, 가치의 신호였다. 나는 벨비타 테스트Velveeta Test라는, 요리를 이용한 일종의 로르샤흐 테스트를 고안한 적이 있다. 누군가에게 초가공 '치즈 음식'을 먹거나 요리해본 적이 있는지 물으면 그의 반응은 그의 배경과 감성에 대해 많은 것을 들려줄 것이다. 오늘날의 디지털 문화는 우리의 음식 경험을 여러 가지 면에서 매개한다. 우리가 소비하는 음식과 수백만 가지 레시피에 대해 알려주며, 그럽허브GrubHub나 심리스Seamless 같은 웹사이트를 통해 온라인으로 음식을 주문해 즉시 만족감을 얻게 해준다. 하지만 이 모든 정보가 우리를 더 건강하게 만들지는 못했다. 집에서 직접 요리하는 경우가 줄어들고, 가공식품과 조리식품을 더 많이 먹고, 그 결과 건강 문제와 비만 문제가 만연하게 되었다.

이와 동시에 우리는 요리하고 먹는 흥미진진한 가상 세계에 참여할 수 있다. 텔레비전과 인터넷에서는 수많은 요리 프로그램, 즉 온라인 비디오 튜토리얼을 비롯해 가히 푸드 포르노라 부를 만한 콘텐츠들이 끊임없이 제공된다. 그렇게 오랜 시간 준비 과정을 지켜본 음식을 맛보지 못할 거라는 사실은 알아차리지 못하거나 신경 쓰지 않는 것 같다. 한편 인스타그램에는 최근에 먹은 음식의 사진을 올리면서 우리가 신중하게 선택한 탐식을 효율적으로 기록하고 은근히 자랑한다. 이런 탐식 내지 폭식은 그 자체로 하나의 산업을 낳았다. 한자리에서 엄청난 양의 음식을 먹는 모습을 담은 먹방이 바로 그것이다. 한국에서 시작된 먹방은 유튜브 덕분에 세계적인 현상이 되었고, 이제는 매일 수백만 명이 먹방을 시청한다. 인스타그램과 틱톡에는 수많은 "오늘 먹은 것" 동영상이 올라와서 사용자들은 낯선 사람들의 식습관까지 추적할 수 있다.

요리사들도 기술을 활용해 손님들의 취향을 만족시키고 있다. 스페인 출신의 요리사 파코 론세로는 2014년 이비사에 서블리모션Sublimotion이라는 식당을 열면서 "요리 분야의 선구자와 기술 혁신이 결합해 완벽한 경험, 지금까지 알지 못했던 정서적 경험을 만들어내는 곳"이라고 설명했다.[70] 세계에서 가장 비싼 식당 중 하나(6개월 이상 예약이 밀려 있다)인 서블리모션은 하루 저녁에 12명의 손님만을 받는다. 모든 손님이 함께 앉는 테이블은 표면이 스크린이며, 식당의 네 벽면에도 영상이 끊임없이 투사된다. 식사에는 "유머, 즐거움, 공포, 반성, 향수" 등 "손님들이 잊고 있던 감정을 자극하기 위한" 음악, 향기, 온도 변화가 포함된다. 손님들은 북극의 가상 이미지 속에서 "자신의 빙산에서 직접 잘라낸 차가운 간식을 맛보고", "장미의 섬세함과 우아함이 입안에서 녹아내리는 바로크 양식의 베르사유 궁전으로 이동한다." 공포의 요소가 어디에서 튀어나올지 궁금하다. 지구온난화로 빙산이 녹아내리는 장면을 보게 될까? 아니면 베르사유 궁전에서 단두대로 끌려가는 귀족들을 보게 될까? 지난 몇 년 동안 이 식당은 손님들에게 더욱 몰입감 있는 경험을 제공하기 위해 VR 헤드셋을 도입했다. 평균 식대는 1인당 약 1600달러다.

예술, 섹스, 음식과 마찬가지로 게임의 즐거움도 점점 더 기술로 매개되고 있다. 장난감 회사들은 전통적인 보드게임인 모노폴리를 디지털로 변형한 '모노폴리 라이브Monopoly Live'를 내놓았다. 모노폴리 라이브에서는 보드 중앙에 있는 적외선 타워가 플레이를 모니터링하고, 재산 경매로 게임의 속도를 높이고, 플레이어에게 지시를 내린다. 한편 기술 기업들은 스크래블과 같은 게임을 (스마트폰에서는 워즈 위드 프렌즈Words with Friends라고 한다) "소셜 게이밍Social gaming"으로 발전시켰다. 소셜 게이밍은 다른 사람들과 테이블에 둘러앉는 대신 장치를 통해 동시에 여러 명과 게임을 할 수 있게 한다. 비평가 롭 호닝이 지적했듯이 "네트워크를 통한 게임 매개(즉 휴대전화나 페이스북을 통해 게임을 하는 것)는 게임의 대면 상호작용 기능을 약화시킨다."[71] 또한 게임은 데이터를 수집하는 수단도 된다. 한 온라인 게임 개발자가 말했듯이 "게임은 엄청난 양의 데이터를 생성한다. 플레이어가 게임에서 하는 모든 상호작용을 중앙 서버에 보고하는 일이 정말 간단해지기 때문이다."

이제는 스포츠 팀도 가상 세계와 경쟁하고 있다. 플로리다주 잭슨빌에는 내셔널 풋볼 팀인 잭슨빌 재규어스의 홈 경기장인 TIAA 뱅크 필드(구 에버뱅크 필드)가 있다. 이곳에 설치된 약 650제곱미터

규모의 판타지 풋볼 라운지는 눈앞에서 펼쳐지는 경기가 아닌 스크린에 등장하는 판타지 풋볼 팀에 집중하는 팬들을 위한 공간이다. 잭슨빌 재규어스의 구단주는 〈뉴욕타임스〉에 "팬들이 경기를 보러 오게 하려면 아주 설득력 있는 이유가 있어야 합니다"라고 했다.[72] 비디오게임, 여러 개의 라운지 의자, 와이파이는 "라이브 경기와 디지털 경험을 결합"하려는 노력이다. 판타지 풋볼 라운지에서 경기장이 내려다보이는 창문은 실제 스포츠 경기를 보던 전통적인 관행에 대한 일종의 인정인 셈이다.

스키는 또 어떤가? 스미스Smith와 레콘 인스트루먼츠Recon Instruments가 만든 고글에는 문자 메시지나 실시간 고도와 속도에 대한 정보가 바로 눈앞에 표시된다. 요즘 많은 헬멧이 그렇듯이, 당신의 헬멧에도 블루투스 연결 기능이 내장되어 있다면 스키를 타는 동안 친구와 채팅을 하거나 음악을 스트리밍할 수 있을 것이다. 요즘 많은 리프트 티켓에는 무선 주파수 인식 태그가 내장되어 있고, 곤돌라에는 와이파이가 있으며, 수많은 앱이 인기 많은 산의 눈 예보와 추천 트레킹 코스를 제공한다. 리프트를 타고 올라가는 순간부터 언덕을 내려가는 순간까지 모든 경험이 기술을 통해 매개된다.

기술은 사슴 사냥과 조류 관찰 같은 다른 야외 활동도 변화시켰다. 미국을 예로 들면 흰꼬리사슴의 개체수가 그 어느 때보다 많고 사냥이 그 어느 때보다 쉬워졌음에도 사냥용품점에는 정교한 전자 제품이 가득하다. 한 사냥꾼이 한탄하듯이 모두가 "사냥에서 우연의 마지막 조각까지 제거하기 위해" 설계된 제품들이다.[73] 기술은 조류 관찰에 열정을 가진 사람들 사이에서도 논란을 불러일으켰다. 많은 조류 관찰자가 스마트폰을 통해 녹음된 새소리를 내보내서 새를 관찰하기 쉬운 곳으로 유인하는 디지털 조류 관찰 가이드에 비난의 목소리를 냈다. 한 뉴스 보도에 따르면, 미국 조류관찰협회는 이 문제를 해결하기 위해 조류 관찰 윤리 강령을 개정해야 했다. 이제 이 강령은 조류 관찰자들이 "새를 유인하기 위해 녹음 등 소리를 사용해서는 안 된다"고 명시했다. 당시 미국 조류관찰협회의 회장이었던 제프리 고든은 〈월스트리트 저널〉에 "우리는 외출할 때 주변의 것에 더 주의를 기울이려고 노력합니다. 재생 기능(휴대전화로 새소리를 재생하는 기능) 등 기기에 대한 지나친 의존은 경험을 빠르게 저해할 수 있습니다"라고 말했다.[74]

많은 사람이 경험이 향상될 거라는 믿음하에 이런 기술을 사용한다. 조류 관찰자는 자신의 아이폰으로 새의 울음소리를 불러내서 어떤 종의 울새인지 정확히 알아낼 수 있어서 행복할 수도 있다. 스키어는 스키를 타는 동안 자신의 플레이리스트에 있는 음악을 들으며 자신이 자신의 세계와 연결되어 있다는 느낌을 더 강하게 받을 수도 있다. 그러나 즐거운 체험을 매개하는 이런 새로운 방식들은 체험 자체를 변화시킨다. 특히 사용자를 일상의 기술적 세계에서 해방시키기보다는 묶어놓음으로써 말이다.

이때 무언가를 잃게 되어도 우리는 이를 쉽게 측정할 수도, 항상 바로 눈치챌 수도 없다. 그러나 기술이 우리의 즐거운 취미에 계속 침투하면 어느새 변화가 일어난다. 우리는 사적인 감정과 관계뿐만 아니라 취미도 소셜 미디어에서 공개하고 보상받는다. 그런데 이렇게 공개하다 보면 취미에 따르는 색다른 경험은 사라질 수 있다.


## 다시 도래한 쾌락주의

철학자 로버트 노직은 그의 책《아나키에서 유토피아로》에서 간단한 질문을 던짐으로써 쾌락주의에 도전했다.[75] 기계에 연결되었다는 기억 없이 끊임없는 쾌락을 제공하는 기계를 만들 수만 있다면 그 기계에 연결되고 싶은가? 대부분의 사람이 "아니오"라고 답하리라는 것이 일반적인 믿음이었다. 노직은 "우리는 어떤 것을 하는 경험만 원하는 것이 아니라 그것을 실제로 **하는** 것을 원한다"고 주장했다. "우리는 특정한 방식으로, 특정한 사람이 **되기**를 바란다." 그는 기계에 연결하는 것을 "일종의 자살"에 비유했다.

나는 모르겠다.

우리는 이미 영화, 텔레비전, 비디오게임 같은 형태의 엔터테인먼트로 제공되는 간접 경험에 많은 시간을 소비하고 있다. 우리는 이런 소비를 가속화하는 동시에 섹스, 예술, 음식, 게임, 취미 등 점점 더 많은 직접적인 경험을 다른 사람들이 즉시 소비할 수 있는 것으로 바꾸고 있다. 우리는 뛰어난 창의성과 매력을 지닌 온라인 게임에 몰입해 진정한 성취감을 경험할 수 있으며, 함께 플레이하는 익명의 사람들로부터 존경을 받을 수도 있다. 우리가 이렇게 하는 것은 쾌락을 경험하기 위해서다.

그러나 "사진이 없다면 일어나지 않은 일"이라는 표현이 암시하듯이 즐거운 경험을 매개하는 기술은 우리의 자의식도 높인다. 이것은 쾌락과 맺는 관계에 진짜인 무엇인가(정말로 불안한 무엇인가)가 있음을 보여준다. 우리의 세계는 경험 기계보다는 노직이 가정한 두 가지 철학적 기계, 즉 "우리를 어떤 종류든(기존의 자신과 양립할 수 있는) 우리가 되고자 하는 사람으로 변형시키는" 변형 기계와 "자신이 도출할 수 있는 모든 결과를 세상에 만들어내는" 결과 기계에 가깝다. 변형 기계와 결과 기계 모두 현대의 기술이 약속하는 것과 닮아 있다.

기술은 세상을 변화시킬 대상으로 보라고, 최신 앱이나 도구로 변화시켜서 개인화된 편리한 경험을 즐길 수 있는 곳으로 보라고 우리를 부추긴다. 노직이 염려했던 것처럼 기술이 우리 삶을 대신 살아주는 상황은 펼쳐지지 않았다. 다만 우리는 이런 기술을 통하지 않고 이런 기술이 조장하는 행동에 부응하지 않고는 살 수 없는 삶의 방식을 수용하고 있다.


사진 안에 박제된 경험

어느 날 연극을 보러 워싱턴 D. C. 케네디 센터에 간 적이 있다.

나는 안으로 들어가기 전에 잠깐 야외 테라스에 서 있었다. 그 순간 지나간 폭풍우의 잔재가 환상적인 무지개를 만들어냈다. 사람들은 무지개를 알아차리자마자 스마트폰을 꺼내 사진을 찍기 시작했다. 근처에 있던 한 남자는 친구에게 이렇게 말했다. "지금 그에게 사진을 보내고 있어! 내가 무지개 너머 어딘가에 있다고 말할 거야!"

이후 몇 분 동안 내가 지켜본 많은 사람이 무지개 자체를 보기보다는 하늘을 향한 화면을 통해 무지개를 보는 데 더 빠져 있었다. 대상 자체보다 대상의 이미지가 더 많은 관심을 받은 것이다. 대부분의 사람이 그 이미지를 공유하고 싶어서 사진을 찍었을 것이다 (무지개 너머에 있다는 재치 있는 말은 높이 평가한다). 하지만 그저 잠깐 멈춰 섰을 뿐인 경험을 어떻게 공유할 수 있을까? 정말 경험을 하고 있기는 한 걸까? 경험이 일어날 수 있는 장면을 기록하고 있는 것은 아닐까?

점점 더 많은 사람이 증거 사회, 즉 이안 커를 비롯한 사람들이 "사건의 기록이 그 의미만큼 중요한 세상"이라고 부르는 곳에 살고 있다.[76] 사실 우리는 널리 알릴 목적으로 경험에 참여하는 세상을 살고 있다.

어떤 의미에서 이것은 새로운 현상이 아니다. 19세기 다게레오타이프의 팬들은 주로 단 하나의 주제에 집중했다. 바로 자신이었다. 1849년까지 파리에서만 10만 장이 넘는 다게레오타이프 초상화가 만들어졌다. 이는 우리가 자신을 바라보는 방식뿐 아니라 사회집단 내에서 자신의 역할을 이해하는 방식까지 변화시켰다. 폴라로이드 카메라를 발명한 에드워드 랜드는 1974년에 이렇게 말했다. "집단의 구성원들이 사진을 찍고 찍히고, 그 사진을 공유하면 ……집단에 속한 사람들 사이에 새로운 종류의 관계가 나타난다."[77] 사진, 동영상, 디지털 기술이 등장한 이래 시각적 경험의 범위가 놀랄 만큼 확장되었다는 데에는 의심의 여지가 없다.

그러나 몇 가지 중요한 차이가 있다. 랜드가 새로운 종류의 관계를 만들 것이라고 이상화한 "공유"는 이제 디지털 플랫폼에서 이루어진다. 디지털 플랫폼에서는 그만의 기준을 따라야 하고 우리가 열심히 "공유"하는 이미지에 대한 소유권을 넘겨야 한다. 즐거운 경험에 대한 기억은 우리에게는 일시적이며(클라우드의 디지털 비트), 다른 사람들(기술 회사, 정부)에게는 유용하다. 역사상 그 어느 때보다 말이다. 과거에는 사적인 것이었던 즐거움이 이제는 공개되고, 우리는 가장 평범한 행위조차 대중에게 보여주려는 충동을 가진 듯하다. 다른 사람들이 박스에서 새로운 제품(대부분 고급 전자기기나 비디오게임 콘솔)을 꺼내는 것을 지켜보는 사이트인 언박싱닷컴(unboxing.com)은 "새 장비를 개봉하는 대리 만족"을 약속한다.

여기는 지금 이 순간의 경험을 기꺼이 미래를 위한 기록과 교환한 세상이다. 한 비평가가 말했듯이 20세기에 카메라의 등장으로 "사진으로 담고자 하는 충동이 즐거운 현재를 오염시켰다."[78] 사람들이 테라스에서 무지개를 촬영한 것처럼, 오늘날 모든 경험을 디지털로 기록하려는 충동은 기술로 매개되지 않은 현재에 참여하는 즐거움을 없애버렸다.

우리는 쾌락에 대한 경험을 기술로 매개해왔고, 그 결과 경험은 변화했다. 19세기에 쌍안경을 사용했던 오페라 관람객은 공연을 완전히 다르게 경험했다. 철학자 페테르-파울 베어벡이 지적했듯이 콘서트에서 휴대전화로 공연을 촬영하는 관객들이 "경험을 위한 새로운 맥락을 창조하고 있는" 것처럼 말이다.[79] 그렇다고 항상 경험이 개선되었던 것은 아니다. 20세기 비평가 드와이트 맥도널드는 "가끔씩 만지지도 사용하지도 않고 권력이나 이익 같은 실용적 목적을 위한 수단으로 전환하지도 않고 사물을 바라보는 것, 사냥꾼이 아니라 예술가의 시선으로 사물을 바라보는 것은 미국인들에게 좋은 훈련이 될 것"이라고 했다.[80]

하지만 우리는 반대 방향으로 가고 있다. 페이스북의 "사용자 경험 연구원"은 몇 년 전에 인터뷰를 하면서 "새벽 2시의 수유" 게시물을 열심히 검색했다.[81] 그러자 색다른 게시물 목록이 길게 나났다. 아기에게 모유 수유를 하면서 자유로운 손으로 휴대전화를 스크롤해 페이스북을 둘러보는 여성들의 사진이었다. 그는 인터뷰하는 기자에게 이 목록을 보여주었다. 이 연구원은 당연히 이것을 긍정적인 추세라고 말했다. 사적인 순간을 대중이 소비할 수 있게 공유함으로써 모든 사람이 더 연결되어 있다는 느낌을 받을 것이라고. 물론 그와 동시에 페이스북에 유용한 데이터가 생성된다.

정말 모든 경험을 기술로 매개해야 하는 것일까? 기술 기업들은 우리의 내밀한 삶과 인간적 즐거움을 정복해야 할 영역, 즉 데이터

광산의 광석으로 취급한다. 디지털 레벤스라움lebensraum*을 추구하는 그들은 쾌락의 경험을 향상시키는 동시에 그에 대한 기억을 확장하겠다고 약속한다. 그러나 이들 기업이 제공하는 매개 플랫폼과 기계를 통해 쾌락을 추구하기로 선택하는 순간 우리는 우리의 경험과 그에 대한 기억에서 사적 자유를 잃게 된다.

오늘날 쾌락은 종종 기술로 가능해진 '투명성'이라는 가차 없는 시선(흐릿한 기억의 범위와는 현저히 대조된다) 안에서 향유된다. 대부분의 공상과학소설이 다른 사람의 마음을 읽고 다른 사람의 기억을 파헤치는 일의 끔찍한 결과에 집착하는 것은 우연이 아니다. 쾌락은 그림자와 모호함을 필요로 한다. 쾌락은 다른 사람이 없는 곳에서 번성한다. 우리가 배우이자 관객인 인간 드라마에는 커튼이 있는 무대가 필요하다.

쾌락의 매개는 가상이 단순히 수용 가능한 대체물이 아니라 우월한 대체물이라고 확신하는 미래를 낳을 위험이 있다. 트라피스트 수도사 토머스 머튼이《수도사의 여정The Monastic Journey》에서 말하듯이 "대용품이 너무나 흔하게 받아들여져서 현실이 거의 잊히는" 미래 말이다.[82] 사실 이것은 많은 기술 전문가의 희망이다.

2007년 〈뉴요커〉의 기사에서 마이크로소프트의 고든 벨은 집에 더 이상 창문이 필요 없는 미래에 대해 설명했다. 그는 "창문이 어디에 있든 상관없을 것이다. 벽에 설치된 스크린이 무엇이든 우리

---

\*      국가와 민족의 생존과 발전에 필요한 공간적 영역

가 보고 싶은 것을 보여줄 테니까"라고 예측했다.[83] 로열 캐리비안 크루즈의 최신 유람선인 퀀텀 오브 더 시즈Quantum of the Seas는 창문이 없는 객실 내부에 "가상 발코니"를 갖추고 있다.[84] 가상 발코니에는 외부에서 오디오가 전송되는 "고해상도 80인치 스크린"이 있어서 실제 풍경을 보는 듯하다. 로열 캐리비안 인터내셔널의 엔터테인먼트 기술 관리자인 로니 파르자드Ronnie Farzad는 "사람들은 가상 발코니가 있고 창문이 없는 선실을, 창문이 없는 일반 선실보다, 심지어 창문이 있는 일반 선실보다 더 선호했습니다. 무척 놀라웠습니다"라고 말했다. 고객들은 실제 풍경보다 더 안정적이고 편리한 가상 풍경을 선호했다.

우리는 가상의 것들이 종종 실제의 것들과 같은 느낌과 반응을 불러낼 수 있다는 것을 알고 있다. 스페인에서 실시된 연구에 따르면 사람들은 에너지 회사가 환경 마케팅의 일환으로 사용한 폭포와 하늘을 나는 독수리의 이미지에 긍정적인 반응을 보였다. 테크노바이오필리아Technobiophilia[**] 사례를 연구하는 수 토머스는 "시각적 시뮬레이션이 자연을 경험하고 그 심리적 이점(즐거움, 스트레스 완화 등)을 누리고자 하는 인간의 욕구를 충족시키고 있다"고 말한다.[85] 만약 우리가 실제와 같은 즐거움을 주는 시뮬레이션을 만들수 있다면 왜 실제의 즐거움을 장려해야 한다고 말하는 것일까? 실제에 가치를 두는 것은 디지털 세계보다 실제에 '집착'하는 것이라

---

[**]     기술에서 나타나는 생명과 생명체와 유사한 과정에 초점을 맞추려는 경향

고 주장하는 사람들도 있을 것이다. 그들의 논리에 따르면 세계의 미술관들은 구글 아트 프로젝트가 스캔한 그림을 점보트론*에 투사하는 것으로 대체될 수 있을 것이다.

하지만 실제는 가상과 같은 방식으로 통제되지 않는다. 다른 사람이 프로그래밍한 가상화에는 환경 보호에 신경을 쓰는 것처럼 보이고 싶어 하는 에너지 회사나 유람선에서 창문이 있는 객실을 예약할 형편이 안 된다는 사실을 잊고 싶은 관광객 등을 조종할 많은 기회가 있다. 가상현실이 적합한 장소와 시기에 대해 신중한 제한을 두지 않는다면 우리는 마이클 베네딕트가 묘사한 대로 "실제로는 어디에도 살지 않고 오직 보여주기 위해 만들어낸 삶"만 살게 될 것이다.[86]


## 대체 불가능한 쾌락


1929년 가을 작가 올더스 헉슬리는 16세기에 지어진 에스코리알을 방문했다. 마드리드에서 멀지 않은 곳에 있는 에스코리알은 과거 스페인 왕의 거주지이자 매장지였다. 그곳에서 그는 엘 그레코의 〈필립 2세의 꿈Dream of Philip II〉(천국, 지옥, 연옥, 기도의 이미지로

---

\*   본래 소니에서 1985년 공개한 대형 스크린 TV의 상표명이지만 일반명사화되어 대형 전광판을 통칭한다.

둘러싸인 스페인 왕을 묘사한 정교한 작품이었다)을 보았다. 그리고 자신이 살고 있는 시대의 사람들보다 과거의 사람들이 현실의 육체적 쾌락과 고통에 더 확고하게 뿌리를 내리고 있었다는 결론을 내렸다. 헉슬리는 엘 그레코와 그 시대 사람들은 삶의 거의 모든 측면에 대한 "본능적인 인식"이 있었다고 주장했다.[87] "심장과 간, 비장과 정맥이 사람의 모든 감정을 대신했다"고 말할 수 있을 정도로 말이다. 에스코리알 자체가 보여주듯이 "가장 숭고한 경험"조차도 물리적으로 표현되었다. 건축가는 이 건물의 수호성인인 성 로렌스가 처형된 쇠 그릴과 비슷한 모양으로 건물을 설계했다.

엘 그레코의 그림은 헉슬리가 스페인 여행 중에 즐겼던 또 다른 즐거움, 즉 무지의 "사치"에 대해서도 생각하게 했다. 그는 "무지의 즐거움은 지식의 즐거움만큼이나 크다"고 했다. 그는 "주변의 사물을 질서 있고 이해하기 쉬운 시스템 안에 넣는 것"이 만족스러웠지만, 바로크 시대 예술가가 보는 어둠이나 낯선 장소의 어둠 속에서 헤매는 것도 좋다고 생각했다. 헉슬리는 여행을 통해 그런 감수성을 얻었지만 굳이 여행이 아니더라도 잠시만 멈춰서 시간을 갖는다면 누구나 그런 "막연한 당혹감"을 경험할 수 있다.

실제 여행보다 안락의자에 앉아서 하는 여행을 선호하고, 불편한 미술관 관람보다 사본 보는 것을 선호하고, 실제 사람과의 섹스보다 포르노의 안전성과 예측 가능성을 선호하고, 요리를 하는 것보다 요리 프로그램 보는 것을 선호하는 사람들은 항상 있었고 또 앞으로도 계속 있을 것이다. 그러나 거의 모든 것을 데이터로 모사할 수 있는 시대에 우리는 쾌락에 대한 정보가 실제로 경험하는 쾌락과는 다르다는 것을 기억해야 한다. 헉슬리가 상기시켜주듯이 이런 종류의 이해는 "우리 존재에 대한 매 순간 새로워지는 신비와의 직접적인 접촉"을 필요로 한다.

## 7장

# 소멸하는 장소,
# 개인화된 공간

"사람들이 거리에서 서로 대화하지 않는다면 자신들이
집단으로서 어떤 존재인지를 어떻게 알겠는가?"

1940년대 작가 조지프 미첼은 뉴욕 이스트 빌리지에 있는 맥솔리 올드 에일 하우스McSorley's Old Ale House에 대한 묘사를 통해 장소라는 개념을 정의했다.[1] 미첼은 이 물리적 공간이 되는 대로 설계되었지만 수년 동안 자연스럽게 발전해오면서 맥솔리의 고객들에게 매우 적합한 공간, 거의 신성시되는 공간이 되었다고 묘사했다. 손님들처럼 아주 오래된 의자들은 곧 무너질 듯했고, 톱밥과 묵은 때는 악명 높았다. 미첼의 이야기를 읽으면 그곳 공기에 스며든 연기와 생양파 냄새가 느껴지는 듯하다.

먼지 이야기를 빼놓을 수가 없다. 맥솔리의 먼지는 전설적이었다. 선반과 가스 샹들리에 매달린 위시본wishbone*에는 먼지가 켜켜이 쌓여 있었다(이 위시본은 1차 대선에 참전하러 떠나는 군인들이

---

* 새의 가슴에서 발견되는 Y자 모양의 뼈. 닭이나 칠면조에서 위시본을 뜯어내고 큰 조각을 든 사람이 소원을 비는 풍습이 있다.

달아놓은 것으로 추정된다). 그러나 몇 년 전 뉴욕시 보건국은 건강상의 위험을 이유로 먼지를 제거할 것을 명령했다. 〈뉴욕타임스〉에 따르면, 주인은 "마지못해" 먼지를 제거했다.[2] 그는 "그것은 뭐랄까 ……건드리고 싶지 않은 것이었습니다. 저든 다른 사람이든 건드리는 것을 보고 싶지 않은 것이었죠"라고 말했다. 주인은 결국 먼지를 제거했고 기념품을 관리할 책임이 있는 모든 사람이 그렇듯이 그것을 용기에 담아 집으로 가져갔다. 맥솔리는 성물을 보관하는 곳이다. 또한 소멸 위기에 처한 장소이기도 하다.

시민사회는 오래전부터 인도, 동네, 카페, 광장, 술집과 같은 물리적 장소에 뿌리를 두어왔다. 19세기 말, 우리 증조할아버지는 당시 보헤미아라고 불리던 곳에서 미국으로 이민을 왔다. 이후 여러 가지 일을 하면서 오하이오주 로레인에 술집을 열 수 있을 만큼의 돈을 간신히 모았다. 제2의 조국에 뿌리를 내린다는 것은 현지인들이 모여서 음식을 먹으며 대화를 나눌 수 있는 공간, 할아버지가 생선 튀김을 팔아 사업을 꾸려갈 정도의 수익을 올릴 수 있는 물리적 공간을 만든다는 의미였다.

그런 **장소**place들이 **공간**space으로 대체되고 있다. 그 둘 사이에는 무시할 수 없는 차이가 있다. 지리학자 이-푸 투안이 지적했듯이 "공간은 정의와 의미를 얻을 때 장소로 변한다." 공간은 "경계가 생기고 인적 요소가 가미"될 때 장소가 된다.[3] 사이버 공간은 있지만 사이버 장소는 없고, 페이스북 이전 시대의 지배적인 소셜 네트워크가 마이플레이스가 아닌 마이스페이스였던 이유도 여기에 있다.

작가 제임스 조이스는 1939년 작품인 《피네간의 경야》에서 "아이스페이스iSpace"라는 단어를 만들어냈다.[4] 아이스페이스는 공간이 시간에 의해 방해받을 수 있음을 표현하는 (표의적이고 예지적인) 단어인 동시에 장소에는 한계가 있지만 공간에는 제한이 없음을 인정하는 말이기도 했다.

물론 무한성은 사이버 공간이 갖는 매력에서 큰 부분을 차지한다. 엔지니어와 발명가들은 수세기 동안 우리가 장소를 초월할 수 있도록, 적어도 장소의 일상적인 현실을 덜 중요하게 여길 수 있도록 노력해왔다. 전화가 한때는 사적인 영역이었던 집에 누구나 접근할 수 있게 해주었다면 디지털 자동 응답기의 발명은 장소 이동의 새로운 시대를 예고했다. 몸은 멀리 떨어진 곳에 있어도 메시지 속에서는 가상으로 "집에" 있을 수 있게 된 것이다. 오늘날에는 휴대전화 덕분에 장소가 그리 문제되지 않는다. 장소는 기술이 상당히 쉽게 극복한 장애물인 것 같다.

스마트폰은 장소 이동을 가능하게 할 뿐만 아니라 세상에서 우리 자신의 위치를 이해하게 도와준다. 스마트폰은 우리가 계속 연결된 상태로 있게 해줄 뿐만 아니라 우리가 어디에 있고 어디로 가는지, GPS를 통해 어떻게 그곳에 갈 수 있는지를 알려준다. 우리는 X, 페이스북 등 소셜 네트워킹 사이트를 통해 위치 정보를 업데이트할 수 있고, 따라서 친구와 팔로워들은 우리가 어디에 있는지 정확히 알 수 있다. 특정 장소와 동네의 고객을 기반으로 했던 맥솔리와는 달리 오늘날 우리는 기술과 소프트웨어에 의지해 팔로워,

친구, 좋아요를 지속적으로 조정함으로써 우리가 누구인지 상기시킨다. 인스타그램에 휴가 '셀카'를 올리는 때만 아니라면 우리가 어디에 있는지는 상관이 없다. 우리를 장소로부터 해방시켜주는 바로 그 기술이 어디에서나 우리의 위치를 추적할 수 있게 한다는 아이러니에 주목하는 경우는 거의 없다. 오늘날 당신은 어디에든 갈수 있지만 어디에 가든 금세 위치가 노출된다.

새로운 동네나 도시를 알아가는 비공식적이고 종종 비효율적인 장소 학습 과정은 알고리즘으로 대체되었다. 알고리즘은 장소에 대한 정보를 주문형으로 제공하지만 한편으로는 개인의 발견보다 알고리즘의 판단을 우선한다. 그리고 이 모든 과정에서 우리를 계속 추적한다. "시애틀 최고의 커피숍"을 구글에 검색하면 끝이 없어 보이는 선택지들이 나타난다. 그 때문에 구글이 플랫폼의 논리나 비즈니스 모델에 부합하지 않는 선택지들을 삭제하거나 숨기고 있다는 사실은 드러나지 않는다. 궁금하다면 옐프나 구글의 광고비 지불을 거부한 지역 상점에 물어보라.

이것이 바로 편의와 정보의 대가다. 그러나 이런 새로운 공간(언제나 접근이 가능하고 참신함이 가득한 온라인 공간들)은 과거의 장소보다 우연한 상호작용을 위한 더 좋은 기회를 제공한다. 또는 그렇다고들 한다. 에릭 슈미트가 구글의 CEO일 때 〈월스트리트 저널〉과 가진 인터뷰를 생각해보라. 그는 "우리는 당신이 누구인지, 무엇에 관심이 있는지, 당신의 친구가 누구인지 대략적으로 알고 있습니다"라고 말했다.[5] 구글과 애플은 왜 당신이 어디에 있는지 알고 싶어 할까? 물론 이런 정보를 바탕으로 그들은 퇴근길에 우유를 사야 한다거나 근처 가게에 들러서 좋아하는 브랜드의 비누를 사야 한다고 알려줄 수 있다. 슈미트는 말했다. "이제는 이런 뜻밖의 **경험**을 계산할 수 있습니다. 디지털 기술로 그런 뜻밖의 경험을 만들어낼 수 있습니다."

그렇다면 "디지털 시스템과 컴퓨터를 이용해 만들어진" 뜻밖의 경험이 바람직한 것일까? 이런 기술적 효율성은 오히려 뜻밖의 경험을 제거한다. 예를 들어, 오늘날의 많은 엘리베이터는 효율성과 속도를 극대화하기 위해 목적지에 따라 승객을 그룹화한다. 즉 예기치 않게 회계 담당자 조지와 마주치는 뜻밖의 순간이 전보다 줄어드는 것이다. 오늘 당신은 엘리베이터를 타고 출근하는 짧은 순간에도 같은 사무실을 쓰는 동료들과 함께 있었을 것이다. 작은 변화이지만, 공적 공간에 이런 조작된 변화가 쌓인다면 우리의 상호작용에도 영향이 있을 것이다.

기술은 단순히 장소를 침범하기만 하는 것이 아니라 이제는 그 자체의 이미지로 장소를 재창조하려고 한다. 기술 평론가 니콜라스 카는 공간을 설계하고 뜻밖의 경험을 조작하려는 이런 활동을 "형언할 수 없는 것의 산업화"라고 부른다.[6] 이는 우리 시대의 특징이다. 형언할 수 없는 것의 산업화는 아마도 가상과 현실을 융합하거나 가상을 현실 위에 겹쳐놓으려는 지속적인 노력(예를 들면, 포켓몬 고 게임의 열풍)에서 가장 잘 드러날 것이다. 이런 노력이 대규모로 구현되면 사람보다는 기술과 정보 수집을 중심으로 설계된 한국의 송도와 같은 '스마트 도시'가 만들어진다.

휴대전화 덕분에 개인이 소통을 위해 특정 시간에 특정 장소에 있어야 할 필요가 없어졌다면 미래에는 장소 그 자체의 의미가 사라지게 될 수도 있다. 메타의 오큘러스 리프트Oculus Rift나 애플의 비전 프로Vision Pro와 같은 VR 헤드셋을 사용하면, 머지않아 "디지털 콘텐츠와 물리적 공간을 매끄럽게 혼합"할 수 있을 것이다.[7] VR은 집을 떠나지 않고도 어디든 갈 수 있는, 또는 적어도 모든 것의 세련된 복제품을 접할 수 있는 세상을 약속한다. 6장에서 살펴보았듯이 점점 더 많은 사람이 이런 매개된 쾌락에 매력을 느끼고 있다.

과연 이것은 공적 공간에 어떤 영향을 미칠까? 2016년 가을, 우리는 VR의 미래를 잠시 엿볼 수 있었다. 페이스북의 설립자 마크 저커버그가 VR 프로그램에 2억 5000만 달러를 투자하겠다고 발표하는 자리에 수많은 청중이 모여 있었다. 이 광경을 찍은 사진에는 웃는 얼굴의 저커버그가 사람들로 가득한 강당의 통로를 걸어 내려오고 있다. 자리에 앉은 모든 사람이 오큘러스 리프트 헤드셋을 착용하고 있었고, 이 새로운 기술(특히 게임을 즐기는 사람들 사이에서 널리 사용된다)을 가장 먼저 테스트할 수 있게 된 것에 흥분하고 있었다.

그러나 페이스북의 CEO 저커버그의 활기찬 걸음걸이와 헤드셋을 쓰지 않은 그의 얼굴은 수동적이고 둔해 보이는 테크노 대중의 모습과 극명한 대조를 이뤘다. 저커버그가 VR 기술이 촉진하는

"존재감"의 힘을 찬양하는 동안 강당에 있던 사람들은 주변 모든 사람의 존재감을 일부러 차단했다. 가상 세계로 들어가기 위해 물리적 세계를 차단하기로 선택한 것이다. 그들이 새로운 기술을 보기 위해 그곳에 갔다는 점을 감안하더라도 저커버그의 홍보는 이 장치가 사용자에게 마약과 같은 영향을 미치고 물리적 장소에 대한 감각을 약화시킬 수 있다는 우려를 누그러뜨리지 못했다. 저커버그는 오큘러스 리프트에 대해 이렇게 말했다. "원하는 모든 것을 할 수 있는 공간을 갖게 됩니다. 게임을 할 수도, 일을 할 수도 ……자유롭게 탐험할 수도 있습니다."[8] 그러나 '장소'가 아니라 '공간'이라는 단어를 사용함으로써 이 가상 세계가 카페나 술집처럼 시간의 흐름에 따라 유기적으로 발전하는 인간화된 장소가 아니라 우리가 관람자이자 참여자로 초대받는 기술 중심의 공간임을 알 수 있다.

페이스북과 같은 기술 기업에게 메타라는 새로운 이름을 갖는다는 것은 이런 미래에 헌신하겠다는 각오를 의미한다. 메타는 인간이 더는 물리적 세계에 제한받지 않는 공유형, 몰입형 VR 공간, 즉 메타버스를 의미한다. '메타버스'는 '메타meta(그 너머)'와 '유니버스universe(우주)'의 합성어다. 아마도 이것이 우리가 늘 원해왔던 것인지도 모른다. 일상생활에서 실제 경험을 가상의 매체로 여과하는 경우가 너무 많다 보니, 이미 그 구분이 모호하게 느껴질 정도다. 동시에 물리적 장소가 우리 삶에서 발휘했던 힘, 좋든 나쁘든 특정한 공동체에 기반을 두고 우리의 우정과 커리어를 결정하게 했던 방식은 약화되었다. 커뮤니케이션 학자 조슈아 메이로위츠는 "사람이 있는 곳과 그가 알고 경험하는 것의 관련성이 점점 줄어들고 있다"고 말한다.[9]

그러나 장소가 공학적으로 설계된 공간이 되거나 물리적 현실이 가상현실의 '존재감'에 밀려날 때 우리는 중요한 것을 잃게 된다. 과거 장소는 남부 사람, 뉴요커, 이민자, 탐험가처럼 물리적으로만 우리를 정의한 것이 아니라 감정적으로도 우리를 정의했다. 태어난 장소를 떠나는 것은 지리적인 것을 훨씬 넘어서는 많은 것으로부터의 단절이었다. 그것은 새로운 정체성을 형성하는 짜릿한 도전을 의미하기도 했다. 오늘날에는 단절이라고 하면 인터넷 연결이 끊어지는 것을 떠올린다. 그리고 역사상 그 어느 때보다 정확하게 추적·순위화·측정·분석되는 우리의 정체성이 우리가 소셜 미디어 플랫폼에 등장하는 순간부터(젊은 세대의 대부분은 태어난 직후부터) 우리를 따라다닌다. 지도상의 특정 장소(도시, 마을, 지역)와 밀접하게 연결되었던 정체성이 온라인 프로필에 자리를 내주었고, 이 온라인 프로필은 다른 사람이 봐주었으면 하는 잘 조정된 우리의 디지털 존재를 전 세계에 내보인다. 당신이 태어난 장소보다는 온라인 공간에서 자신을 표현하는 방식이 중요해졌다.

우리는 한때 특정 장소(예를 들어, 공공 광장이나 지역 모임 장소)를 정의했던 공간적, 사회적 표식에서 벗어나 기술 기업들이 설계한 보다 매끄럽고 물리적 경계가 없는 공간 경험으로 이동하는 과정에 놓여 있다. 이런 공간은 '설계된 뜻밖의 기회'를 보다 효율적으로 전달하겠다고 약속하지만 현실은 예측이 좀 더 용이한 동질성을 제공하는 것에서 끝날 수 있다.

## 장소가 뿌리 뽑힌 사회

나는 사회학자 레이 올든버그Ray Oldenburg와 함께 장소와 관련된 학술회의에 패널로 참여한 적이 있다. 올든버그는 전통적인 공동체의 근간이 되는 "제3의 장소(카페, 동네 술집, 기타 "좋은 장소")"에 대해 설득력 있는 글을 쓰기도 했던 인물이다.[10] 그는 진정한 공동체에는 대면 상호작용과 상호 의존성이 필요하다면서 제3의 장소는 이를 제공하는 일에 탁월하지만 가상 세계는 아직 그러지 못하고 앞으로도 그런 일은 불가능할 거라고 강조했다. 다른 참가자들은 대리 경험과 매개 기술이 오랫동안 미국 문화에서 긴장의 원천이 되어왔지만(헨리 데이비드 소로는 전신의 부정적 영향에 대해 걱정했다) 과거 사람들에게는 그나마 가상 세계라는 선택지는 없었다고 주장했다. 이제 우리에게는 그런 선택지가 있고 빠르게 표준이 되고 있다.

그러면서 인간 행동에서 장소가 담당하는 역할과 상황 윤리에 대한 의문이 제기되었다. 우리는 타인과 물리적으로 가까울 때 다르게 행동할까? 같은 물리적 장소에서 얼굴을 맞대고 있게 되면 타인에 대한 우리의 반응이 달라질까? 2장에서 살펴보았듯이 기술로 매개된 경험은 대면 상호작용과는 질적으로 다르다. 특정한 물리적 공간에 묶여 있으면 특정한 방식으로 행동할 가능성이 더 높을까? 시민사회는 오랫동안 특정한 장소, 즉 낯선 사람 간의 교제를 촉진하는 장소에 뿌리를 두어왔다. 이런 장소는 아는 사람뿐만 아니라 새로운 사람들을 만날 기회를 만들어준다. 저항이나 정치적 행동의 근거가 되기도 한다. 대규모 시민 참여가 다양한 배경을 가진 사람들이 모이는 도시의 광장이나 회의 장소에서 시작되는 것은 우연이 아니다. 물리적 장소에서는 주변 사람들과 대면하고 타협하고 어울려야 한다. 온라인에서라면 피할 수 있는 활동을 해야 하는 것이다.

모바일 기술이 발명되기 훨씬 전에 프랑스 철학자 시몬 베유는 '뿌리 뽑힘uprootedness'을 현대의 질병이라 불렀다. 베유는 현대인의 지역사회 참여 부족과 장소에 기반한 유대 관계의 부족을 우려했다. 오늘날 우리는 기술이 가져온 뿌리 뽑힘을 수용하고 그것을 '연결' 또는 '이동성'으로 재정의한 다음 이를 일과 여가의 표준으로 삼았다. 휴대전화나 VR 헤드셋(또는 미래에는 이식형 칩) 덕분에 우리는 몸이 어디에 있든 여전히 집과 직장 가까이에 머물 수 있게 되었다. 그러나 우리가 장소 없는 모바일의 미래로 달려가면서 시민 생활의 형성에 결정적인 역할을 했던 장소의 개념을 잊어가고 있다는 점을 기억해야 한다. 매력적이고 새로운 방식이 발견되면서 오래된 방식은 짧은 추도사조차 없이 사라지고 있다. 당연히 그것이 인간의 존재 의미에 어떤 영향을 미치는지에 대한 설명도 없다.

## 공간의 규칙

공상과학소설가 윌리엄 깁슨이 이렇게 말한 적이 있다. "당신이 나처럼 모든 문화적 변화는 본질적으로 기술 주도적이라고 생각한다면 일본에 주목해야 한다."[11] 기술적으로 진보한 시대에 장소가 갖는 의미를 이해하고 싶다면 역시 일본에 주목해야 한다. 일본은 첨단 기술을 수용하는 한편 여전히 공식적, 비공식적 공적 공간의 경계를 엄격하게 지키는 나라이기 때문이다.

국적, 연령, 배경, 생각이 각기 다른 소규모 그룹과 오키나와 여행을 갔을 때 나는 모든 사람이 가라오케에는 공동체를 구축하는 힘이 있다고 말하는 것을 듣고 무척 기뻤다. 가라오케는 1960년대 후반 고베에서 시작되었다. 가라오케를 만든 클럽 가수 이노우에 다이스케井上大輔는 가라오케를 "평범한 사람들의 형편없는 노래를 견디고 어쨌든 즐기도록 가르치는 발명품"이라고 했다.[12] 가라오케는 일본인이 오랫동안 말로 드러내지 않은 사회적 공간에서의 행동 규칙을 압축적으로 보여준다. 가라오케에 가는 사람들은 여가활동을 즐기면서도 특정한 에티켓을 강요받고 따르는 경향이 있다. 즉 일본의 가라오케에는 많은 규칙이 있다.

이 규칙을 어겨서 자리를 마련한 일본인들의 기분을 상하게 하고 싶지 않았기에 우리는 일본인의 전통 가라오케에 가기 전에 미국식 가라오케에 가보기로 했다. 미국식 가라오케에서는 많은 사람이 시끌벅적하게 노래를 부르고, 탬버린을 되는 대로 흔들고, 야유를 퍼부었다. 사케에 취한 사람들이 〈보헤미안 랩소디〉를 부르기도 했다. 한마디로 규칙이란 것이 없었다.

며칠 후 우리는 일본 가라오케를 경험했다. 가라오케가 정말 무엇인지 알려주는 의례화된 경험이었다. 우리는 우리를 초대한 일본인들이 조용히 기다리고 있는 가라오케에 갔다. 대체로 차분한 칵테일파티 같은 느낌을 주었다. 각자 차례가 오면 노래를 불렀고, 다른 사람들은 조용히 귀를 기울였다. 일본인들이 부른 노래는 대부분 오키나와 전통 민요였고, 몇몇은 분명히 미리 연습을 한 듯했다. 그들은 자신들의 노래에 자신감이 있었다(과장되고 유머러스한 공연은 없었다). 일본 맥주가 제공되기는 했지만 무질서한 술자리라기보다는 공연장에 가까웠다.

가라오케에서 체험한 극명하게 다른 이 두 경험 덕분에 나는 장소가 우리의 행동에 어떤 영향을 미치는지를 생각해보게 되었다. 우리는 어떤 장소에 들어갈 때마다 미묘하고 간접적인 단서와 직접적인 단서를 모두 포착한다. 첫 번째 가라오케 경험은 관광객과 인근 미군 기지의 군인들을 대상으로 하는 시끄러운 서양식 레스토랑에서 이루어졌다. 두 번째 경험은 일본인을 대상으로 하는 동네의 한적한 공간에서 이루어졌다. 두 장소 모두 우리가 문을 열고 들어서는 순간부터 우리에게 신호를 보냈다. 우리를 맞이하는 사람들에게 얼마나 큰 목소리로 말해야 하고 얼마나 격식을 차려야 하는지는 물론, 저녁 내내 우리가 어떻게 행동해야 하는지에 대한 신호 말이다.

인류학자 에드워드 T. 홀은 그의 저서 《침묵의 언어》에서 이렇게 말했다. "사람들은 성장하면서 말 그대로 수천 개의 공간적 단서를 배운다. 이 단서들은 모두 각각의 맥락에서 그만의 의미를 갖는다. 이런 단서들은 파블로프의 종이 개들에게 침을 흘리게 했던 것과 거의 같은 방식으로 전형적인 반응을 유발한다. 우리는 말 그대로 수천 개의 경험을 통해 공간이 소통한다는 것을 무의식적으로 익힌다."[13]

홀은 프록시믹스proxemics(근접공간학)의 창시자다. 프록시믹스는 우리가 세상에서 우리의 물리적 위치와 다른 사람들과의 관계를 어떻게 이해하는지를 연구하는 학문이다. 프록시믹스 연구의 중심에는 공간 내에서 우리의 위치가 우리의 관계와 우리의 행동에 영향을 미친다는 생각이 있다. 누군가가 우리의 "사적인 공간"에 침입하면 불안해지는 것도, 몇 시간 동안 붐비는 비행기 안에 갇혀 있던 승객들이 가끔 "기내 분노air rage"를 표출하는 것도 그 때문이다. 프록시믹스는 사적 공간과 공적 공간을 이해하는 방식에 상당한 문화적 차이가 있다는 것도 보여준다. 어떤 나라에서는 사적인 공간으로 여겨지는 곳이 다른 나라에서는 사회적 공간으로 여겨지는 것이다.

기술이 공적 공간에 침투하면서 사회적 공간의 규칙에 대한 인식이 악화되고 있다. 프록시믹스는 동료 인간과 함께 사회적 공간에서 행동하는 방법을 알아야 하지만 더는 그런 지식을 당연한 것으로 여길 수는 없다고 가르친다. 거의 끊임이 없는 매개 기술, 특히 전화의 사용은 우리가 가상 공간의 규칙, 즉 가상 세계에 계속 집중하게 하는, 즉각성이 요구되는 행동에 보상하는 규칙을 따르고 있다는 의미다. 가상 세계에 이렇게 집중하려면 물리적 세계를 희생해야만 한다.

우리는 물리적 세계에서 찾던 것들을 이제 가상 세계에서 찾는다. 예를 들어, 우리는 일상적인 문제에 대한 조언을 구할 때 이웃의 친숙한 사람보다 온라인의 낯선 사람을 찾을 가능성이 훨씬 더 높다. 퓨 리서치 센터의 연구에 따르면 "미국인의 43퍼센트만이 이웃 모두 혹은 대부분의 이름을 안다. 29퍼센트는 일부만 알고 있고, 28퍼센트는 전혀 모른다."[14] 퓨 리서치 센터의 후속 연구에 따르면 이웃을 알고 있는 사람도 그들과 많은 시간을 보내지는 않는다. 이 연구에 따르면 "이웃 간의 사교 행사는 비교적 드물다."[15] 이웃 간의 교류가 감소하는 원인은 무엇일까? 온라인 관계에 대한 선호가 원인 중 하나다. "소셜 네트워크 서비스 사용자들은 이웃과 동반자 관계를 구축할 가능성이 26퍼센트 낮다." 이제 사람들은 제인 제이컵스가 한때 공적 공간의 필수 구성원이라고 했던 지역의 '공인public character(도시에 사는 친숙하고 신뢰할 수 있는 인물로서 다른 주민들이 갖는 궁금증을 해결해주고 도움을 준다)'보다 유튜브나 틱톡 스타에 더 익숙하다.

그러다 보니 이런 역설도 발생한다. 그 어느 때보다 서로가 '연결되어' 있는 이 시대에 사회적 고립 비율은 오히려 높아지고 있다. 일반사회조사General Social Survey에 따르면 1985년과 2004년 사이에

"중요한 문제"를 의논할 이가 없다고 응답한 사람의 수가 세 배로 증가했다.[16] 2023년까지 문제는 더욱 악화되어 미국 보건부 장관 비벡 머시가 "외로움과 고립의 전염병"이라는 특이한 제목의 보고서를 발표하는 이례적인 일이 있을 정도였다.[17] 이 보고서는 외로움이 건강에 미치는 영향을 하루에 15개비의 담배를 피우는 것에 비교했다.

많은 사람이 주장하듯이 이 전염병의 주된 원인은 기술 사용이다. NPR(국립공영라디오)의 보도에 따르면 "모든 연령대에 걸쳐 사람들이 서로를 직접 만나는 데 할애하는 시간이 20년 전보다 줄어들고 있다."[18] 이런 경향은 15~24세의 미국인들 사이에서 가장 두드러졌다. 주로 소셜 미디어의 영향으로 이들이 "친구들과 갖는 사회적 상호작용은 70퍼센트 감소했다." 머시가 NPR과의 인터뷰에서 말했듯이 "우리가 막아야 할 것은 우리 아이들이 온라인에서 보내는 시간을 극대화하기 위해 대면 상호작용을 희생시키는 기술 요소, 특히 소셜 미디어다."

이 보고서의 첫 번째 권고는 도서관이나 공원 같은 공적 공간에서 직접 만나는 것을 장려하는 "사회적 인프라의 강화"였다. 지극히 타당한 말이다. 가상 공간에는 분명히 매력이 있지만 시민 공간과는 달리 레이 올든버그가 자연스러운 "평준화 영향력leveling influence"이라고 부르는 것이 부족하다. 즉 가상 공간은 본질적으로 그 안에 있는 모든 사람을 식별하고 순위를 매기고 추적한다. 반대로 제3의 장소는 사람들이 거래 등의 도구적인 방식이 아니라 비도구적인 방식으로 서로를 알아가게 한다. 올든버그는 "대부분의 인적 연합은 어떤 객관적인 목적을 위해 서로 관련이 있는 개인들을 찾는다"고 말한다.[19] 학교나 직장과는 달리 제3의 장소는 사회학자 게오르크 지멜Georg Simmel이 "순수한 사교성pure sociability"이라고 부르는 것에 전념한다. 즉 사람들이 함께하는 즐거움 이외에 다른 이유 없이 모이는 것이다. 올든버그는 목적 없는 순수한 사교성이 "가장 민주적인 경험을 장려하고, 사람들이 더욱 온전히 자기 자신이 되게 한다"고 말한다.

그러나 이제는 온라인 공간이 제3의 장소들을 대체하고 있다. 기술 기업들이 운영하는 공간에 참여하기 위해서는 팔로워뿐만 아니라 낯선 사람들로부터도 "좋아요" 등의 지지를 받아야 한다. 결과적으로, 소셜 미디어 플랫폼은 순수한 사교성을 정량화된 인기로 대체한다.

물리적 공간을 중계하는 새로운 기술 기업들은 그런 서열 매기기를 경험의 핵심으로 받아들인다. 예를 들어, 새로운 앱과 디지털 지도 서비스는 단순히 우리를 실제 물리적 장소로 안내하는 것에서 더 나아가 지도에 표시되는 내용과 표시되지 않는 내용을 바꾸고 특정 행동을 하도록 우리를 격려함으로써 우리가 새로운 장소를 만나는 방식에 영향을 미치려 한다("최근 애플비에서의 식사에 대해 평가해주세요!").

구글 렌즈Google Lens 앱을 사용하면 휴대전화로 가리키는 모든 것에 대한 정보, 리뷰, 심지어 물건의 구매 링크까지 볼 수 있다. 구글

렌즈는 "원본 사진 속 대상과의 유사성과 관련성에 따라 이미지들의 순위를 매긴다."[20] 따라서 즉각적인 정보를 불러오기에는 편리하다. 하지만 구글 렌즈는 당신이 서 있는 공공 장소, 아마도 사람들 간의 상호작용을 장려하기 위해 설계된 곳을 가상 공간으로 변화시킨다. 수익이 목표인 구글 엔지니어들은 교묘한 설계로 당신이 그 가상 공간을 계속 사용하게 부추긴다.

시인 월리스 스티븐스는《필연의 천사The Necessary Angel》에서 이렇게 말했다. "우리는 침대에 누워서 카이로에서 송출되는 방송을 듣는다. 거리는 존재하지 않는다. 우리는 한 번도 본 적이 없는 사람들과 친밀하고, 불행히도 그들은 우리와 친밀하다."[21] 스티븐스가 인터넷 시대 이전에 이미 정확히 지적했듯이 거리가 사라지고 다른 사람과 장소를 벗어난 친밀한 관계를 형성할 때 상실감과 혼란이 찾아온다. 그 경험은 세상에서 내 위치에 대한 이해를 변화시킨다. 정치학자 브루스 제닝스는《자연을 생각하다Minding Nature》에서 다음과 같이 주장했다. "도덕심리학은 윤리적 사고와 가치관이 보편성이 아닌 특이성, 즉 특정한 자연적·사회적 특성, 풍경, 문화를 가진 장소에 대한 생생한 경험에 뿌리를 두고 있다고 말한다."[22] (역사가 보여주듯이) 이것이 사실이라면 우리가 장소를 사이버 공간과 교환할 때 개인적인 경험뿐만 아니라 사회적, 공동체적 유대관계까지 변화할 위험이 따른다.

## 연결되지 않은 사람들

1969년 저널리스트 윌리엄 H. 화이트William H. Whyte는 평범한 사람들이 공적 공간을 이용하는 방식을 연구했다. 건축가와 도시계획가가 설계한 공적 공간에서 사람들이 어떻게 행동하는지를 관찰한다는 그의 '스트리트 라이프 프로젝트Street Life Project'의 목표는 언뜻 단순해 보였지만 실제 그 중요성이나 깊이는 훨씬 더 컸다. 사람들은 분수 앞에서 무엇을 했을까? 사람들이 여기가 아닌 저기에 앉기로 선택한 이유는 무엇일까? 물리적 장소가 그들의 행동에 어떤 영향을 미쳤을까?

화이트는 1950년대 시대의 적응을 다룬 베스트셀러 《조직인The Organization Man》으로 유명하지만, 사실 그는 무엇보다 삶의 일상적인 기회를 이용해 사람들의 행동을 비판적으로 관찰하는 거리의 관찰자였다. 제자인 제인 제이컵스처럼, 화이트는 인도, 현관, 광장이 중요하다고 믿었다. 그곳은 인간의 가치관이 설계의 선택과 밀접하게 결부되는 곳이기 때문이다. 더 중요한 점은 이런 선택이 사람들의 일상생활에 영향을 미친다는 것이다.

화이트는 특히 맨해튼 미드타운에 있는 시그램 빌딩의 광장에 강한 흥미를 느꼈다. 루트비히 미스 반데어로에가 설계해 1957년에 완공된 이곳은 미니멀리스트 양식의 화강암 광장이었다. '스트리트 라이프 프로젝트'에서 탄생한 영화인 〈작은 도시 공간의 사회생활The Social Life of Small Urban Spaces〉에서 화이트는 광장에서 펼쳐지는 일을 "안무choreography"라는 말로 묘사한다. "우리는 디지털 타이머를 사용해 수많은 교차 패턴으로 광장을 지나다니는 사람들을 추적했습니다. 그들은 결코 충돌하지 않았습니다. 아주 작은 손짓. 잠깐의 지연. 0.1초. 타이밍은 기가 막혔습니다. 이에 필적할 만한 것을 만들기 위해서 어떤 레이더와 컴퓨터가 필요할지 생각해보십시오."[23]

화이트가 관찰한 광장들을 방문할 때면 나는 그 컴퓨터와 레이더에 대해 생각했다. 여전히 화이트가 묘사한 "이동 중의 대화"는 계속되고 있다. 다만 광장에 있는 사람과 광장에 없는 사람이 휴대전화로 대화를 나눈다는 것이 달라졌을 뿐. 이제 광장의 패턴은 우아한 발레보다는 일련의 통제되지 않고 종종 어색해지는 움직임에 가깝다. 기술에 몰두한 보행자들이 갑자기 방향을 바꾸고 때로는 서로 부딪히기 때문이다. 워크맨이 처음 등장해 사람들이 공적 공간에서 자신만의 음악을 즐기게 되자 이에 따른 고립 효과가 자주 지적되었다. 당시 CBS 레코드의 부사장이었던 수전 블론드는 "소니 워크맨의 출현으로 사람들을 만나는 일이 끝났습니다. ……마치 마약과 같습니다. 워크맨을 귀에 연결하면 세상의 모든 것이 사라집니다"라고 말했다.[24] 공상과학소설가 윌리엄 깁슨은 "워크맨은 인간 인식의 변화라는 측면에서 가상현실 기기보다 그 영향력이 훨씬 크다"고 말했다. 그의 평가는 정확했다. 2001년 아이팟이 첫선을 보이고 2016년 애플의 무선 이어폰인 에어팟이 출시될 무렵 우리는 주변의 소리를 차단하는 것을 정상적인 선택으로 받아들었다.

화이트의 영화에서 1970년대 당시의 연구 대상자들은 지금은 빠르게 소멸해가고 있는 두 가지 공공 활동, 즉 흡연과 신문 읽기에 참여하고 있었다. 한 장면에서 화이트는 뉴욕시의 광장 구석구석에 앉아 있는 전형적인 사람들을 카메라로 보여준다. 그중에는 책을 읽는 다섯 명의 사람과 백개먼을 하는 한 커플이 있었다. 그러나 화이트의 세계에는 눈에 띄는 또 다른 것이 있었다. 아무것도 하지 않는 사람들이었다. "그들은 삶이 소용돌이치는 가운데에서 그저 그것 모두를 흘려보내고 있었다. 그들은 그저 거기에 서 있었다." 화이트의 말이다.

5월의 어느 아름다운 아침, 나는 뉴욕 공립도서관 본관 앞의 광장에서 도시의 야외 흡연 금지에 도전하는 한 남자를 보았다. 광장에 있는 세 사람은 책을 읽고 있었다. 그저 서 있기만 한 사람은 없었다. 계단이나 테이블에 앉아 있는 대부분의 광장 이용자들은 휴대전화로 즐겁게 이야기를 나누거나 문자를 주고받고 있었다. 워싱턴 D. C.의 패러거트 광장에서도 비슷한 장면이 나를 맞았다. 이어폰을 꽂은 채 시선을 아래로 하고 문자를 보내던 한 여성은 광장을 가로질러 빠르게 걷다가 갑자기 걸음을 멈추었다. 자신이 번잡한 도로로 들어설 뻔했다는 것을 깨달았던 것이다. 나는 몇 시간 동안 벤치에 똑같은 자세로 앉은 채 문자를 보내며 바쁘게 나를 지나쳐가는 사람들을 지켜보다가 문득 이 무고한 행인들의 부주의한 맹시를, 화이트라면 결코 굴복하지 않았을 약점을 시험해보고 싶다는 비딱한 욕구에 사로잡혔다. 나는 예의 발라 보이는 두 명의 비즈니스맨이 문자를 보내며 다가오는 것을 보았다. 나는 앞으로 몸을 기울이며 혀를 내밀고는 그들이 알아채는지 확인했다. 그들은 알아차리지 못했다.

다른 것에 정신을 빼앗긴 두 사람이 공적 공간에서 소멸한 특정 경험과 무슨 관계가 있다는 말인가? 사실 아주 큰 관계가 있는 것으로 드러났다. 2010년 펜실베이니아대학교 애넌버그 커뮤니케이션 스쿨의 키스 햄프턴Keith Hampton 교수와 그의 학생들은 필라델피아, 뉴욕, 샌프란시스코, 토론토의 공적 공간에서 와이파이 사용자들을 관찰했다. 그들의 보고 내용은 모바일 기술이 공적 공간에서 사람들이 상호작용하는 방식을 개선하고 있다는 주장이 희망 사항에 불과하다는 것을 암시한다.

햄프턴은 공적 공간에서 와이파이와 전화를 사용하는 사람들이 "어떤 유형이든 우연한 사회적 교류에 참여하는 경우가 상당히 적다"는 것을 발견했다.[25] 그가 관찰한 사용자의 거의 80퍼센트가 혼자 있었고 낯선 사람들의 정중한 접근을 무시했다. 햄프턴은 "와이파이 사용 밀도가 높을 때는 공적 사교성이 감소하는" 현상이 극명하게 나타난다는 것을 인정할 수밖에 없었다.

그럼에도 많은 기술 예찬론자들이 그렇듯이 햄프턴은 자신의 발견에 대해 좀 더 낙관적인 견해를 제시하고 싶었다. 그는 노트북에 머리를 파묻고 있는 사람들은 "진정한 의미에서 혼자가 아니"라고 〈스미소니언〉에 말했다.[26] 주변 사람들을 무시하는 동안에도 페이스북을 확인하면서 연결되어 있다는 느낌을 받는다고 보고했기 때문이다. 햄튼은 "그들이 온라인에서 하는 일은 정보를 공유하고 중요한 사안에 대해 토론하는 등 정치적 참여와 매우 흡사했다"라고 말했다. 이 말이 사실일 수도 있다. 하지만 뉴스피드를 스크롤하는 사람들이 정말 공공 영역의 적극적인 참여자일까?

나는 그렇게 생각하지 않는다. 이런 공적 공간의 변화는 아직 초기 단계다. 그럼에도 시민들이 사회적 공간에서의 공적 활동보다 스크린 속의 사적인 세계를 선호하는 것이 사회적 삶에 부정적인 영향을 미치지 않을까 걱정하는 것은 합리적인 일이다. 햄프턴이 연구를 한 지도 10년이 넘은 지금 공적 공간은 기술로 포화되었고 우리의 행동은 더 악화되었다.

가상 커뮤니티가 공적 공간에서 타인과 교류하는 능력에 부정적인 영향을 준다면 버스, 식료품점 등에서 물리적으로 공존하는 사람들에 대한 인내는 더욱 악화될 위험이 있다. 우리는 스마트폰에 집중하느라 바로 앞에 있는 사람, 좌석이 필요한 노부인을 알아보지 못한다. 모르는 사이에 저지르는 이런 일상의 무례함은 공적 공간과 공공 생활의 질에 누적적인 영향을 미친다.

연쇄반응도 일어난다. 기자 존 프리먼이 지적했듯이 "요즘 커피숍에 앉아 있다 보면 사람들의 이야기 소리는 들리지 않고 곤충 소리 같은 타이핑 소음만 들린다. 현실 세계의 공유 공간을 덜 사용하게 되면서 사람들은 가상 세계를 찾게 되고, 연쇄반응으로 고립은 더욱 심해지며, 유형적 공유 공간에 대한 관심은 더욱 줄어든다."[27] 올든버그가 묘사한 커피숍 등 제3의 장소는 기술의 식민지가 되었다.

햄프턴과 그의 학생들은 윌리엄 화이트가 뉴욕시에서 자주 가던 장소를 다시 찾아 모바일 기술이 공공 광장을 어떻게 변화시켰는지 알아보았다. 특히 브라이언트 스퀘어 공원을 방문한 햄프턴은 공적 공간에서 큰 소리로 통화하거나 휴대전화에 집중하느라 주변을 챙기지 못하는 사람에 대한 불만과 관련 기사가 대단히 많은 것에 비해 실제로는 휴대전화를 사용하느라 자신을 고립시키는 사람이 훨씬 적다는 것을 발견했다. 기술 예찬론자들 사이에서 인기 있는 반직관적 접근법(나쁘다고 생각했던 것이 실은 좋은 것이다!)을 받아들인 햄프턴은 공적 공간에서 휴대전화를 사용하는 것이 폐해가 아니며 심각한 문제를 일으키지도 않는다는 결론을 내린다. 그의 예상보다 휴대전화를 사용하는 사람이 많지 않은 데다 그중 대부분이 여성이라는 것이 이유였다(화이트 시대보다 훨씬 많은 여성이 밖에 나와 있다는 사실을 감안해야 한다).

그런데 햄프턴은 모바일 기술에 대한 핵심적인 비판을 놓치고 있다. 휴대전화 사용자(휴대전화의 노예가 될 가능성이 훨씬 높은 10대 청소년이 아닌, 근무 중인 성인) 수를 헤아리는 것은 공적 공간이 어떻게 변화했는지를 말해줄 뿐이다. 그보다는 우리의 일상적인 행동이 공적 공간에서 사람들과 상호작용을 나누는 일보다 온라인 연결에 더욱 가치를 둔다는 것을 드러낸다는 점이, 단 한 세대 만에 부모나 보호자가 아이와 대화하는 대신 유모차를 밀면서 휴대전화로 통화하는 것이 일반화되었다는 점이 더 중요하지 않을까? 사회학자 리처드 세넷은 이런 질문을 던진다. "사람들이 거리에서 서로 대화하지 않는다면 자신들이 집단으로서 어떤 존재인지를 어떻게 알겠는가?"[28]

모바일 기술에 의한 공적 공간의 변화는 쉽게 정량화할 수 없다. 그럼에도 물리적 공간으로부터의 해방은 시민 생활에 점진적이지만 눈에 띄는 영향을 미쳐왔다. 기술 평론가 셰리 터클이 지적했듯이 "커뮤니티는 물리적 근접성, 공유하는 관심사, 실제적 결과, 공동의 책임으로 이루어진다."[29] 그녀는 사람들이 온라인 커뮤니티에서 연결되었다는 느낌을 얻고 도움을 받는 것은 이해하지만 "우리는 이런 온라인에서의 연결을 일컫는 단어로 '커뮤니티'와 '관계'를 선택하면서 스스로를 혼란스럽게 만들었다"고 말한다. 레이 올든버그도 진정한 커뮤니티에는 (모바일 기술에 대한 몰두로 훼손되는) 대면 상호작용이 필요하다는 것에 뜻을 같이한다. 그는 한 기자에게 이렇게 말했다. "진정한 커뮤니티는 지역적(그리고 직접적)이다. 소통하는 내용은 대부분 비언어적이다. ……직접 대면하지 않으면 상대를 온전히 이해할 수 없다."[30] 《풍성한 커뮤니티The Abundant Community》의 공동 저자 피터 블록도 이 말에 동의하면서 많은 즐거움과 편의에도 불구하고 "페이스북은 이웃집 아이들의 이름을 아는 동네가 주는 안정감을 대체할 수 없다"고 지적한다.[31] 온라인 커뮤니티가 매력적인 것은 당연하다. 온라인 커뮤니티는 조금만 헌신해도 소속감을 제공하며, 참여자들은 언제든 빠져나오거나 사라질 수 있다(실제 커뮤니티의 경우 항상 이런 일이 가능한 것은 아니다). 온라인 커뮤니티는 전통적인 커뮤니티를 대체하지도 전통적인 커뮤니티보다 낫지도 않다.

공적 공간에서 낯선 사람을 외면하는 데 비용이 들지 않는다고 가정해서는 안 된다. 에식스대학교의 질리언 샌드스트롬은 우리가 일상에서 갖는 낯선 사람과의 사소한 상호작용이 어떻게 행복감에 기여하는지 연구한다. 이런 경험이 사라지더라도 바로 알아차리지는 못한다. 하지만 누적 효과는 상당하다. "나는 수년 동안 사회 네트워크에서 가장 멀리 떨어져 있는 사람들을 연구해왔다. 우리가 항상 알아차리지는 못하지만 그들은 여전히 우리 삶의 전반적인 풍요로움에 기여한다." 그녀의 말이다.[32]

## 우리는 같이 있지 않다

1970년대 윌리엄 화이트는 〈작은 도시 공간의 사회생활The Social Life of Small Urban Spaces〉을 촬영하면서 공적 공간에서 "바람직하지 않은" 사람이라는 범주를 확인했다. 화이트는 "바람직하지 않은" 사람이 자연 서식지에서 어떤 행동을 하는지 보여주기 위해 광장을 가로지르는 한 남자를 카메라에 담았다. 그 남자는 트랜지스터라디오로 보이는 물건을 코앞에 들고 있었다. 그는 대단히 행복해 보였지만 라디오에만 초점을 맞추고 있었기 때문에 다른 보행자들과 부딪힐 가능성이 높았다. 화이트의 관점에서 그가 바람직하지 않은 이유는 주변 환경을 전혀 인식하지 못했기 때문이다. 요즘이라면 그는 공공 장소에 있는 대부분의 사람들과 비슷한 모습이었을 것이다. 라디오를 든 남자는 문자 메시지를 보내며 걷는 사람처럼 보일 테니까.

우리는 기술을 통해 일시적으로 공적 공간에서 자신을 제거함으로써 공적 공간에 대한 경험의 질을 저하시킨다. 물론 우리는 꽤 오래전부터 이를 인식하고 있었다. 사회적 공간의 규칙을 위반하는 사람들은 아이폰이라는 현대의 사이렌이 노래를 부르기 훨씬 전부터 우리 곁에 있었다. 어빙 고프먼과 같은 20세기 사회학자들은 공적 공간에서의 모든 만남을 상징과 행동이 가득한 작은 사회 시스템으로 보았다. 시간이 지남에 따라 우리는 공적 공간에서 "분리된 경계 상태를 유지하는 매우 예민한 능력"을 기르게 되었다.[33] 주변 사람들과 교류하지는 않지만 사실은 교류해야 한다는 것을 인식하고 방심하지 않는 것이다. 우리 자신을 인도, 공원, 정원, 광장으로부터 정신적으로는 제거하지만 물리적으로는 제거하지 않는 기술을 받아들인 지금 이런 분리된 경계 상태는 어떤 모습을 띨까?

그에 대한 답을 찾으려면 낯선 사람들이 거리에서 부딪힐 때 어떤 일이 일어나는지 관찰해봐야 한다. 나는 아침 출근 시간에 워싱턴 D. C.의 붐비는 길에서 이 실험을 해보았다. 나는 빠르게 걷고 있는 남자에게 일부러 몸을 부딪치고는 미소를 지으며 "괜찮으세요? 정말 죄송합니다!"라고 말했다. 그는 조금 짜증이 난 듯했지만 재빨리 "괜찮습니다"라고 대답하고 자리를 떴다. 나는 같은 실험을 반복했다. 이번에는 휴대전화로 통화하는 사람을 대상으로 삼았다. 반응이 좀 달랐다. 그는 "똑바로 보고 다니세요!"라고 소리를 치고는 다시 휴대전화로 대화를 이어갔다.

공공 행동을 연구하는 연구자들은 전통적인 사회규범(명시적으로 언급되지 않은)을 따를 경우 우연히 부딪힌 양 당사자는 함께 사과를 해야 한다고 말한다. 한 사회학자는 "상황을 양 당사자가 자신을 낮춰야 하는 경우로 정의함으로써 사회는 각자가 자존감을 유지할 수 있게 한다"고 지적했다.[34]

기술은 이런 사회적 합의를 뒤엎었다. 나가오카대학교와 도쿄대학교의 연구진들은 본능적으로 경로를 형성하고 서로의 움직임을 무의식적으로 예상하면서 이루어지는 인도의 통행을 주의가 산만한 보행자가 어떻게 방해하는지 실험했다.[35] 그들은 실험을 다음과 같이 설계했다. "27명으로 구성된 두 그룹(한 팀은 노란색 비니를, 다른 팀은 빨간색 비니를 쓴다)이 정면으로 걸어간다. 각 실험에서 한 그룹에는 스마트폰을 보는 세 사람이 포함된다." 스마트폰에 주의를 빼앗긴 사람은 그룹의 앞, 중간, 뒤쪽에 있었다. 카메라가 각 그룹의 경로와 속도를 추적했다.

그들은 휴대전화에 주의를 빼앗긴 사람이 한 명이라도 있으면 그 뒤에 있는 모든 보행자의 통행에 지장이 생긴다는 것을 알아냈다. 서로의 움직임을 예상하는 상호 기대가 휴대전화를 보고 있는 사람으로 인해 성립되지 않기 때문이다. 연구자들은 휴대전화에 주의를 빼앗긴 보행자가 무리의 선두에 있으면 뒤에 있는 모든 사람의 속도가 느려진다는 것을 알아냈다. 그들은 그 이유를 이렇게 이야기했다. "선두의 보행자가 휴대전화를 보느라 맞은편에서 다가오는 무리의 선두에 있는 사람과 미묘하면서도 복잡한 비언어적 상호작용을 나눌 수 없기 때문이다."

이런 사소한 상호작용은 사실 서로에게 존중의 마음을 표시하는 행위이기도 하다. 고프먼은 "개인은 존중을 원하고, 얻을 수 있으며, 그럴 자격이 있다"고 말했다.[36] "그러나 존중을 스스로에게 주는 것은 대체로 불가능하기에 다른 사람에게서 구해야만 한다." 고프먼이 이 글을 쓴 것은 존중이 공적 공간에서 다른 사람으로부터 나온다고 가정할 수 있었던 시대였다. 오늘날 우리는 휴대전화를 통해 수백만 명의 사람들로부터 즉각적인 확인과 인정을 받을 수 있다. 그 결과, 공적 공간에서 낯선 사람들에게서 확인과 인정을 구하려는 유인이 줄어들었다. 그러면서 공적 공간의 사용에 새로운 문제가 생겼다. 고프먼은 "개인이 원하는 존중을 스스로 얻을 수 있다면 사회는 개인이 고립되어 살면서 자신의 신전에 끊임없이 절을 하는 섬으로 해체될 것이다"라고 경고했다.

사회적 공간에서 우리가 어떻게 행동해야 하는지를 규정하는 전통적인 행동 규칙은, 고프먼이 지적했듯이, "즐겁거나 저렴하거나 효과적인 것이 아니라 적절하거나 공정하기 때문에 지켜야 하는 것이다." 오늘날 잠깐의 휴식 시간에도 바로 주의를 빼앗는 즐겁고, (상대적으로) 저렴하고, 효과적인 기술을 갖고 있는 우리는 적절하고 공정한 일, 항상 즐겁지는 않지만 예의를 지키기 위해 필요한 일을 해야 한다는 사실을 잊었다. 리처드 세넷이 지적했듯이 예의는 사실 배려의 한 형태다. 그 목적은 "내가 타인에게 짐이 되지 않도록 타인을 보호하는 것"이다.[37] 세넷이 말했듯이 무례함은 "다른 사람에게 부담을 주는 것이다. ……자신이 일상에서 겪는 트라우마에 개입해줄 사람이 필요할 때, 자신의 이야기를 쏟아부을 귀가 필요할 때 외에는 다른 사람에게 한 조각의 관심도 없는 이들이 무례한 사람이다."

현대의 공공 생활에 대한 적절한 묘사다. 과거에는 다른 사람들과 상호작용을 하면서 우리 삶의 지루한 세부 사항들을 알리지 않기 위해 노력했지만 이제 우리는 더 이상 그런 가면을 쓰지 않는다. 오히려 우리는 일상을 기록하면서 다른 사람의 공간을 침범한다. 체육관에서는 회원들이 공적 공간에서 자신과 다른 사람을 촬영할 때 지켜야 할 새로운 규칙을 만들어야 하고, 심지어 병원마저 환자와 방문객들에게 다른 사람들을 촬영해서는 안 된다는 사실을 자주 상기시켜야 한다.

다른 사람들과 연락하는 기술이 점점 더 눈에 띄지 않게 되면서 행동의 규칙을 유지하기가 더 어려워졌다. 우리는 사회학자들이 '공적 교제의 몸짓'이라고 부르는 것을 다른 사람들에게 보이지 않게 되었다.

이런 개인의 선택은 이어폰을 착용하지 않거나 휴대전화에 파묻혀 있지 않은 사람들에게도 영향을 미치기 때문에 파장이 크다. 한 비평가가 지적했듯이 다른 기기에 몰두하는 사람들은 참여에 열려 있는 사람들에게 부정적인 영향을 미친다. "그들은 공통의 기반이 공유하는 물리적 공간이 아닌 네트워크로 연결된 제품이라는 생각을 강화하고, 사람들이 공적 공간에서 낯선 사람과 실제적인 상호작용을 하지 않는 세상을 받아들인다."[38] 충분히 많은 사람이 이어폰을 착용하거나 휴대전화를 보고 있다면 '타인과 물리적으로 가까이 있더라도 더는 그들과 상호작용을 하거나 연결감을 공유해야 한다는 기대를 갖지 않게 될 것이다.' 이로써 분산된 공공 광장, "서로를 무시하고 어디에도 있지 않으려는 사람들로 가득한" 원자화된 공공 광장이 만들어진다.

## 우리가 서 있는 곳은 어딘가

조각가이자 화가인 알베르토 지아코메티는 "길거리의 사람들은 내게 어떤 조각이나 그림보다 큰 놀라움을 주고 흥미를 유발한다"고 했다.[39] "사람들은 매 순간 모여들었다가 흩어졌다가, 서로에게 더 가까워지기 위해 다가간다. 그들은 믿을 수 없을 정도로 복잡한 살아 있는 구성을 끊임없이 형성하고 또 재형성한다." 그는 "내가 하는 모든 일에서 재현하고 싶은 것은 바로 이런 삶의 총체성"이라고 주장했다. 지아코메티의 조각 작품 〈피아자Piazza〉(1947~1948)는 그 느낌을 구체화했다. 이 작품은 광장을 가로지르고 있는 네 명의 남자와 중앙에 홀로 서 있는 한 명의 여성을 묘사한다. 과장된 비율로 길쭉한 형태의 인물들은 다소 초현실적이다. 각 인물은 약간씩 다른 방향을 바라보고 있고, 각자의 목적지로 가는 것처럼 보인다. 이 조각은 도시 생활의 조급함과 고립을 보여주는 한편, 도시 생활이 제공하는 우연한 상호작용의 가능성을 포착한다. 공적 공간의 낯선 사람들 사이에서 일어나는 인정의 순간, 간단한 고개의 끄덕임, 찰나의 눈 맞춤, 다른 사람이 지나가도록 잠깐 몸을 움직이는 것은 잠재적인 연결의 순간이기도 하다.

인터넷 초창기에 많은 기술 예찬론자는 인터넷이 이안 레슬리가 묘사한 "도시, 뜻밖의 재미를 만들어내는 지금까지 발명된 가장 위대한 기계"를 모방할 수 있기를 바랐다.[40] 그러나 이제는 레슬리가 인정했듯이 "뜻밖의 경험을 만들어내는 장소들이 인터넷의 위협을 받고 있다." 여기에는 도시와 공적 공간도 포함된다. 엔지니어들은 자신들의 기술을 한국 송도나 포르투갈의 플랜IT와 같은 이른바 '스마트' 도시를 만드는 데 사용한다. 이 도시의 인도나 도로에는 교통, 오염, 소음 수준 등을 모니터링하는 센서가 설치되어 있고, 그곳에 사는 사람들은 도시의 가장 중요한 자원이라기보다는 해결해야 할 엔지니어링상의 문제로 취급받는다. 스마트 도시에서 지능은 그곳에 사는 사람들이 아니라 도시에 동력을 공급하는 기계와 소프트웨어에 있다.

그러나 대부분의 도시계획가들은 약속했던 뜻밖의 경험을 만들

지 못했다. 실시간 데이터를 관리하는 플랫폼이었던 파추베Pachube
의 설립자 우스만 하크는 몇 년 전 〈살롱Salon〉과의 인터뷰에서 "효
율성을 위해 프로그래밍된 이들 도시에는 아이러니한 점이 있다.
바로 도시를 더 흥미롭게 만들기 위해 뜻밖의 경험이라는 요소를
다시 돌려놓을 방법에 대한 논의가 활발하다는 것이다"라고 말했
다.⁴¹ 프랑스의 화학자 루이 파스퇴르는 우연한 기회는 준비된 사
람에게 찾아온다고 말했다지만 과잉 설계의 시대에는 우연한 기회
가 누구에게도 오지 않는다. 아무것도 우연에 맡겨지지 않기 때문
이다.

　기술에 대한 무분별한 집착 때문에 공적 공간의 별나고 예상치
못한 측면이 서서히 사라지고 있다고 우려하는 비평가들은 너무
심각하게 생각하지 말고 알고리즘의 가능성을 받아들이라는 충고
를 듣는다. 기술 예찬론자인 작가 스티븐 존슨은 "웹이 뜻밖의 경
험을 없애고 있다고 생각하는 사람들은 웹을 올바르게 사용하지
않는 것이다"라고 말한다.⁴² 앤서니 대니얼스와 같은 비평가들은
지금과 같은 연결성의 시대에 뜻밖의 경험이라는 낡은 개념을 되
살리려는 시도는 헛된 것이라고 말한다. 그는 "뜻밖의 경험이 주는
기쁨과 모든 것에 즉시 접근할 수 있는 편리함이 주는 기쁨을 모두
가질 수는 없다"고 주장한다.⁴³ "게다가 기술이 발전함에 따라 둘
중 하나를 선택하는 것이 점점 더 어려워지고 있다. ……과거의 쾌
락을 지키기 바라면서 새로운 기술을 거부하는 것은 소용없는 일
이다. 그런 기대는 양치기가 된 마리 앙투아네트보다 더 기만적일

것이기 때문이다."

기술을 완전히 거부할 필요는 없다. 그럼에도 아마존이나 스포티파이에서 책이나 음악을 추천하는 것처럼, 기술 회사들이 알고리즘을 통해 추천 장소를 제시하는 것은 뜻밖의 경험이 아닌 정교한 공학적 기술이라는 점을 인식할 필요가 있다. 기술을 무비판적으로 받아들인다는 것은 우리가 뜻밖의 경험과 정교한 기술 사이의 차이에 신경을 쓰려 하지 않는다는 증거다. 물론 우리는 지역사회가 번성하고 사람들의 사회성을 향상시키는 방식으로 상호작용의 기회를 항상 제공했던 과거에 대한 향수에 젖어 있어서는 안 된다. 커뮤니티는 결코 완벽하지 않고(이 말이 의심스럽다면 미국에서 나타났던 유토피아적 커뮤니티의 역사를 읽어보라) 모든 공적 공간이 유익한 행동을 장려하는 것도 아니다(히틀러는 뮌헨의 유쾌한 술집에서 실패한 쿠데타 시도를 했다).

그러나 우리는 사회적 존재다. 우리에게는 사회적 충동이 번성할 공적 공간이 필요하다. 덕과 공동체에 대한 글을 쓴 마크 버논은 "우리는 가족, 애정, 공동체, 사회로 연결된 타인들이 어떤 사람인지 발견함으로써 우리가 누구인지 알아낸다. ……그러나 우리에게 타인이 필요한 또 다른 이유는 우리 공동체가 우리가 잘 사는 데 필요한 기량의 저장고이기도 하기 때문이다."[44] 우리는 새로운 기술 덕분에 새로운 기량을 많이 얻었지만 제3의 장소와 활기찬 공적 공간에 자리 잡고 있던 과거의 기량 저장소는 쇠퇴했다. 그것을 되살려야 한다.

우리가 시간을 보내기로 선택한 장소는 우리의 정체성에 영향을 미친다. 장소는 정신적 자율성과 사회성을 조장할 수도 꺾을 수도 있고, 우리에게 불편함을 느끼게 할 수도 있으며, 우리를 감시하거나 통제할 수도 있다. 2차 세계대전 이전 영국의 펍 문화를 연구한 영국 연구진은 펍에 대해 이렇게 말한다. "일반 대중이 사용하는 공공 건물 가운데 유일하게 그들의 생각과 행동을 구조화하지 않는 곳이었다. 다른 유형의 공공 건물에서라면 대중은 정치, 종교, 연극, 영화, 교육, 운동의 관객이었을 것이다."⁴⁵ 오늘날 기술 전문가들은 우리 삶에서 공학이 지배하는 영역이 확대되기를 희망한다. MIT 과학자 벤 웨이버Ben Waber가 〈뉴욕타임스〉에 말했듯이 우리는 "아직 공학적 우연성의 초기 단계에 있다."⁴⁶ 그러나 그는 "매일 아침 성가신 구조적 결함을 메워주는 알고리즘 덕분에 스스로 재구성되는 센서가 가득한 사무실"을 그린다. 레스토랑을 비롯한 공적 공간도 센서와 모니터를 사용해 공간을 이동하는 직원과 고객을 추적할 수 있다. 우리는 공적 공간과 사적인 공간 모두에서 기술적 통제로 인해 자유를 잃고 있다. 우리의 삶에 얼마나 많은 공학적 조작이 있는지를 고려하면 기술적 통제로부터의 자유가 그 어느 때보다 필요하다.

기술의 사용과 그에 따른 부재하는 현존이 교제를 위한 제3의 장소나 상호작용을 장려하는 공적 공간 같은 중요한 사회적 환경을 압도하고 있다. 특정한 유형의 장소를 없애는 것은 곧 특정한 경험을 할 기회를 없애는 것이다. 공적 공간에서 낯선 사람과 나누는 대화, 기술에 지배당하는 대신 친교와 시민 참여를 권장하는 장소, 모두에게 열려 있고 감시나 상업적 요구로부터 자유로운 공공 광장을 없애는 것이다. 레이 올든버그는 "우리가 살아가는 환경은 수동적으로 배치된, 끝없이 다양한 배경과 경험을 제공하는 식당이 아니다"라고 말한다.[47] "환경은 그것이 형성된 방식에 따라 경험을 더하거나 빼는 능동적이고 독재적인 힘이다." 제3의 장소와 공적 공간이 사라지면 뜻밖의 경험을 해볼 기회도 사라진다. 그 자리를 완벽하게 연결되어 있고 종종 기업화된 스타벅스와 같은 공간이 차지한다. 예측 가능하고 균질화된 외관의 스타벅스에서 손님들은 서로 소통하기보다는 온라인 세계에 몰두하며 시간을 보낸다. 시인 월트 휘트먼은 "공간의 매 제곱센티미터가 기적"이라고 말했다.[48] 오늘날 공적 공간의 매 제곱센티미터는 와이파이 핫스팟이다.

장소에 대한 감각은 와인의 테루아terroir와 같다. 땅을 일구어야 한다. 장소에 대한 감각이 갖는 연금술적 속성은 단순한 공식으로도, 정교한 알고리즘으로도 환원될 수 없다. 오늘날 우리는 공적 공간에서의 진실성 유지보다 온라인 이미지의 유지에 더 신경을 쓰는 것 같다. 그 결과, 우리는 공적 공간을 재설계하게 되었다(도시 전체를 재설계하는 경우도 있다. 로린 파월 잡스, 마크 앤드리슨, 리드 호프먼을 포함한 실리콘밸리의 거물들은 샌프란시스코에서 약 100킬로미터 떨어진 곳에 도시를 건설하고자 한다[49]). 얻은 것은 정량화할 수 있지만 잃어버린 것은 그럴 수 없다. 공적 공간에서 노트북과 휴대전화를 사용하는 사람의 수와 무선 연결 속도는 계산할 수 있지만 낯선 사람 사이의 눈 맞춤을 정향화할 수는 없다. 과거에는 존재했지만 현재는 빠르게 사라지고 있는 비공식적이지만 신뢰할 수 있고, 추적되지 않으며, 데이터화되지 않는 공적 공간에서의 사회적 상호작용 역시 정량화할 수 없다.

현재 우리는 장소에 대해 엄청난 혼란을 겪고 있다. 온라인에서 형성된 즉각적인 커뮤니티는 강력하고 고무적일 수 있지만 많은 현대인을 괴롭히는 사회적 고립의 문제는 해결하지 못하는 경우가 많다. 소설가 유도라 웰티는 "자신이 어디에 서 있는지 알아야 자신이 누구인지를 판단할 수 있다"고 했다.[50] "장소는 아주 어린 시절부터 우리의 주의와 관심을 흡수하고, 우리에게 최초의 인식을 부여하며, 우리의 비판 능력은 장소에 대한 연구와 그 안에서의 경험에서 싹튼다." 그리고 이런 비판적 능력이 어디에서 발달하느냐가 중요하다. 젊은 세대는 자신이 태어난 물리적 장소보다는 경계가 없는 온라인 공간에서 훨씬 더 많은 시간을 보낸다. 대부분의 시간을 온라인에서 사람들을 만나고 이야기하는 데 보낸다면 오클라호마의 시골 출신인지, 아니면 플로리다 남부의 저지대 출신인지는 중요하지 않다.

그러나 장소에 대한 이런 경험은 우리가 장소에 더 많은 가치를 부여하고 더 강한 유대감을 갖는 어린 시절에만 필요한 것이 아니라 평생 동안 필요하다. 웰티는 "장소에 대한 감각은 균형을 선사한다. 그것이 확장되면 방향 감각이 된다"고 말했다. 지금 우리가 가장 많은 시간을 보내는 곳은 온라인 공간, 엔지니어들의 영향이 크게 미친 공간이다. 외로움, 무례함, 정신없는 삶의 속도에 대한 불평이 너무나 흔한 요즘, 이런 새로운 공간들은 매력적인 가상 세계로의 즉각적인 접근권을 주지만 우리가 삶의 균형을 찾는 데에는 도움이 되지 않는 듯하다.

메타버스는 가상일 수 있지만
그 영향은 실제일 것이다.
— 메타의 2023년 광고


휴메인Humane은 지능 시대를 위한 기술과 플랫폼을
만드는 경험 기업입니다. ……휴메인은 친숙하고 자연스럽고
인간적인 느낌을 주는 기술의 미래를 믿습니다.[1]

— 임란 초드리, 2023년 밴쿠버 테드 토크

소프트웨어 엔지니어이자 벤처 캐피털리스트인 마크 앤드리슨은 현실과 비현실을 구분하는 능력이 사라지면 미래의 인류에게 해가 되지 않겠느냐는 질문을 받고, 이런 우려를 "현실 특권Reality Privilege"이라고 불렀다. 그는 "소수의 사람들은 의미 있는 경험, 아름다운 환경, 풍부한 자극, 대화하고 함께 일하고 데이트할 수 있는 매력적인 사람들이 있는, 아니 가득한 현실 세계에 살고 있습니다"라고 말했다.[2] "그 외의 사람들, 인류의 대부분에게는 그런 현실 특권이 없습니다. 그들의 온라인 세계는 그들 주변에 있는 대부분의 물리적, 사회적 환경보다 훨씬 더 풍성하고 만족스러울 것입니다."

그는 비판하는 사람이 있을 거라고 인정했다. "현실 특권을 가진 사람들은 당연히 이 결론을 디스토피아적이라고 하겠죠." 그러나 "지난 5000년의 시간이 주어졌음에도 대부분의 사람에게 현실은 여전히 한심할 정도로 부족합니다. 저는 그 격차가 좁혀질 때까지 5000년을 더 기다려서는 안 된다고 생각합니다." 그는 현실에서 박탈당한 사람들은 "모두의 삶과 일과 사랑을 멋지게 만들어주는 온라인 세계에서 시간을 보내는 것이 행복할 것"이라고 주장했다.

앤드리슨이 인정하듯이 이것은 어니스트 클라인의 2011년작 《레디 플레이어 원》 같은 디스토피아적 공상과학소설처럼 보인다. 가까운 미래가 배경인 이 책에서는 대부분의 사람이 오아시스 OASIS라는 거대한 가상 세계의 게임 안에서 온라인으로 "살고" 있다. 한편 물질계에서 그들은 가난과 환경 파괴 속에 존재한다. 이는 보다 최근의 디스토피아적 드라마인 〈세브란스: 단절 Severance 〉에서 다룬 주제와도 닮아 있다. 앤드리슨의 이야기와는 달리 《레디 플레이어 원》에는 최소한 교훈이 있다.

2018년 연구자들은 우리가 6장에서 살펴본 로버트 노직의 경험 기계에 대한 실험을 실시했다. 40년이 지난 후에도 노직의 발견, 즉 사람들은 즐거운 경험에 "현실과의 접촉"이 없기 때문에 경험 기계를 거부하리라는 것이 여전히 유효한지 확인하기 위해서였다. 그들은 노직의 침습적 기계를 부작용 없이 평생 즐거운 경험을 약속하는 경험 알약 Experience Pill 으로 대체하면 약을 복용하겠다고 말할 가능성이 더 높다는 것을 발견했다. 연구자들은 "개입이 덜 침습적일수록(현실과의 단절이 덜 할수록) 더 많은 사람이 받아들인다"는 가설을 세웠다(그 가설은 옳은 것으로 드러났다).[3]

앤드리슨의 비전과 새로운 경험 알약 실험은 인류가 기술과 관계를 맺는 두 가지 길을 보여준다. 하나는 실제 생활이 만족스럽지 않은 대부분의 사람을 위한 앤드리슨의 24시간 가상 현실과 같은 완전한 몰입이고, 다른 하나는 센서와 유비쿼터스 컴퓨팅, 증강 현실 기술로 이루어진 경험 알약의 세계, 즉 우리가 깨어 있는 대부분의 시간 동안 공적 공간과 사적 공간에서 우리를 추적·측정·감시·자극하지만 컴퓨터 과학자들이 즐겨 말하듯이 "인간 참여형 human in the loop"인 세계다.

어떤 면에서 이것은 세계가 직면한 문제에서 인간이 문제인지 해결책인지, 우리 기술이 인간의 확장이어야 하는지 아니면 인간을 대체해야 하는지에 대해 기술 전문가들이 수십 년간 이어온 논쟁의 최신판일 뿐이다. 1950년대 MIT에서 엔지니어 더글러스 엥겔바트와 마빈 민스키가 주고받은 유명한 대화는 그 둘의 극명한 차이를 보여준다. 인공지능의 선구자인 민스키는 이렇게 단언했다고 한다. "우리는 지능이 있는 기계를 만들 것입니다. 의식이 있는 기계를 만들 것입니다!"[4] 인공지능Artificial Intelligence(AI)이 아닌 지능 증강Intelligent Augmentation*의 지지자인 엥겔바트는 "그 모든 일을 기계들을 위해 하겠다고요? 그럼 사람들을 위해서는 뭘 할 겁니까?"라고 답했다.

두 가지 방법 모두 사용자의 삶을 더 낫게 만든다고 주장한다. 그리고 두 가지 방법 모두 도덕적 해이를 불러온다.

---

* 기계가 인간의 지능과 능력을 대체하기보다는 향상시키도록 설계되어야 한다는 생각

현실을 지키는 것이 특권으로 여겨져서는 안 된다. 현실의 수호는 번영하는 인간의 미래를 보장하는 데 필수적이다. 인구 대부분이 가상 세계에 귀속되는 미래 비전은 인간의 선택권이 심각하게 축소되는 디스토피아적 미래다. 앤드리슨은 온라인에서 하루 종일 웃고 사랑하며 살아갈 사람들의 육체에 어떤 일이 일어날지 언급하지 않았다. 이미 우리는 화면 속의 상호작용에 많은 시간을 할애할수록 국가 비만율이 높아지고 관련된 신체적 질병이 증가한다는 것을 알고 있다. 마찬가지로 특히 젊은이들 사이에서 소셜 미디어 플랫폼을 비롯한 매개된 경험에 소비하는 시간이 증가하면서 불안과 우울증 같은 정신 질환도 유행하기 시작했다. 경험 알약으로 수정된 세계는 완전한 가상현실 세계보다 덜 침습적인 것으로 보일 수도 있지만, 사실 둘 다 우리의 정신적, 육체적 건강에 위협을 가한다.

두 세계 모두 자유가 없다. '메타버스'의 메타(구 페이스북)든, 사우디아라비아의 네옴과 같은 미래 도시를 만드는 다양한 기업이든, 플랫폼을 구축하는 사람들은 관련 공간의 설계를 통제하고 감시하고 자극하는 기술을 통해 우리의 선택을 제한한다. 5장에서 살펴보았듯이 우리의 생리적, 정서적 상태를 감지할 수 있는 정교한 기술은 이미 존재한다. 이런 기술이 규모만 키운다면 더 많은 '스마트' 도시와 '스마트' 직장이 만들어질 것이다. 그런 세상은 비이성적인 행동과 위험을 제한하고 편리함과 효율성을 높인다는 미명하에 매개 기술, 예측 알고리즘, 감시를 통해 인간의 경험을 통제하거나 대체하고자 한다.

우리가 선택할 수 있는 또 다른 길이 있다. 이 책은 우리가 기술을 통해 삶의 많은 부분을 매개하기로 선택하고 다른 삶의 영역까지 기술이 도입되는 체계적인 변화를 받아들였기 때문에 이미 소멸되거나 소멸될 위험에 처한 다양한 인간 경험에 대해 이야기했다. 손 글씨가 쇠퇴하거나 공적 공간에서 스마트폰에 열중하지 않는 사람을 찾기 힘든 상황 등 평범한 것들도 있다. 기술의 매개 없이 인간적 쾌락을 경험하는 능력이 약화하거나 대면 상호작용에 불편함을 느끼는 등 이제는 너무 흔해서 눈치채지 못하는 것들도 있다.

양적 측면에 가치를 두는 세상에서 질적 측면의 실종을 기록하는 일이 어려운 데에는 빠른 변화 속도가 큰 몫을 한다. 어떤 일을 하는 방식에 의해 사라진 것을 생각할 때쯤이면 더 새로운 방식이 이미 등장한다. 휴가 사진을 공유하거나 옛 친구와 다시 연락을 하는 도구로 시작된 소셜 미디어 플랫폼은 알고리즘에 의해 주도되는 곳으로 변모했다. 알고리즘은 더 정교한 방법으로 사용자가 정말 원하는 것을 찾아가고 그의 향후 행동에 대해서도 더 세밀하게 예측한다. 문화 평론가인 제스 조호는 틱톡의 알고리즘이 너무 정확해서 자신이 양성애자라는 사실을 미처 깨닫기도 전에 틱톡 플랫폼이 먼저 그 사실을 알고 있었다고 주장한다. 그녀는 알고리즘에 의한 각성에 대해 이렇게 말했다. "마치 틱톡이 디지털 신탁인 것처럼 당신의 영혼을 읽고는 자신조차 의식하지 못했던 정체성의 한 측면을 파헤친다."5 기술 플랫폼에 의해 촉발된 다른 각성들은 그리 만족스럽지 못했고, 일부는 완전히 위협적이었다. 실제로 틱톡과 같은 플랫폼들은 정치적 양극화와 증오 이념의 확산에 기여했고, 심지어 폭력을 선동하기도 했다.

더 강력한 AI 도구가 시장에 출시됨에 따라 이런 경험은 더 흔해질 것이다. 또한 이런 기술은 현실과 비현실, 가상과 실제, 조작된 경험과 진정한 연결의 경험을 구별하는 능력을 더 왜곡할 것이다.

이런 디지털 플랫폼에 진정한 경험을 접목하려는 시도들은 실패로 돌아갔다. 자끄 엘륄부터 마셜 매클루언과 닐 포스트먼까지 여러 기술 비평가들이 한 세기에 걸쳐서 경고했던 기술적 세계관의 지배를 보여주는 또 다른 증거가 있다. 2022년 반反인스타그램 앱이라는 비리얼BeReal 앱의 마케팅이 성공을 거두었다. 비리얼은 정량적 상호작용보다 정성적 상호작용을 장려함으로써 완벽하게 필터링되고 연출된 진정성 없는 이미지를 선호하는 소셜 미디어 환경에서 진정성을 되찾겠다고 나선 소셜 미디어 플랫폼이었다. 비리얼 사용자는 하루에 한 장의 사진을 찍고 필터 없이 게시해 친구들과 공유해야 했다.

소셜 미디어 세계에서는 진정성 자체가 새로운 개념인 것으로 드러났다. 비리얼 사용자들은 일정에 따라 진정성을 보여주고자 했다. 하지만 그들은 곧 지쳐버렸다. 더구나 진정성의 많은 부분이 '진짜'도 '자연스러운' 것도 아니라는 것이 증명되었다. 한 사용자는 〈매셔블〉에 "진짜가 아닌 것을 게시해야 한다는 사회적 압력이 많았습니다"라고 말했다.[6] 다른 사용자는 "이것이 '순간을 살게 하는' 소셜 미디어가 아니라 친구들과 함께 삶을 피상적으로 기록하는 또 다른 방법일 뿐임을 깨달았습니다. ……사람들은 이 앱으로 실제 삶을 기록하는 대신 흥미로운 일이 벌어질 때까지 기다립니다"라고 말했다. 원래 의도대로 앱을 사용했던 사람들은 곧 자신과 다른 사람들의 게시물에서 지루함을 느꼈다. 한 사용자는 이렇게 물었다. "책상에서 지루한 일을 하는 제 사진을 몇 번이나 찍을 수 있을까요?" 이 앱의 사용자 수는 급격히 감소했다.

너무 많은 소셜 미디어 사용자가 인스타그램이나 틱톡 같은 대형 플랫폼에 내장된 인센티브 구조에 반응할 준비가 되어 있었다. 이들 플랫폼은 진정성보다는 가치중립적인 '참여' 척도를 측정하고 최적화하는 데 집중한다. 우리는 이런 구조로 사용자가 중립과는 거리가 먼 행동에 길들여진다는 사실을 무시한다. 이런 플랫폼은 우리가 플랫폼에서 보내는 시간을 극대화하도록 설계되었기 때문에 플랫폼을 사용하는 동안 형성되는 사고방식을 강화한다. 지금까지 살펴보았듯이 이런 습관 중 일부(분노, 불안, 불신, 일상적인 문제에 대한 충동적 반응)는 사회 분열에 기여하고 있다.

일상에서 우리는 다른 사람들과 함께했던 시간을 온라인이나 다른 매개된 활동으로 대체하고 있다. 미국 인구조사국의 '미국인의 시간 사용' 조사에 따르면 2014년부터 친구와 함께 보내는 시간이 감소하기 시작했고, 2019년에는 주당 네 시간으로 2014년 대비 37퍼센트 감소했다.[7]

이것들은 정량화할 수 있는 손실이다. 하지만 정량화할 수 없는 손실도 있다. 경험의 질은 중요하다. 그러나 기술은 다른 사람들과 대면하는 시간을 제한함으로써 함께 줄을 서서 기다리는 것이나 공적 공간을 적대적이지 않은 건전한 곳으로 만들기 위해 사회적 의례에 참여하는 것과 같이 우리에게 공통적으로 필요한 일에 대한 이해를 변화시킨다.

주변 사람들로부터 단절되는 기술을 사용하는 것이 쉬워질수록 대인관계 기술은 악화된다. 〈뉴욕타임스〉에는 포커스 그룹 참가자들이 집단적인 가상 세계에 몰입함으로써 공공 생활의 어떤 가치들이 훼손되었는지 대화한 내용이 실렸다. 포커스 그룹은 "민주당 지지자와 공화당 지지자를 가리지 않고 모두 중요한 가치들(다른 사람에 대한 존중, 더 나은 소통, 경청)에 대해서, 그리고 소셜 미디어에서 보내는 시간을 줄이는 방법에 대해서 이야기했습니다"라고 보고했다.[8] 한 참가자는 "아이폰의 등장으로 사람들이 인간보다는 기계에 눈을 돌리기 시작한 2008년"부터 신뢰가 위축되기 시작했다고 말했다.

기술의 역할은 우리의 감각을 확장하는 것이지, 내 몸과 마음보다 나의 욕구와 욕망을 더 잘 안다고 주장하는 센서와 알고리즘으로 감각을 대체하는 것이 아니다. 그러나 이런 도구를 감각의 효과적인 대체물로 받아들이는 사람이 많아지면서 우리의 관계가 재구성되고 있다. 사회는 기술의 광범위한 수용을 축하할 일로 받아들인다. 음식 배달 업체인 심리스는 고객들에게 "제로 휴먼 콘택트

zero human contact에 대한 갈망을 충족시켜드리겠다"고 말한다. 팬데믹 기간에 생겨난 '비접촉contactless' 상호작용도 여전히 남아 있다. 대개의 사람들이 음식을 배달한 낯선 사람과 상호작용할 기회보다는 배달된 음식이 문 앞에 놓인 사진을 선호하는 것으로 보이기 때문이다.

이런 기술과 플랫폼을 사용하면서 자란 젊은 세대는 이들에 대한 명확한 선호를 보여준다. 14세의 네이트는 〈뉴욕타임스〉에 "온라인이 더 평화롭고 차분하게 느껴집니다"라고 말했다.[9] "직접 누군가와 대화할 필요도, 직접 어떤 일을 할 필요도 없습니다. 침대나 의자에 앉아 휴대전화만 보면 되죠." 11세의 앤드루도 같은 의견이었다. "온라인 상태일 때는 내 소리를 없앨 수 있습니다. 상대가 저를 보지 못하게 할 수도 있죠. 현실에서는 음소거가 불가능합니다." 기계의 요구에 부응하고 인적 상호작용을 매개된 경험으로 대체하다 보면 우리 자신이 기계와 비슷해질 위험이 있다. 인스타그램에 좋아하는 것을 올리는 것과 인스타그램에서 '좋아요'를 받고 싶은 마음에 특별히 무언가를 하는 것 사이에는 미묘하지만 중요한 차이가 있다.

10년 전만 해도 우리의 관심은 기기와의 보다 균형 잡힌 관계를 위한 해법에 집중되었다. 디지털 안식일을 지키고, 멀티태스킹을 피하고, 저녁 식사 테이블에서 휴대전화를 치우라는 식으로. 이제는 이런 것들로 충분하지 않다. 기술에 대한 접근에서는 아미시 Amish*가 되어야 한다. 아미시처럼 새로운 기기와 앱을 엄격하게 거부하지는 않더라도 새로운 기기와 앱에 대해 강한 회의적 시선을 가질 필요는 있다. 아미시는 새로운 것을 받아들이기 전에 질문을 던진다. 이것은 우리 공동체에 어떤 영향을 미칠까? 우리 가정에 좋은 영향을 줄까? 우리의 가치관에 부합하는가? 새로운 것을 채택하지 않기로 결정하면 공동체 전체가 그 결정을 따른다.

이 접근 방식은 아미시가 아닌 일반적인 환경에서도 효과가 있다. 스마트폰이 자녀에게 미치는 영향을 우려하는 부모들은 "8학년까지Wait Until 8th"와 같은 그룹을 만들어 8학년(중학교 2학년)이 되기 전까지는 자녀에게 스마트폰을 주지 않겠다는 서약에 서명을 한다. 부모들은 학교에 압력을 행사해서 수업 시간 중의 스마트폰 사용을 제한하거나 금지하는 데에도 성공했다.

더 나아가 기술 기업들은 그들의 제품이 사용자에게 미치는 영향에 책임을 져야 한다. 사람들을 서로 연결한다는 그럴듯한 실리콘밸리의 홍보 문구에 사용자들은 더 이상 속지 말아야 한다. 그 문구 뒤에는 오직 돈을 버는 데에만 관심이 있는 이기심이 감추어져 있기 때문이다. 술, 담배, 총기, 도박과 마찬가지로 플랫폼과 기기들도 규제의 대상이 되어야 한다.

어린이들에게 미치는 영향은 특히 중요한 문제다. 우리는 이 분야에서 새로운 입법과 정책을 고민해야 하는 중대한 시기에 와 있

---

\* 재침례파(재세례파) 계통의 종교적, 문화적 생활 공동체. 19세기 산업혁명기 이전의 미국과 유럽 농촌의 생활상을 보존하고 있다.

다. 여러 주가 소셜 미디어 사용에 더욱 엄격한 연령 요건을 적용하는 법안을 고려 중이거나 통과시켰고, 유사한 법안들이 의회에 제출되었다.

커먼 센스 미디어에 따르면 미국 어린이 10명 중 일곱 명은 12세 때부터 스마트폰을 소유하고, 매일 약 여덟 시간을 온라인에서 보낸다.[10] 리부트 재단에 따르면 "평균적인 10대 틱톡 사용자는 매일 두 시간 이상 앱을 사용하고 23퍼센트는 네 시간 이상 앱을 사용한다." 하지만 어린이들이 감당해야 하는 위험은 온라인에서 보내는 시간의 기회비용만이 아니다.[11] 더 큰 문제는 앱을 많이 사용할수록 자신이 소비하는 정보를 더욱 신뢰하게 된다는 것이다. 거기에서 끝이 아니다. "1년 동안 소셜 미디어 사용을 중단할 것인지, 아니면 투표권을 포기할 것인지 선택하라는 질문에 10대 사용자의 압도적 다수(64퍼센트)가 투표권을 포기하겠다고 답했다."

기술은 중립적이지 않다. 기술은 양면적이다. 역사학자 루이스 멈퍼드가 그의 저서 《기술과 문명》에서 언급했듯이 "기술은 해방의 도구이자 억압의 도구다."[12] 건전치 못한 영향으로부터 자신을 해방시키기 위해서는 기술로 가능해진 매끄러운 삶에 다시 마찰을 도입해야 한다. 더 많은 대면 상호작용에 참여하고, 공적 공간에서 다른 사람을 더 주의 깊게 살피고 배려하며, 스마트폰 사용을 최소화할 것을 권장하는 공적 공간을 더 많이 만들어야 한다. 자신이 시간을 어떻게 사용하는지 더 잘 파악하고 온라인에서 많은 시간을 보낼 때의 기회비용을 고민해야 한다. 즉각적인 만족에 대한 욕구를 억제해야 한다. 더 건전한 공동체로 이어지는 미덕과 관행을 되살려야 한다.

이미 많은 사람이 이런 일들을 하고 있다. 수십 년간 손 글씨 코칭 사업을 운영해온 뉴욕 올버니의 케이트 글래드스톤은 최근 대부분의 고객이 18~35세라는 사실을 알게 되었다.[13] 이들은 손 글씨를 배우지 않고 성장한 첫 번째 세대로서 다시 손 글씨를 배우려고 노력 중이다.

예술가들은 우리가 가상 공간에서 어떤 일을 하는지 명확하게 표현함으로써 기술과 함께 살아가는 방식에 대해 생각해보게 한다. 네덜란드의 아티스트 에릭 케셀스는 "사진 속의 24시간24 Hours in Photos"이라는 프로젝트를 시작했다. 사람들이 하루 동안 사진 공유 사이트에 올린 수백만 장의 사진 중 일부를 인쇄해서 갤러리 공간에 쌓는 프로젝트다. 이는 〈호더스Hoarders〉라는 리얼리티 프로그램 속에 갇혀 있는 듯한 밀실공포증과 길을 잃은 듯한 느낌을 만들어낸다. 케셀스는 〈뉴욕타임스〉와의 인터뷰에서 "저는 다른 사람들이 표출한 경험 속에서 익사하는 느낌을 시각화합니다"라고 말했다.[14]

익사하는 느낌은 우리가 기술을 어떻게 사용하고 기술이 우리를 어떻게 이용하는지를 생각할 때 많은 사람이 느끼는 감정을 포착한다. 우리는 중요한 인간 경험을 소멸시킬 위험이 있는 선택을 이미 많이 해왔다. 그렇다고 해서 기술과 함께 사는 더 나은 방법을 찾을 수 없다는 의미는 아니다. 현실에 충실한 법을 알기 위해 앱이 필요하지는 않다. 매 순간 현실을 연기해야 한다는 강박감을 느껴서는 안 된다. 점점 더 많은 사람이 현실과 비현실을 구분하지 못하는 세상을 지향해서는 안 된다.


## 유한한 삶을 지탱하는 물리적 현실

넬리 볼스는 〈뉴욕타임스〉에서 기술 부문 기자로 일할 때 인적 접촉이 "사치품"이 되어가는 상황에 대해 글을 썼다.[15] 그녀는 가난한 사람들에게는 기술적 대안이나 매개된 접촉이 주어지는 반면, 부자들은 여전히 직접적인 경험을 추구하는 최근의 현실을 묘사했다.

그녀와 이야기를 나눈 한 부유층 대상 기업의 컨설턴트는 "우리는 인적 경험이 사치품이 되는 과정을 목도하고 있습니다"라고 말했다.

이것은 단순히 호텔에서 컴퓨터 화면보다 인간 안내원을 선호하거나, 레스토랑에서 QR 코드를 스캔하기보다는 실제 웨이터를 선호하는 문제에 그치지 않고 삶의 가장 취약한 순간에까지 영향을 미친다. 2장에서 보았듯이 의학 분야에서 매개 도구 사용이 증가하면서 일어난 일이다. 볼스는 캘리포니아 프리몬트에 있는 한 병원에 대해 설명했다. "전동 스탠드에 얹힌 태블릿 컴퓨터가 병실로 굴러들어왔다. 한 의사가 이 태블릿의 비디오 피드를 통해 78세의

환자 어니스트 킨타나에게 그가 죽어가고 있다고 말했다."[16] 양로
원에서는 인간이 주는 관심은 아니더라도 관심이 전혀 없는 것보
다는 낫다는 논리로 노인들을 위한 동반 로봇을 들이고 있다.

　이런 종류의 매개된 상호작용 또는 로봇이 대체하는 상호작용
에 대해 많은 사람이 느끼는 양가감정에 주의를 기울일 필요가 있
다. 그러나 우리는 반대 방향으로 나아가고 있다. 사랑하는 사람이
세상을 떠났을 때 가족은 기술을 통해 보다 효율적으로 애도할 수
있다. 기술 기업 엠퍼시Empathy는 사랑하는 사람에 대한 부고 작성
을 자동화하는 기능인 "파인딩 워즈Finding Words"를 비롯해 사망 처
리를 간소화하는 일련의 서비스를 제공한다. 자료만 있다면 인공
지능 기술로 고인의 목소리를 살려내는 서비스를 제공하는 기업도
있다. 셰프였던 고故 앤서니 보데인에 대한 영화를 개봉한 다큐멘
터리 제작자들이 인공지능이 생성한 '그의' 음성을 사용한 것처럼.
철학자 패트릭 스토크스는 〈뉴욕타임스〉와의 인터뷰에서 "우리는
죽은 사람을 대체하는 단계에 접어들었다"고 말했다.[17]

　여기에는 더 넓은 문화적 함의가 있다. 우리는 끊임없이 자기를
기록하는 삶을 살고 있지만 자기 인식의 강화나 문화적 기억의 심
화에는 실패했다. 사실 우리는 이제 개인적, 집단적 기억을 기술에
아웃소싱하고 있다. 구글 포토는 개인의 방대한 이미지 컬렉션을
이용해 정교한 몽타주를 만들 수 있다. 〈뉴욕타임스〉의 기술 칼럼
니스트인 파르하드 만주는 "기억을 정리하고 우리의 가장 내밀한
인적 경험에 대한 서사를 구성하는 개인화된 로봇 역사가의 시대"

에 기대감을 표했다.[18] 그는 "로봇이 우리에 대한 모든 것을 알고, 우리의 이야기를 들려주며", 우리의 현실뿐만 아니라 기억의 형성에 큰 영향을 미치는 미래를 예측한다. 그러나 구글이 정선하고 정리한 당신의 인생 이야기는 당신이 말하고 싶은 이야기가 아닐 수 있다.

비트 로트bit rot*의 문제는 극복한다 해도 온라인에서 삶을 살아온 사람들이 남기는 유일한 기억은 메타 같은 기업의 소유가 될 것이다. 이는 경험의 기록이 경험의 보존보다 훨씬 쉽다는 것을 일깨워준다. 오늘날 성장하는 아이들은 이전 세대처럼 물리적 형태로 기억을 경험하지 못할 것이다. 사진 앨범도, VHS 테이프도, 편지도 없다. 그들은 더 덧없는 유산, 다시 말해 말소된 인스타그램 게시물과 틱톡 휴면 계정 형태의 디지털 무덤을 남길 것이다.

그런 세상에도 기억을 위한 공간이 있을까? 사진에서부터 편지와 책에 이르기까지 기억을 보존하는 물건들이 디지털 세계로 이동하면서 우리는 검색과 연결 같은 새로운 힘을(그리고 인공지능을 통한 기술로 새로운 창조의 힘을) 얻었다. 하지만 잃는 것들도 있다. 기억을 상기시키는 것들이 메타나 구글 같은 대기업 소유의 플랫폼에 있는 경우 우리는 그들에 대한 통제력을 잃는다. 조상이 만진 물건이나 다른 사람이 우리를 위해 만든 물건을 손에 쥐는 촉각적 경험을 잃는다. 기억의 많은 물리적 단서를 잃는다. 우리의 취약성

---

\*     지원하는 하드웨어나 프로그램이 사장되어 예전의 디지털 자료를 열람하기 어려워지는 것

과 한계에 대한 감각을 잃고, 그 결과 육신 있는 인간이 무엇을 의미하는지 이해하지 못하게 된다.

기술 예찬론자들은 우리가 기존의 인간 한계를 뛰어넘고, 심지어 죽음까지 넘어서길 바란다. 피터 틸 같은 기업가들과 레이 커즈와일 같은 트랜스휴머니스트들은 죽음을 면하거나 적어도 수명을 극적으로 연장시키기를 희망한다. 틸은 "2030년까지 90세를 50세로 만드는 것"을 목표로 하는 비영리 단체 므두셀라 재단Methuselah Foundation에 자금을 대고 있다. 틸은 "죽음이란 미스터리는 이제 해결할 수 있는 문제로 환원될 것"이라고 말한다.[19] 돈만 있다면 알코어 생명 연장 재단Alcor Life Extension Foundation을 통해 당신의 시신을 얼음 속에 보관할 수 있다. 언젠가 기술이 부활을 가능하게 할 테니까(그리고 아마도 당신의 의식을 다운로드할 수 있는 수단을 개발할 테니까). "충만한 삶은 끝낼 필요가 없다"는 것이 이 회사의 모토다.

하지만 삶은 유한하다. 비록 기술이 인류에게 끝없는 이익을 가져다준다는 이야기를 믿고 싶어 하는 문화에서는 인간의 한계를 인정하는 것이 인기 주제가 아니지만 말이다. 우리가 잃어버린 것을 확인하는 일은 그것을 되찾는 과정의 시작이기도 하다. 실리콘 밸리의 주장과 달리 역사는 항상 진보를 향해 꾸준히 나아가는 것이 아니고, 모든 새로운 것이 기존의 것에 대한 개선은 아니다.

인간의 미덕을 되찾고 가장 뿌리 깊은 인간의 경험을 멸종의 위기에서 구하려면 기술 예찬론자들이 제안하는 극단적인 변혁 프로젝트에 기꺼이 한계를 두어야 한다. 혁신을 억압하는 수단으로서의 한계가 아니라 우리가 공유하는 인간성에 대한 헌신으로서의 한계 말이다. 그래야만 우리는 육신이 있는, 기발하고 모순적이며 회복력 있고 창의적인 인간의 모습 그대로 자유롭게 살 수 있다.

# 감사의 말

미국 기업 연구소American Enterprise Institute(AEI)에서 일하게 된 것은 행운이었습니다. AEI는 학자들에게 연구와 저술의 자유를 주고 많은 지원까지 제공합니다. 저는 AEI의 소장인 로버트 도어와 훌륭한 동료들, 특히 사회·문화·헌법 연구 프로그램의 동료들이 제공한 통찰력과 지적 관대함에 깊은 감사의 마음을 갖고 있습니다.

수년 동안 격려를 아끼지 않으신 유발 레빈, 〈뉴 아틀란티스New Atlantis〉를 공동 창립한 에릭 코언, 애덤 키퍼, 에릭 브라운께 감사를 전합니다. 이 책은 20년 전에 기술이 인간의 행동에 미치는 영향에 대해 그들과 나눈 대화에서 시작되었습니다. 그들의 격려와 우정에 늘 감사하는 마음입니다.

일주일에 며칠씩 〈코멘터리Commentary〉의 동료들과 이야기하고 웃고 논쟁하는 시간을 가질 수 있다는 것은 큰 행운입니다. 존 포드호레츠, 에이브 그린월드, 매슈 콘티네티, 세스 만델, 그리고 전

동료인 노아 로스먼과 나눈 지속적인 대화와 우정은 오랜 세월 제게 헤아릴 수 없을 만큼 큰 기쁨을 가져다주었습니다.

버지니아대학교 고등문화연구소Institute for Advanced Studies in Culture의 훌륭한 학자분들께도 감사를 전합니다. 그들은 원고를 읽고 의견을 주는 등 지적인 면에서 끊임없이 저를 지원해주었습니다. 윤리 및 공공 정책 센터Ethics & Public Policy Center와 뉴 아메리카New America의 동료와 직원 여러분도 마찬가지입니다. 지난 몇 년간 활발한 교류를 통해 많은 도움을 주신 안드레스 마르티네스와 토리 보슈께 특히 감사드립니다.

작가들에게 엘리스 체니보다 더 좋은 지지자가 있을까요? 그녀의 현명한 조언과 열정적인 지원은 놀라울 따름입니다. 제가 그녀의 지지를 받은 작가 중 한 명이라는 사실을 매우 감사하게 생각합니다.

또한 브렌던 커리와 같이 통찰력 있고 창의적인 편집자와 함께 일할 수 있어 감사하게 생각합니다. 그의 날카로운 판단력으로부터 많은 것을 배웠고, 그의 인내심과 꾸준한 격려로부터 많은 도움을 받았습니다. 캐럴라인 애덤스는 믿을 수 없을 정도로 사려 깊은 편집 능력을 보여주었을 뿐만 아니라 특유의 에너지와 재치로 책 제작의 여러 부분을 관리해주었습니다.

멋지고 든든한 가족이 저와 함께한다는 사실에 감사할 따름입니다. 루이스 스톨바와 팸 스톨바, 캐시 레믹과 이사벨 레믹, 신시아 빌헬름, 브라이언 빌헬름, 쿼드 빌헬름, 퀸런 빌헬름에게 감사를 전합니다.

많은 친구가 저에게 지원과 웃음 그리고 격려를 전해주었습니다. 특히 마니 케니, 세라 데스프레, 나오미 라일리, 스테파니 코언, 크리스틴 웰런, 제니퍼 플레이스에게 감사를 전합니다.

제 워싱턴 D. C. 합기도 도장 가족은 매일 의식과 자제력의 중요성을 상기시켜주며, 새로운 것을 시도하고 스스로에게 도전하는 즐거움도 상기시켜줍니다. 특히 라이언, 존, 노아, 케일럽, 앨릭스, 요헴, 모, 알, 앨버트, 무니르의 우정과 지원에 깊이 감사드립니다.

주

**프롤로그**

1  인간 활동으로서 스토리텔링과 언어에 관해서는 다음을 참조하라. Stephen Crites, "The Narrative Quality of Experience," *Journal of the American Academy of Religion* 39, no. 3 (September 1971): 291–311.

2  Stephanie K. Baer, "An Armed Man Spouting a Bizarre Right-Wing Conspiracy Theory Was Arrested After a Standoff at the Hoover Dam," BuzzFeed News, June 17, 2018.

3  "Interview of Douglas Austin Jensen," January 8, 2021, p. 5, in *United States of America vs. Douglas Austin Jensen*, Case 1:21-cr-00006-TJK, Document 69-1, filed April 8, 2022.

4  Peter Manseau, "His pastors tried to steer him away from social media rage. He stormed the Capitol anyway," *Washington Post*, February 19, 2021. 다음도 보라. Peter Manseau (@plmanseau), Twitter, February 6, 2021.

5  Gavin Francis, "Scrolling," *New York Review of Books* 68, no. 14 (September 23, 2021): 60.

6  Daniel J. Boorstin, *The Image: A Guide to Pseudo-Events in America* (New York: Vintage, 1992), 11.

7  Theodor Adorno, *The Culture Industry: Selected Essays on Mass Culture* (Abingdon, UK: Routledge Press, 2001), ch. 6, "How to Look at Television."

8  Sensorium website, 2023년 5월 15일에 검색.

**1장**

1  Theodor Adorno, *Minima Moralia* (New York: Verso, 2002), 40.

2  Mary Milner, *The Life of Isaac Milner* (London: John W. Parker, 1842), 120.

**3** Joseph Weizenbaum, *Computer Power and Human Reason: From Judgment to Calculation* (New York: W. H. Freeman, 1976), 25–27.

**4** Jason Samenow, "The Drawbacks of the Automated Weather App and the Need for Human Touch," *Washington Post*, February 4, 2014.

**5** Tom Simonite, "Facebook's Telescope on Human Behavior," *MIT Technology Review*, April 13, 2012.

**6** Thomas Merton, *Conjectures of a Guilty Bystander* (New York: Crown, 2009), 67.

**7** "How Many Americans Have Smartphones, 2010–2021," Oberlo statistics.

**8** Sam Anderson, "Watching People Watching People Watching," *New York Times Magazine*, November 27, 2011, 60.

**9** Ayesha Khanna and Parag Khanna, "Welcome to the Hybrid Age," *Slate*, June 13, 2012.

**10** Natasha Singer, "Helping Students Explore the World, with Virtual Reality from Google," *New York Times*, September 29, 2015, B4.

**11** Andrew Salmon, "Couple: Internet Gaming Addiction Led to Baby's Death," *CNN*, April 2, 2010.

**12** Kyung Lah, "Tokyo Man Marries Video Game Character," *CNN*, December 17, 2009.

**13** Ben Dooley and Hisako Ueno, "In Dolls and Cartoons, Devoted Fans in Japan See Marriage Material," *New York Times*, April 25, 2022, B1.

**14** Walter Benjamin, "Experience and Poverty," *Selected Writings*, vol. 2, 1931–1934 (Cambridge, MA: Harvard University Press, 1999), 732, 735.

**15** Robert Michael Pyle, *The Thunder Tree: Lessons from an Urban Wildland* (Boston: Houghton Mifflin, 1993).

**16** B. Joseph Pine II and James H. Gilmore, "How to Profit from Experience," *Wall Street Journal*, August 4, 1997.

**17** 2013년 6월 16일 <뉴욕타임스> 2면 광고.

**18** Christopher Bergland, "Want More In-the-Moment Happiness? Buy Experiences, Not Stuff," *Psychology Today*, March 12, 2020.

**19** 2016년 4월 26일 <뉴요커> 광고.

**20** Megan Garber, "Sweat: The Hottest Accessory," *Atlantic*, January 14, 2016.

**21** Austin Carr, "The Secret Sauce in Square's Starbucks Partnership: Discovery, QR Codes," *Fast Company*, November 7, 2012.

**22** "Case Study: How Huggies uses social media to engage consumers as a challenger brand in Hong Kong diapers 'battlefield,'" *Campaign Asia*, September 19, 2011.

**23** Rob Horning, "Presumed Conspicuous," *New Inquiry*, May 2, 2012.

**24** 2013년 12월 15일 <뉴욕타임스 매거진> 뒤표지 애플사 광고

**25** Chris Gayomali, "Study: 53% of Youngsters Would Choose Technology Over Sense of Smell," *Time*, May 27, 2011.

**26** Richard Sennett, "Humanism," *Hedgehog Review*, Summer 2011, 24.

**27** Monica Kim, "The Good and the Bad of Escaping to Virtual Reality," *Atlantic*, February 18, 2015. 베일린슨은 여전히 열렬한 기술 지지자이지만 2015년 이후 견해를 완화했다. 다음을 보라. Jeremy Bailenson, *Experience on Demand: What Virtual Reality Is, How It Works, and What It Can Do* (New York: W. W. Norton, 2018).

**28** Alexandra Wolfe, "Palmer Luckey: Making Virtual Reality a Reality," *Wall Street Journal*, August 7, 2015.

**29** Bertrand Russell, *Icarus, or The Future of Science* (Boston: E. P. Dutton, 1924), 57–58.

**30** Nathan Jurgenson, "The IRL Fetish," *New Inquiry*, June 28, 2012.

**31** "Los Angeles motorists stranded on freeway because of suicidal man threatening to jump off an overpass snap selfies with the would-be jumper in the background," *Daily Mail*, April 11, 2014.

**32** Richard Sennett, *The Fall of Public Man* (New York: W. W. Norton, 1992), 325.

**33** Yi-Fu Tuan, *Space and Place: The Perspective of Experience* (Minneapolis: University of Minnesota Press, 2001), 9.

**34** First published in Christine Rosen, "Virtual Friendship and the New Narcissism," *New Atlantis*, Summer 2007.

**35** 기억 형성에 대한 인터넷의 역할은 다음을 참조하라. Daniel M. Wegner and Adrian F. Ward, "How Google Is Changing Your Brain," *Scientific American* 309, no. 6 (December 2013): 58–61.

**36** Adam Goldman, "The Comet Ping Pong Gunman Answers Our Reporters' Questions," *New York Times*, December 9, 2016, A16.

**37** Lewis Mumford, *Technics and Civilization* (Chicago: University of Chicago Press, 2010), 3.

## 2장

**1** Charles Darwin, *The Expression of the Emotions in Man and Animals* (New York: Penguin, 2009), 47.

**2** Darwin, *The Expression of the Emotions*, 301, 179, 172.

**3** David Zax, "Wifarer's Indoor GPS and the Never-Lost Generation," *Fast Company*, June 7, 2012.

4  출애굽기 33장 11절, 신명기 7장 10절.

5  John Stuart Mill, "Of Ethology, or the Science of the Formation of Character," in *The Collected Works of John Stuart Mill*, vol. 8, edited by John M. Robson (Toronto: University of Toronto Press, 1974).

6  Jonathan H. Turner, *Face to Face: Toward a Sociological Theory of Interpersonal Behavior* (Palo Alto, CA: Stanford University Press, 2002), 28.

7  Ned Kock, "The Psychobiological Model: Towards a New Theory of Computer-Mediated Communication Based on Darwinian Evolution," *Organization Science* 15, no. 3 (May–June 2004): 331.

8  A. Rodney Wellens, "Heart-Rate Changes in Responses to Shifts in Interpersonal Gaze from Liked and Disliked Others," *Perceptual and Motor Skills* 64, no. 2 (1987): 595–98.

9  Kock, "The Psychobiological Model," 330–31.

10  Paul Ekman, *Emotions Revealed* (New York: St. Martin's Press, 2003), 14, 21.

11  작가의 폴 에크먼 인터뷰. Being Human Conference, San Francisco, CA, March 25, 2012.

12  Kate Crawford, *Atlas of AI: Power, Politics, and the Planetary Costs of Artificial Intelligence* (New Haven: Yale University Press, 2021), 171.

13  Maria Gendron and Lisa Feldman Barrett, "Facing the Past: A History of the Face in Psychological Research on Emotion Perception," in J. M. Fernandez-Dols and J. A. Russell, eds., *The Science of Facial Expression* (Oxford: Oxford University Press, 2017), 30.

14  Michael Woodworth and Jeff Hancock, "The Motivational Enhancement Effect: Implications for Our Chosen Modes of Communication in the 21st Century," *Proceedings of the 38th Annual Hawaii International Conference on System Sciences*, January 6, 2005.

15  M. Mahdi Roghanizad and Vanessa K. Bohns, "Should I Ask Over Zoom, Phone, Email, or In-Person? Communication Channel and Predicted Versus Actual Compliance," *Social Psychology and Personality Science* 13, no. 7 (2022): 1163–72.

16  Tara Parker-Pope, "Who's Trustworthy? A Robot Can Help Teach Us," *New York Times*, September 11, 2012, D5.

17  Maciek Lipinski-Harten and Romin W. Tafarodi, "A Comparison of Conversational Quality in Online and Face-to-Face First Encounters," *Journal of Language and Social Psychology* 31, no. 3 (2012): 331–41.

18  Michel de Montaigne, *The Complete Essays*, translated by M. A. Screech (New York:

Penguin, 1991), 507.

19  Edward T. Hall, *The Silent Language* (New York: Anchor, 1973).

20  Albert Mehrabian, *Silent Messages: Implicit Communication of Emotions and Attitudes* (Belmont, CA: Wadsworth, 1980).

21  Barbara L. Fredrickson, "Your Phone vs. Your Heart," *New York Times*, March 24, 2013, SR14. 다음도 보라. Barbara L. Fredrickson and Thomas Joiner, "Reflections on Positive Emotions and Upward Spirals," *Perspectives on Psychological Science* 13, no. 2 (2018): 194–99.

22  Holland Cotter, "700-Hour Silent Opera Reaches Finale at MoMA," *New York Times*, May 31, 2010, C1. 다음도 보라. Arthur Danto, "Sitting with Marina," *New York Times*, May 23, 2010.

23  Erving Goffman, *Interaction Ritual: Essays on Face to Face Behavior* (New York: Pantheon, 1982), 91.

24  Erving Goffman, *Relations in Public: Microstudies of the Public Order* (New York: Harper and Row, 1972), 239; Goffman, *Interaction Ritual*, 12.

25  Eric D. Wesselmann, Florencia D. Cardoso, Samantha Slater, and Kipling D. Williams, "To Be Looked at as Through Air: Civil Attention Matters," *Psychological Science* 23 (2012).

26  George Packer, "The View from a Roofer's Recession," *New Yorker*, April 9, 2009.

27  Goffman, *Interaction Ritual*, 145.

28  Elizabeth Holmes, "Leave Me Alone, I'm Shopping," *Wall Street Journal*, June 28, 2012.

29  Ginger Gibson이 트윗, Mediabistro의 하위 사이트 Fishbowl에 재게시, 2012년 4월 10일 검색. 현재는 이용할 수 없다.

30  Jack Nicas and Daniel Michaels, "The Self-Service Airport," *Wall Street Journal*, August 28, 2012.

31  Elizabeth Garone, "You Gotta Believe: Comparing Santa Video Chats," *Wall Street Journal*, December 8, 2011.

32  이 부분은 본래 다음에 게재되었다. Christine Rosen, "Technosolutionism Isn't the Fix," *Hedgehog Review*, Fall 2020.

33  Kate Murphy, "Why Zoom Is Terrible," *New York Times*, May 4, 2020, A23.

34  Gabriel A. Radvansky and Jeffrey M. Zacks, "Event Boundaries in Memory and Cognition," *Current Opinion in Behavioral Sciences* 17 (October 2017): 133–40.

35  Norimitsu Onishi, "A Last Smile and a Wave for Bay Area Commuters," *New York Times*, March 25, 2013, A16.

**36** Neal Ungerleider, "Autonomous robots coming to U.S. hospitals," *Fast Company*, January 24, 2013.

**37** Ranit Mishori, "Hospitals Look at Ways to Reduce Readmissions," *Herald-Tribune*, December 26, 2011.

**38** Sabrina Jonas, "Meet Grace, the humanoid robot offering companionship in a Montreal nursing home," *CBC News*, October 22, 2022.

**39** Anna Wilde Mathews, "Doctors Move to Webcams," *Wall Street Journal*, December 21, 2012, B1.

**40** Woebothealth.com.

**41** Denise Grady, "What's in a Face at 50?," *New York Times*, July 31, 2011, SR4.

**42** Charles Isherwood, "Booth for Two, Dialogue Optional," *New York Times*, June 9, 2011, C1.

**43** Amanda Lenhart, "Teens, Smartphones, and Texting," Pew Research Center, March 19, 2012.

**44** Monica Anderson and JingJing Jiang, "Teens' Social Media Habits and Experiences," Pew Research Center, November 28, 2018.

**45** R. Pea, C. Nass, et al., "Media Use, Face-to-Face Communication, Media Multitasking, and Social Well-being among 8–12-year-old girls," *Developmental Psychology* 48, no. 2 (March 2012): 327–36.

**46** Rachel Emma Silverman, "Study: Face Time Benefits Preteens," *Wall Street Journal*, January 31, 2012; Mark Milian, "Study: Multitasking Hinders Youth Social Skills," *CNN*, January 25, 2012.

**47** Jean Twenge, "Teens Have Less Face Time with Their Friends, and Are Lonelier Than Ever," *Conversation*, March 20, 2019.

**48** 2011년 9월 28일 작가와 개리 스몰의 인터뷰.

**49** Mark Gawne, "The modulation and ordering of affect," *Fibreculture Journal* 21 (2012): 98, 108–10.

**50** Jeremy Bailenson, "Your Kinect Is Watching You," *Slate*, March 7, 2012.

**51** Marianne LaFrance, *Lip Service: Smiles in Life, Death, Trust, Lies, Work, Memory, Sex, and Politics* (New York: W. W. Norton, 2011), ix.

**52** Arvid Kappas and Nicole C. Kramer, eds., *Face-to-Face Communication over the Internet: Emotions in a Web of Culture, Language, and Technology* (Cambridge: Cambridge University Press, 2011), 8.

**53** Kyungjoon Lee, John S. Brownstein, et al., "Does Collocation Inform the Impact of

Collaboration?," *PLOS One* 5, no. 12 (December 2010).

54 "Police: Rail Commuters on Phones Didn't Notice Gun," *ABC7 News*, October 8, 2013.

55 Ali Winston, "Man Charged in Subway Attack on 78-Year-Old Woman That Was Caught on Video," *New York Times*, March 25, 2019, A21.

56 Aronson, *The Social Animal*, 46–47, 51.

57 Susan Pinker, "Bystanders Who Intervene in an Attack," *Wall Street Journal*, July 20–21, 2019, C4.

58 Goffman, *Relations in Public*, 273.

59 1942년 4월 13일 시몬 베유가 조 부스케에게 보낸 편지. 다음에서 찾을 수 있다. Simone Petrement, *Simone Weil: A Life*, translated by Raymond Rosenthal (New York: Pantheon, 1976).


## 3장

1 Lisa Rein, "Washington's Signature-Writing Machines Rumble into the Digital Age," *Washington Post*, April 11, 2014.

2 Damilic website.

3 Brian Resnick and National Journal, "When a Robot Signs a Bill," *Atlantic*, January 3, 2013.

4 Gregory Korte, "White House Aides Use Autopen to Sign Highway Bill While Obama Is Overseas," *USA Today*, November 20, 2015.

5 Steven Nelson, "Mike Pence Calls Biden a 'Trojan Horse for a Radical Agenda,'" *New York Post*, July 17, 2020; Darren Rovell, "Autographed Trump Hats and Books Sold on His Website Were Signed by Machine," *ABC News*, November 18, 2016.

6 Alexander Larman, "Bob Dylan's Curious Book-Signing Controversy," *Spectator*, December 2, 2022.

7 Gena Feith, "With Pen in Hand, He Battles On," *Wall Street Journal*, September 4, 2012.

8 Emily Freeman, "Cursive Joins the Ranks of Latin and Sanskrit," *Wall Street Journal*, November 22, 2013. 공통 핵심 기준은 1학년 이후에는 손 글씨 교육을 요구하지 않으며, 필기체 손 글씨 교육은 전혀 요구하지 않는다. 1학년 이후에는 주에서 손 글씨 교육을 계속할지 아니면 완전히 없앨지 선택할 수 있다. 자세한 내용은 다음을 참조하라. Saperstein Associates, "Handwriting in the 21st Century? A Summary of Research Presented at the Handwriting in the 21st Century Educational Summit," Winter 2012; Valerie Bauerlein, "The New Script for Teaching Handwriting Is No Script

at All," *Wall Street Journal*, January 31, 2013, A1.

**9** Louise Brown, "Why Johnny Can't Sign His Name," *Toronto Star*, June 23, 2012.

**10** Ben Schott, "Tibiwangzi," *New York Times*, September 8, 2010.

**11** Philip Hensher, *The Missing Ink: The Lost Art of Handwriting* (New York: Farrar, Straus and Giroux, 2013), 6.

**12** Maurice Merleau-Ponty, *Phenomenology of Perception*, translated by Donald Landes. (New York: Routledge, 2013). George Lakoff and Mark Johnson, *Metaphors We Live By* (Chicago: University of Chicago Press, 2003).

**13** "'Handwriting Challenged' Doctors to Take Penmanship Class at Cedars-Sinai Medical Center," *Science Daily*, April 27, 2000.

**14** Karin H. James and Laura Engelhardt, "The effects of handwriting experience on functional brain development in pre-literate children," *Trends in Neuroscience Education* 1, no. 2 (December 2012): 32–42.

**15** Virginia Berninger, Katherine Vaughan, Robert Abbott, and Sylvia Abbott, "Treatment of Handwriting Problems in Beginning Writers: Transfer from Handwriting to Composition," *Journal of Educational Psychology* 89, no. 4 (December 1997): 652–56.

**16** Perri Klass, "Writing to Learn," *New York Times*, June 21, 2016, D6; Virginia Berninger, Robert Abbott, Clayton R. Cook, and William Nagy, "Relationships of Attention and Executive Functions to Oral Language, Reading, and Writing Skills and Systems in Middle Childhood and Early Adolescence," *Journal of Learning Disabilities* 50, no. 4 (July–August 2017): 434–39; Zachary Alstad, Elizabeth Sanders, Robert D. Abbott, et al., "Modes of Alphabet Letter Production During Middle Childhood and Adolescence: Interrelationships with Each Other and with Other Writing Skills," *Journal of Writing Research* 6, no. 3 (February 2015): 199–231.

**17** 노트북 사용이 학생들에게 얼마나 방해가 되는지에 대해서는 다음을 참조하라. Faria Sana, Tina Weston, and Nicholas Sepeda, "Laptop Multitasking Hinders Classroom Learning for both Users and Nearby Peers," *Computers and Education* 62 (March 2013): 24–31; Pam A. Mueller and Daniel Oppenheimer, "The Pen Is Mightier Than the Keyboard: Advantages of Longhand over Laptop Note Taking," *Psychological Science* 25, no. 6 (June 2014): 1159–68. *Frontiers in Psychology*에 실린 연구는 뮬러와 오펜하이머의 연구를 바탕으로 연구 대상자들이 키보드를 사용하거나 손으로 그림을 그릴 때의 뇌파 활동을 측정했다. 그들은 손으로 그림을 그리는 것이 최적의 학습과 연관된 뇌 영역을 자극한다는 것을 발견했다. Audrey L. H. van der Meer and F. R. van der Weel, "Only Three Fingers Write, but the Whole Brain Works: A High-Density EEG

Study Showing Advantages of Drawing over Typing for Learning," *Frontiers in Psychology* 8 (2017): 706.

**18** Anne Mangen, "The Disappearing Trace and the Abstraction of Inscription in Digital Writing," in *Exploring Technology for Writing and Writing Instruction*, edited by Kristine E. Pytash, Richard E. Ferdig(IGI Global, 2013), 100–13.

**19** Ann Wroe, "Handwriting: An Elegy," *1843 Magazine*, October 8, 2012.

**20** Mary Gordon, "Putting Pen to Paper, but Not Just Any Pen to Any Paper," *Writers on Writing: Collected Essays from the New York Times* (New York: Times Books, 2002), 79.

**21** Deborah Madison, "The Case for Handwriting," *Daily Zester*, August 4, 2010.

**22** Martin Fackler, "In High-Tech Japan, the Fax Machines Roll On," *New York Times*, February 14, 2013, A1.

**23** Mohsin Hamid and Paul Antonio speaking on handwriting, "The Forum," BBC World Service, February 3, 2015. 다음도 보라. Hensher, *Missing Ink*, 244.

**24** "The Forum," BBC World Service.

**25** Manfred Spitzer, "To Swipe or Not to Swipe? The Question in Present-Day Education," *Trends in Neuroscience and Education* 2 (August 2013): 95–99.

**26** "Architect Frank Gehry Finds CAD a Boon to Art and Business," *CADigest*, February 23, 2004. 가장 인기 있는 CAD 소프트웨어 Auto-CAD는 현재 Revit과 같은 프로그램과 치열한 경쟁을 벌이고 있다.

**27** Stan Allen, "The Future That Is Now," *Places*, March 2012.

**28** 다음에서 인용했다. Nicholas Carr, *The Glass Cage: Automation and Us* (New York: W. W. Norton, 2014), 142, 144–46.

**29** Michael Graves, "Architecture and the Lost Art of Drawing," *New York Times*, September 2, 2012, SR5.

**30** James Wines, "Why Architects Should Never Stop Drawing by Hand," *Architizer*, accessed March 2, 2023.

**31** Laura Landro, "The Man of a Thousand Face-Lifts," *Wall Street Journal*, August 17, 2012.

**32** 레이 브래드버리의 인용문은 Brain Pickings.org에서 발췌한 것이다. 2012년 8월 22일 검색.

**33** Winston S. Churchill, *Painting as a Pastime* (New York: Cornerstone Library, 1965).

**34** Suzanne Ramljak, "Richard Sennett on Making," *American Craft* (October–November 2009). 다음도 참조하라. Richard Sennett, *The Craftsman* (New Haven: Yale University Press, 2009).

**35** Rachel Emma Silverman, "The Yankee King of Cowboy Boots," *Wall Street Journal*, January 14, 2012.

**36** Julian Baggini, "Joy in the Task," *Aeon*, January 9, 2013.

**37** "American Time Use Survey Summary," Bureau of Labor Statistics, June 23, 2022.

**38** Louis Uchitelle, "A Nation That's Losing Its Toolbox," *New York Times*, July 22, 2012, BU1; blog post from Close Grain, April 1, 2013, accessed June 4, 2015.

**39** Chris Anderson, *Makers: The New Industrial Revolution* (New York: Crown Business, 2012), ch. 2; Evgeny Morozov, "Making It," *New Yorker*, January 13, 2014.

**40** Patricia Kuhl, "The Linguistic Genius of Babies," TEDx Rainier, October 2010.

**41** Ian Bogost, "Educational Hucksterism," blog post, January 5, 2013.

**42** Pamela Hieronymi, "Don't Confuse Technology with College Teaching," *Chronicle of Higher Education*, August 13, 2012.

**43** Matt Richtel, "Technology Changing How Students Learn, Teachers Say," *New York Times*, November 1, 2012, A18.

**44** 이 부분의 초기 버전은 다음에 게재되었다. "Technosolutionism Isn't the Fix," *Hedgehog Review* Fall, 2020.

**45** Tawnell D. Hobbs and Lee Hawkins, "The Results Are in for Remote Learning: It Didn't Work," *Wall Street Journal*, June 5, 2020.

**46** Ursula Franklin, *The Real World of Technology* (Toronto: House of Anansi Press, 2004), 51.

**47** Tom Bartlett, "The Case for Play," *Chronicle Review*, February 20, 2011.

**48** A. Diamond, W. S. Barnett, J. Thomas, and S. Munro, "Preschool Program Improves Cognitive Control," *Science* 318, no. 5855 (November 30, 2007): 1387–88.

**49** Brian Sutton-Smith, *The Ambiguity of Play* (Cambridge, MA: Harvard University Press, 1997). 스크린이 실제 놀이를 대체하는 세상에는 실제 결과도 나타난다. 전 세계적인 비만의 유행만이 문제가 아닌 것이다. <뉴욕타임스> 기사에 인용된 2011년의 한 연구에 따르면 "야외에서의 신체 활동보다 텔레비전과 컴퓨터 스크린 앞에서 더 많은 시간을 보낸 어린이들은 눈의 혈관이 좁다. 성인의 경우 이런 형태의 혈관 수축은 심혈관 질환의 위험과 연관된다." 또 다른 연구는 "어린이의 피질척수로(손가락 끝까지 뻗어 있으며 미세 운동 기술에 영향을 미친다)가 10세까지 완전히 발달하지 않는다"는 사실을 발견했다. 피질척수로는 운동 명령을 뇌에서 척수로 전달하는 신경 세포의 배열이다. 더 자세한 내용은 다음을 참조하라. Nicholas Bakalar, "Television Time and Children's Eyes," *New York Times*, April 26, 2011 (original study published in the journal *Arteriosclerosis, Thrombosis and Vascular Biology*); and G. Conti, "Handwriting

Characteristics and the Prediction of Illegibility in Third and Fifth Grade Students," 이 논문은 다음에서 발표됐다. "Handwriting in the 21st Century? An Educational Summit," Washington, DC, January 23, 2012.

50  Erika Christakis and Nicholas Christakis, "Want to Get Your Kids into College? Let Them Play," CNN.com, December 29, 2010.

51  Michel de Montaigne, *The Complete Essays*, translated by M. A. Screech (New York: Penguin, 1993), 1269.

52  Joseph Weizenbaum, *Computer Power and Human Reason: From Judgment to Calculation* (New York: W. H. Freeman, 1976), 22.

53  Marcel Mauss, "Techniques of the Body," *Economy and Society* 2, no. 1 (1973): 70–88.

54  Wallace Stegner, *Angle of Repose* (New York: Vintage, 2014), 437–38.

55  "Ignorance," in Philip Larkin, *The Complete Poems*, edited by Archie Burnett (New York: Farrar, Straus and Giroux, 2012), 67.

## 4장

1  About.com, Disney World forum, 2018년 2월 13일 검색. 다음도 참조하라. "Fixing FastPass: How Disney's Virtual Queue Was Born, Broken, and Could Work Again," Theme Park Tourist, March 6, 2020.

2  Stephanie Rosenbloom, "Manifest Fantasy," *New York Times*, December 23, 2012, TR1.

3  Henry David Thoreau, *Walden* (New York: Thomas Y. Crowell, 1910), 120.

4  Frank Partnoy, "Beyond the Blink," *New York Times*, July 8, 2012, SR5.

5  W. H. Auden, *The Dyer's Hand and Other Essays* (New York: Vintage, 1989), 162.

6  Alex Stone, "Why Waiting Is Torture," *New York Times*, August 19, 2012, SR12.

7  Jacob Hornik and Dan Zakay, "Psychological Time: The Case of Time and Consumer Behavior," *Time and Society* 5, no. 3 (October 1996): 385–97.

8  Ray A. Smith, "Find the Best Checkout Line," *Wall Street Journal*, December 8, 2011.

9  Richard C. Larson, "Perspectives on Queues: Social Justice and the Psychology of Queuing," *Operations Research* 35, no. 6 (November–December 1987): 897.

10  Rongrong Zhou and Dilip Soman, "Looking Back: Exploring the Psychology of Queuing and the Effect of the Number of People Behind," *Journal of Consumer Research* 29 (March 2003): 518–19.

11  Brooks Barnes, "A VIP Ticket to Ride," *New York Times*, June 10, 2013, B1.

12  Scott Martindale, "Disney Overhauling Disabled-Access Program to Curb Abuse," *Orange County Register*, September 24, 2013.

**13** Ashley Halsey III and Bonnie S. Berkowitz, "Number of Drivers Who Say They Feel Road Rage Has Doubled, Poll Finds," *Washington Post*, September 1, 2013.

**14** American Automobile Association, "Aggressive Driving."

**15** Grace Hauck, "Road Rage Shootings Are Increasing. There Were More than 500 Last Year, Report Finds," *USA Today*, March 20, 2023.

**16** Jenni Bergal, "Cops Scramble to Deal with Deadly Road Rage During Pandemic," Stateline.org, July 13, 2021.

**17** Milan Kundera and Linda Asher, "The Ecstasy of Speed," *Queen's Quarterly* 108, no. 3 (Fall 2001): 382.

**18** Austin Carr, "Google's Project Glass: Inside the Problem Solving and Prototyping," *Fast Company*, June 5, 2012. 다음도 참조하라. Steve Lohr, "For Impatient Web Users, an Eye Blink Is Just Too Long to Wait," *New York Times*, March 1, 2012, A1.

**19** S. Shunmuga Krishnan and Ramesh K. Sitaraman, "Video Stream Quality Impacts User Behavior: Inferring Causality Using Quasi-Experimental Designs," *IEAA/ACM Transactions on Networking* 21, no. 6 (December 2013): 2001–14.

**20** Ambrose Bierce, *The Devil's Dictionary* (1906; Seattle: Sirius, 2023).

**21** Nick Bilton, "Thanks? Don't Bother," *New York Times*, March 11, 2013, B1.

**22** Bilton, "Thanks? Don't Bother."

**23** Evan Selinger, "We're Turning Digital Natives into Etiquette Sociopaths," *Wired*, March 26, 2013.

**24** Isaac Asimov, "The Life and Times of Multivac," *New York Times*, January 5, 1975, SM4.

**25** The National Center for Addiction and Substance Abuse at Columbia University, "The Importance of Family Dinners VII," September 2011.

**26** Amber J. Hammons and Barbara H. Fiese, "Is Frequency of Shared Family Meals Related to the Nutritional Health of Children and Adolescents?," *Pediatrics* 127, no. 6 (June 2011): 1565–74.

**27** 올더스 헉슬리가 1949년 10월 21일 조지 오웰에게 보낸 편지. lettersofnote.com에서 검색.

**28** Marshall McLuhan, *Understanding Media: The Extensions of Man* (Cambridge, MA: MIT Press, 1996), 78. '아틀라스 옵스큐라'의 웹사이트에는 그리스 나플리오에 있는 콤볼로이 박물관이 소개되어 있다.

**29** Peter Stromberg, Mark Nichter, and Mimi Nichter, "Taking Play Seriously: Low-Level Smoking Among College Students," *Culture, Medicine and Psychiatry* 31, no. 1 (March 2007): 1–24.

30  Mihaly Csikszentmihalyi, *Flow: The Psychology of Optimal Experience* (New York: Harper Perennial, 2008), 52.

31  Pew Research Center, "Mobile Fact Sheet," April 7, 2021.

32  Amanda Lenhart, "Cell Phones and American Adults," Pew Internet and American Life Project, Pew Research Center, September 2, 2010.

33  William James, *The Principles of Psychology*, vol. 1 (New York: Henry Holt, 1918), 626.

34  Peter Toohey, "The Thrill of Boredom," *New York Times*, August 7, 2011, SR4.

35  Margaret Talbot, "What Does Boredom Do to Us—and for Us?," *New Yorker*, August 20, 2020.

36  Benjamin Kunkel, "Lingering," *n+1*, May 31, 2009.

37  Linda Rodriguez McRobbie, "The History of Boredom," *Smithsonian*, November 20, 2012.

38  Herbert Simon, "Designing Organizations for an Information-Rich World," in *Computers, Communications, and the Public Interest*, edited by Martin Greenberger (Baltimore: Johns Hopkins University Press, 1971).

39  Sigmund Freud, *Beyond the Pleasure Principle* (London: International Psychoanalytical Press, 1922), 31.

40  Martin Harrow, Gary J. Tucker, and Paul Shield, "Stimulus Overinclusion in Schizophrenic Disorders," *Archives of General Psychiatry* 27, no. 1 (1972): 40–45.

41  Blaise Pascal, *Pensées* (New York: Penguin, 1995).

42  Csikszentmihalyi, *Flow*, 33.

43  Natasha Dow Schüll, *Addiction by Design: Machine Gambling in Las Vegas* (Princeton, NJ: Princeton University Press, 2014).

44  Jerome L. Singer, *The Inner World of Daydreaming* (New York: Harper and Row, 1975).

45  Rebecca L. McMillan, Scott Barry Kaufman, and Jerome L. Singer, "Ode to Positive Constructive Daydreaming," *Frontiers in Psychology* 4 (September 2013).

46  Scott Barry Kaufman, "Mind Wandering: A New Personal Intelligence Perspective," *Scientific American*, September 25, 2013.

47  Hope Mills, "The History of Humans Is the History of Technology: The Millions Interviews Robin Sloan," *The Millions*, November 8, 2012.

48  Po Bronson and Ashley Merryman, "The Creativity Crisis," *Newsweek*, July 10, 2010. 다음도 참조하라. Scott Barry Kaufman, "Why Daydreamers Are More Creative," *Psychology Today*, February 28, 2011.

49  Max Levchin, DLD13 keynote, January 21, 2013.

50 William Wordsworth, "To My Sister," in *Selected Poems* (New York: Penguin Classics, 2005), 25.

51 Brother Benet Tvedten, *The View from a Monastery* (New York: Riverhead, 2000), 50.

52 Thomas Merton, *Thoughts in Solitude* (New York: Farrar, Straus and Giroux, 1999), xi, 89.

53 Claire Cain Miller, "New Apps Know the Answer before You Ask the Question," *New York Times*, July 30, 2013, A1.

54 Jeroen Nawijn, Miquelle A. Marchand, Ruut Veenhoven, and Ad J. Vingerhoets, "Vacationers Happier, but Most Not Happier after a Holiday," *Applied Research in Quality of Life* 5, no. 1 (March 2010): 35–47.

55 Jennifer Leonard, "Hurry Up and Wait," *GOOD*, January 7, 2010.

56 Antonio Damasio, *Descartes' Error: Emotion, Reason, and the Human Brain* (New York: Picador, 1994), ch. 1.

57 John Komlos, Patricia Smith, and Barry Bogin, "Obesity and the Rate of Time Preference: Is There a Connection?" *Journal of Biosocial Science* 36, no. 2 (March 2004): 209–19.

58 Charles Courtemanche, Garth Heutel, and Patrick McAlvanah, "Impatience, Incentives, and Obesity," *Economic Journal* 125, no. 582 (February 2015): 1–31.

59 그 사례로 다음을 참조하라. David Laibson, "Impatience and Savings," National Bureau of Economic Research, *Reporter*, Fall 2005; and Alessandro Grecucci et al., "Time Devours Things: How Impulsivity and Time Affect Temporal Decisions in Pathological Gamblers," *PLOS One*, October 8, 2014.

60 Oliver S. Curry, Michael E. Price, and Jade G. Price, "Patience Is a Virtue: Cooperative People Have Lower Discount Rates," *Personality and Individual Differences* 44, no. 3 (February 2008): 780.

61 Michel de Montaigne, *The Complete Essays*, translated by Donald Frame (Stanford: Stanford University Press, 1958), 799.

## 5장

1 Laura Stampler, "People Who Use Emojis Have More Sex," *Time*, February 4, 2015; Amanda N. Gessleman, Vivian P. Ta, and Justin R. Garcia, "Worth a thousand interpersonal words: Emoji as affective signals for relationship-oriented digital communication," *PLOS One*, August 15, 2019.

2 "The Future of Creativity: 2022 U.S. Emoji Trend Report Reveals Insights on Emoji

Use," Adobe blog, September 13, 2022.

**3** Caitlin Macy, "The Age of Emotional Overstatement," *Wall Street Journal*, June 11, 2022.

**4** Erving Goffman, *Interaction Ritual: Essays on Face to Face Behavior* (New York: Pantheon, 1982), 269–70.

**5** Michael Polanyi, *The Tacit Dimension* (Chicago: University of Chicago Press, 2009), 4.

**6** Antonio Damasio, *The Feeling of What Happens: Body and Emotion in the Making of Consciousness* (New York: Harcourt, 1999), 36; Antonio Damasio and Gil B. Carvalho, "The Nature of Feelings: Evolutionary and Neurobiological Origins," *Nature Reviews Neuroscience* 14 (February 2013): 143–52.

**7** William Hazlitt, *The Round Table* (London: Sampson Low, Son, and Marston, 1869), 102.

**8** Bruce Jones, "Understanding Your Customers Using Guestology," Disney Institute, August 21, 2012; Virginia Chamlee, "Here's What it Takes to be a Full-Time Disney Princess," Buzzfeed, January 19, 2018.

**9** Anne Reyers and Jonathan Matusitz, "Emotional Regulation at Walt Disney World: An Impression Management View," *Journal of Workplace Behavioral Health* 27, no. 3 (2012): 139–59.

**10** Stanley Schachter and Jerome L. Singer, "Cognitive, Social, and Physiological Determinants of Emotional State," *Psychological Review* 69 (1962): 379–99.

**11** Elizabeth Cohen, "Does Life Online Give You Popcorn Brain?," *CNN*, June 23, 2011. 다음도 참조하라. Eyal Ophir, Clifford Nass, and Anthony Wagner, "Cognitive Control in Media Multitaskers," *Proceedings of the National Academy of Sciences* 106, no. 37 (2009): 1–5.

**12** Ashley A. Anderson, Dominique Brossard, et al., "The 'Nasty Effect': Online Incivility and Risk Perceptions of Emerging Technologies," *Journal of Computer-Mediated Communication* 19, no. 3 (April 2014): 373–87.

**13** Dan Levin, "Slur, Surfacing an Old Video, Alters Young Lives and a Town," *New York Times*, December 27, 2020, A1.

**14** Jonathan Mahler, "Who Spewed That Abuse? Anonymous Yik Yak Isn't Telling," *New York Times*, March 9, 2015, A1.

**15** Emily Dickinson, "One Need Not be a Chamber—to be Haunted," in *The Poems of Emily Dickinson, Variorum Edition*, edited by R. W. Franklin (Cambridge, MA: Harvard University Press, 1998), 431.

16 Mary Helen Immordino-Yang, Andrea McColl, Hanna Damasio, and Antonio Damasio, "Neural Correlates of Admiration and Compassion," *Proceedings of the National Academy of Sciences* 106, no. 19 (May 12, 2009): 8021–26.

17 Hanna Krasnova, Helena Wenninger, Thomas Widjaja, and Peter Buxmann, "Envy on Facebook: A Hidden Threat to Users' Life Satisfaction?," *Wirtschaftsinformatik Proceedings 2013*, paper 92.

18 Tom Simonite, "What Facebook Knows," *Technology Review*, June 13, 2012.

19 Jeremy B. Merrill and Will Oremus, "Five Points for Anger, One for a 'Like': How Facebook's Formula Fostered Rage and Misinformation," *Washington Post*, October 26, 2021.

20 Christian Rudder, "We Experiment on Human Beings!," OKTrends, July 28, 2014.

21 OK큐피드의 개인 정보 보호정책에는 "당사는 서비스를 운영 및 안정적으로 유지하고 커뮤니티를 안전하게 지키기 위해 다른 사용자들과의 채팅 내용과 게시된 콘텐츠를 수집·분석·저장·사용합니다"라고 명시되어 있다. 대부분의 사용자는 이를 읽지 않겠지만 말이다.

22 OK큐피드는 원래 이 내용을 자사 블로그에 게시했지만 이후 삭제했다. 다음을 참조하라. Laura Stampler, "Facebook Isn't the Only Website Running Experiments on Human Beings," *Time*, July 28, 2014.

23 Caeli Wolfson Widger, "Don't Pick Up," *New York Times Magazine*, October 6, 2013, 58.

24 애덤 스미스의 인용문은 다음에서 발췌했다. Roy Porter, *Flesh in the Age of Reason* (New York: W. W. Norton, 2003), 337–38.

25 Sarah H. Konrath, Edward H. O'Brien, and Courtney Hsing, "Changes in Dispositional Empathy in American College Students Over Time," *Personality and Social Psychology Review* 15, no. 2 (May 2011): 180–98; 다음도 참조하라. "Empathy: College Students Don't Have as Much as They Used To," EurekAlert, May 28, 2010.

26 Janelle S. Peifer and Gita Taasoobshirazi, "College Students' Reduced Cognitive Empathy and Increased Anxiety and Depression before and during the Covid-19 Pandemic," *International Journal of Environmental Research and Public Health* 19, no. 18 (September 2022): 11330.

27 Amy L. Gonzales and Jeffrey T. Hancock, "Identity Shift in Computer-Mediated Environments," *Media Psychology* 11, no. 2 (2008): 167–85.

28 Nick Bilton, "Linking Violent Games to Erosion of Empathy," *New York Times*, June 16, 2014, B6. 다음도 보라. Bruce D. Bartholow, Brad J. Bushman, and Marc A. Sestir,

"Chronic violent video game exposure and desensitization to violence: Behavioral and event-related brain potential data," *Journal of Experimental Social Psychology* 42, no. 4 (July 2006): 532–39.

29  Jeanne Funk Brockmyer, "Playing Violent Video Games and Desensitization to Violence," *Child Adolescent Psychiatric Clinics of North America* 24, no. 1 (January 2015): 65–77; 다음도 참조하라. Jeanne Funk Brockmyer, "Desensitization and Violent Video Games: Mechanisms and Evidence," *Child Adolescent Psychiatric Clinics of North America* 31, no. 1 (January 2022): 121–32.

30  Richard Pérez-Peña, "Memorizing, Accessing," *New York Times Education Life*, January 22, 2012, 27; Debra Wood, "Social Media: Cautionary Tales for Nurses," Nursezone. com, August 16, 2012.

31  Michelle Aebersold and Dana Tschannen, "Simulation in Nursing Practice: The Impact on Patient Care," *Online Journal of Issues in Nursing* 18, no. 2 (May 2013): 6. 너싱 앤은 래어달 웹사이트에서 볼 수 있다.

32  Pérez-Peña, "Memorizing, Assessing," 27.

33  Arlie Russell Hochschild, "The Outsourced Life," *New York Times*, May 6, 2012, SR1.

34  Paola Antonelli, "Talk to Me: Design and Communication Between People and Objects" (New York: Museum of Modern Art, 2011).

35  Brite 2015 콘퍼런스에 대한 설명은 davidrogers.digital/blog에서 찾을 수 있다. 영상 은 더 이상 온라인에서 볼 수 없다.

36  메리 비치는 말했다. "공감은 나를 더 나은 리더로, 더 나은 마케터로 만들었습니다. 공감은 당신 브랜드를 위해 다음과 같은 일을 할 수 있습니다." Think with Google, April 2018.

37  E. J. Mishan, *Economic Myths and the Mythologies of Economics* (Abingdon, UK: Routledge Revivals, 2011), 180.

38  John Metcalfe, "A Jacket That Hugs You for Getting Facebook Likes," *Atlantic*, October 4, 2012.

39  Jacqui Cheng, "Students face withdrawal, distress when cut off from the Internet," *Ars Technica*, April 6, 2011.

40  Credit Suisse, "Smartphone Fever," bulletin, May 2012.

41  Luke Fernandez and Susan J. Matt, "Americans Were Lonely Long before Technology," *Slate*, June 19, 2019; 다음에서 발췌했다. Luke Fernandez and Susan J. Matt, *Bored, Lonely, Angry, Stupid: Changing Feelings About Technology from the Telegraph to Twitter* (Cambridge, MA: Harvard University Press, 2019).

42 Don Clark, "Electronics Develop a Sixth Sense," *Wall Street Journal*, January 7, 2013.

43 Egon L. van den Broek, "Ubiquitous Emotion-Aware Computing," *Personal and Ubiquitous Computing* 17 (2013): 53–67.

44 Alex Pentland, *Honest Signals: How They Shape Our World* (Cambridge, MA: MIT Press, 2008). 다음도 참고하라. Alex Pentland, *Social Physics: How Good Ideas Spread—the Lessons from a New Science* (New York: Penguin, 2014), 58–59, 219.

45. Nick Bilton, "Devices That Know How We Really Feel," *New York Times*, May 5, 2014, B6.

46 Rachel Emma Silverman, "Tracking Sensors Invade the Workplace," *Wall Street Journal*, March 7, 2013.

47 Adam Satariano, "How My Boss Monitors Me While I Work from Home," *New York Times*, May 7, 2020, B1.

48 Roshni Raveendhran and Nathanael J. Fast, "Humans judge, algorithms nudge: The psychology of behavior tracking acceptance," *Organizational Behavior and Human Decision Processes* 164 (2021): 11–26.

49 Kate Greene, "What Your Phone Knows about You," *Technology Review*, December 20, 2007.

50 Chip Cutter and Rachel Feintzeig, "Smile! Your Boss Is Tracking Your Happiness," *Wall Street Journal*, March 7–8, 2020, B1.

51 Alex Pentland, "Society's Nervous System: Building Effective Government, Energy, and Public Health Systems," *Pervasive and Mobile Computing*, Annual Special Issue (October 2011): 10.

52 Wade Roush, "Inside Google's Age of Augmented Humanity," xconomy.com, February 28, 2011.

53 Bianca Bosker, "Beyond Verbal's New App Tells You How Cheating Politicians Really Feel," *Huffpost*, June 4, 2013.

54 Gary Shapiro, "What Happens When Your Friend's Smartphone Can Tell That You're Lying," *Washington Post*, October 31, 2014.

55 Alan M. Watts, *The Wisdom of Insecurity: A Message for an Age of Anxiety* (New York: Vintage, 2011), 81, 107–9.

56 B. F. Skinner, *Beyond Freedom and Dignity* (New York: Knopf, 1971), 4–5.

57 B. J. Fogg, "Mass Interpersonal Persuasion: An Early View of a New Phenomenon," in *Persuasive*, edited by Harri Oinas-Kukkonen et al. (Berlin: Springer, 2008), 23–34.

58 Natasha Dow Schüll, *Addiction by Design: Machine Gambling in Las Vegas* (Princeton,

NJ: Princeton University Press, 2012), 96, 108.

**59** Egon L. van den Broek, Marleen H. Schut, Kees Tuinebreijer, and Joyce H. D. M. Westerink, "Communication and Persuasion Technology: Psychophysiology of Emotions and User-Profiling," *Persuasive 06: Proceedings of the First International Conference on Persuasive Technology for Human Well-Being*, May 2006, 154–57.

**60** van den Broek et al., "Communication and Persuasion Technology."

**61** Maurits Kaptein and Dean Eckles, "Selecting Effective Means to Any End: Futures and Ethics of Persuasion Profiling," in *Persuasive 2010: Persuasive Technology* edited by T. Ploug et al. (Berlin: Springer, 2010), 82–93.

**62** Daniel Berdichevsky and Erik Neuenschwander, "Toward an Ethics of Persuasive Technology," *Technology Information Communications of the ACM* 42, no. 5 (May 1, 1999): 51.

**63** Bran Knowles, Benjamin Wohl, Paul Coulton, and Mark Lochrie, "'Convince Us': An Argument for the Morality of Persuasion," Lancaster University eprint.

**64** Victor Frankl, *Man's Search for Meaning* (Boston: Beacon, 2006), 66.

**65** 아이튠즈(iTunes) 앱 스토어의 PPLKPR에 대한 설명. 홍보 영상은 pplkpr.com에서 찾을 수 있다.

**66** Sophie Weiner, "This App Wants to Help You Get Rid of People Who Stress You Out," *Fast Company*, January 26, 2015. 다음도 참고하라. Sarah Buhr, "The pplkpr App Wants to Tell You Which Friends Are Better to Hang With," *Techcrunch*, January 19, 2015.

**67** Albert Camus, *The Fall*, translated by Justin O'Brien (New York: Vintage, 1991), 6.

**68** Rosalind W. Picard, "Affective Computing," MIT Media Laboratory Perceptual Computing Section Technical Report No. 321 (1995); 다음도 참고하라. Rosalind Picard, *Affective Computing* (Cambridge, MA: MIT Press, 1997).

**69** Raffi Khatchadourian, "We Know How You Feel," *New Yorker*, January 19, 2015.

**70** Joseph Weizenbaum, *Computer Power and Human Reason: From Judgment to Calculation* (New York: W. H. Freeman, 1976), 270.

## 6장

**1** J. David Goodman, "Mystery Deepens as Staten Island Woman's Body Is Returned from Turkey," *New York Times*, February 8, 2013, A22; Sebnem Arsu and J. David Goodman, "Man Says He Killed Tourist after She Rejected Kiss," *New York Times*, March 19, 2013, A24.

2   Geetika Rudra, "Lake Tahoe Hikers Taking Too Many Dangerous Bear Selfies," *ABC News*, October 26, 2014.

3   Ford Newsroom, "Ford Launches Icon50 to Celebrate Mustang Influence on Pop Culture, Rekindle Americans' Sense of Adventure," press release, October 1, 2014.

4   Robert M. Sapolsky, *Why Zebras Don't Get Ulcers*, 3rd ed. (New York: Holt, 2004), 351.

5   Ilan Stavans and Joshua Ellison, "Reclaiming Travel," *New York Times*, July 8, 2012.

6   David Roberts, "When GPS Leads to SOS," *New York Times*, August 14, 2012, A19. 다음도 참고하라. David Roberts, "Exploits, Now Not So Daring," *New York Times*, September 16, 2011, A29.

7   Paul Theroux, *The Tao of Travel: Enlightenments from Lives on the Road* (New York: Houghton Mifflin Harcourt, 2011), 5, 145–46.

8   Michael Gadd, "How a Family Uses Social Media During a Week's Holiday," *Daily Mail*, October 13, 2014.

9   Dervla Murphy, "First, Buy Your Pack Animal," *Guardian*, January 2, 2009.

10  Paul Salopek, "A Stroll Around the World," *New York Times*, November 24, 2013, SR1. Follow Salopek's journey at "Out of Eden Walk," *National Geographic* website.

11  Oliver Burkeman, "How Google and Apple's Digital Mapping Is Mapping Us," *Guardian*, August 28, 2012.

12  Emily Brennan, "Caterina Fake, of Flickr and Findery, on Creating Wonder," *New York Times*, December 8, 2013, TR3; Brian Patrick Eha, "Caterina Fake's Findery Aims to Be an Adventure Machine," *Entrepreneur*, April 3, 2013.

13  Susan Sontag, *On Photography* (New York: Picador, 1977), 9.

14  Nick Bilton, "A Camera of Daredevils Gains Appeal," *New York Times*, October 22, 2012, B1.

15  Farhad Manjoo, "Instagram Goes Beyond Its Gauzy Filters," *New York Times*, June 5, 2014, B1.

16  T. M. Brown, "How Instagram Is Eating Dining," *Fast Company*, August 14, 2017.

17  Wendell Berry, "The Vacation," in *New Collected Poems* (Berkeley: Counterpoint, 2012).

18  Alexandra Molotkow, "New Feelings: Reality Disappointment," *Real Life*, November 8, 2021.

19  Ari N. Schulman, "GPS and the End of the Road," *New Atlantis*, Spring 2011.

20  Simon Bainbridge, "Photo Opportunities," *British Journal of Photography* 157 (October 2010): 19–26.

21  Oliver Wendell Holmes, "The Stereoscope and the Stereograph," *Atlantic* (June 1859).

22 Bernd Stiegler, *A History of Armchair Travel*, translated by Peter Filkins (Chicago: University of Chicago Press, 2010), 110.

23 Kevin Sintumuang, "A Digital Odyssey," *Wall Street Journal*, July 2, 2011.

24 "10 Things You've Never Been Able to Do on a Cruise Ship Before," Royal Caribbean Cruises, press release, August 25, 2014.

25 Elizabeth Bishop, "Questions of Travel," in *Elizabeth Bishop: Poems, Prose, and Letters* (New York: Library of America, 2008), 74.

26 Paul Klee, *Creative Confession and Other Writings* (London: Tate Gallery Act Editions, 2014), 10.

27 Stephanie Rosenbloom, "A Museum of Your Own," *New York Times*, October 12, 2014, TR1.

28 Aldous Huxley, *Collected Essays* (New York: Harper & Brothers, 1958), 97.

29 Jennifer L. Roberts, "The Power of Patience," *Harvard Magazine*, November–December 2013: 40–43.

30 John Berger, *Ways of Seeing* (London: BBC/Penguin, 1972), 19–20.

31 Jean Renoir, *Renoir: My Father* (New York: New York Review of Books, 2001), 58.

32 Philippe de Montebello and Martin Gayford, *Rendez-Vous with Art* (New York: Thames and Hudson, 2014).

33 Roberts, "The Power of Patience," 43.

34 Holland Cotter, "Just Being. There," *New York Times*, March 19, 2015, F1.

35 "Happy Museum-Selfie Day," artinfo.com, blog post, January 22, 2014; Gideon Bradshaw, "Jay Z Takes an Iconic Selfie at the Warhol Museum," *Pittsburgh Magazine*, January 23, 2014.

36 Deborah Solomon, "Hey 'Starry Night,' Say 'Cheese!,'" *New York Times*, September 29, 2013, SR5.

37 Linda A. Henkel, "Point-and-Shoot Memories: The Influence of Taking Photos on Memory for a Museum Tour," *Psychological Science* 25, no. 2 (2014): 396–402. 다음도 참고하라. Julia S. Soares and Benjamin C. Storm, "Does Taking Multiple Photos Lead to a Photo-Taking-Impairment Effect?," *Psychonomic Bulletin and Review* 29 (July 2022): 2211–18.

38 Simon Bowen and Daniela Petrelli, "Remembering today tomorrow: Exploring the human-centered design of digital mementos," *International Journal of Human-Computer Studies* 69, no. 5 (May 2011): 324–37.

39 이후 구절들은 다음 글에 쓰였다. The passages that follow draw on Christine Rosen,

"The Image Culture," *New Atlantis* (Fall 2005), and Christine Rosen, "The Age of Egocasting," *New Atlantis* (Fall 2004–Winter 2005).

**40** *Encyclopedia of Nineteenth-Century Photography*, edited by John Hannavy (New York: Routledge, 2013), 671.

**41** Oliver Wendell Holmes, "The Stereoscope and the Stereograph," *Atlantic*, June 1, 1859.

**42** Charles Baudelaire, "Salon of 1859," *Revue Française*, June 10–July 20, 1859. 다음도 보라. Charles Baudelaire, *The Mirror of Art*, edited and translated by Jonathan Mayne (London: Phaidon, 1955).

**43** Sontag, *On Photography*.

**44** Walter Benjamin, "The Work of Art in the Age of Mechanical Reproduction," in *Illuminations: Essays and Reflections*, edited by Hannah Arendt (New York: Schocken, 1968), 217–42.

**45** Jed Perl, "Googled," *New Republic*, February 16, 2011.

**46** Judith H. Dobrzynski, "High Culture Goes Hands-On," *New York Times*, August 11, 2013, SR1.

**47** Steve Lohr, "Museums Morph Digitally," *New York Times*, October 26, 2014, F1.

**48** Fred A. Bernstein, "Technology That Serves to Enhance, Not Distract," *New York Times*, March 21, 2013, F26.

**49** Lohr, "Museums Morph," F1.

**50** Stephen Kaplan, Lisa V. Bardwell, and Deborah B. Slakter, "The Restorative Experience as a Museum Benefit," *Journal of Museum Education* 18, no. 3 (Fall 1993): 15–18.

**51** Daniel Fujiwara, "Museums and Happiness: The Value of Participating in Museums and the Arts," Happy Museum Project, April 2013.

**52** Judith H. Dobrzynski, "My Experience With, and Rationale For, 'Experience Museums,'" artinfo.com, blog post, August 13, 2013.

**53** Theodore Adorno, *Minima Moralia: Reflections from Damaged Life* (New York: Verso, 1974), 216.

**54** *New York Times Magazine*, February 23, 2014, 35.

**55** "A Little Look at a Big Year," Google Year in Search pamphlet, 2014.

**56** Richard Kearney, "Losing Our Touch," *New York Times*, August 31, 2014, SR4.

**57** Joseph Price, Rich Patterson, Mark Regnerus, and Jacob Walley, "How Much More XXX is Generation X Consuming? Evidence of Changing Attitudes and Behaviors Related to Pornography Since 1973," *Journal of Sex Research* 53, no. 1 (2016): 12–20.

**58** Rob Henderson, "Shut Up and Drive," *Free Press*, April 17, 2023.

59 Davy Rothbart, "He's Just Not That into Anyone," *New York*, January 30, 2011.

60 Siobhan Rosen, "Dinner, Movie, and a Dirty Sanchez," *GQ*, February 2012.

61 E. J. Dickson, "Sex Doll Brothels Are Now a Thing. What Will Happen to Real-Life Sex Workers?," *Vox*, November 26, 2018.

62 Jonathan Liew, "All Men Watch Porn, Scientists Find," *Telegraph*, December 2, 2009.

63 다음에서 인용했다. Nicholas Carr, *The Glass Cage: Automation and Us* (New York: W. W. Norton, 2014), 161.

64 Abigail Haworth, "Why Have Young People in Japan Stopped Having Sex?," *Guardian*, October 20, 2013.

65 Soylent website.

66 Farhad Manjoo, "The Soylent Revolution Will Not Be Pleasurable," *New York Times*, May 29, 2014, B1.

67 https://www.amazon.com/Soylent-Chocolate-Protein-Replacement-Bottles/dp/B08H6FB43L/ref=sr_1_5 (2024년 1월 31일 현재. 고객 리뷰 목록 맞은편의 문단을 참조하라).

68 Lizzie Widdicombe, "The End of Food," *New Yorker*, May 12, 2014.

69 Patricia Storace, "Seduced by the Food on Your Plate," *New York Review of Books*, December 18, 2014.

70 John O'Ceallaigh, "Is This the Most Expensive Restaurant in the World?," *Telegraph*, April 23, 2014.

71 Rob Horning, "Dummy Discards a Heart," *New Inquiry*, May 22, 2012.

72 Ken Belson, "Going to the Game, to Watch Them All on TV," *New York Times*, September 15, 2013, A1.

73 Tim Heffernan, "The Deer Paradox," *Atlantic*, October 24, 2012.

74 Sarah Portlock, "Birders Use Smartphones to Play Bird Songs," *Wall Street Journal*, January 3, 2014.

75 Robert Nozick, *Anarchy, State, and Utopia* (New York: Basic Books, 2013), 42–45.

76 Ian Kerr, "Review of Delete," *Surveillance and Society* 8, no. 2 (2010): 261–64.

77 Christopher Bonanas, "It's Polaroid's World, We Just Live in It," *Wall Street Journal*, November 9, 2012.

78 Stanley Milgram, "The Image Freezing Machine," in *The Individual in a Social World* (New York: Addison-Wesley, 1977).

79 Peter-Paul Verbeek, *Moralizing Technology: Understanding and Designing the Morality of Things* (Chicago: University of Chicago Press, 2011), 142.

80  Dwight Macdonald, "The Triumph of the Fact," in *Masscult and Midcult*, edited by Louis Menand (New York: New York Review of Books, 2011), 231, 233, 235.

81  Robert Lane Green, "Facebook: Like?," *Intelligent Life*, May–June 2012.

82  Thomas Merton, *The Monastic Journey* (Collegeville, MN: Cistercian Publications, 1992), 75.

83  Evgeny Morozov, *To Save Everything, Click Here* (New York: Public Affairs, 2013), 270–72.

84  "An Inside Room with a View," Royal Caribbean website.

85  Sue Thomas, "Technobiophilia," *Aeon*, September 24, 2013.

86  Mark Slouka, *Essays from the Nick of Time: Reflections and Refutations* (Minneapolis: Graywolf Press, 2010), 78.

87  Aldous Huxley, "Meditation on El Greco," in *Collected Essays* (New York: Harper & Brothers, 1958), 150, 144, 377–78.

## 7장

1  Joseph Mitchell, *McSorley's Wonderful Saloon* (New York: Pantheon, 2001).

2  Dan Barry, "Dust Is Gone above the Bar, but a Legend Still Dangles," *New York Times*, April 7, 2011, A19.

3  Yi-Fu Tuan, *Space and Place: The Perspective of Experience* (Minneapolis: University of Minnesota Press, 1977), 136, 54.

4  James Joyce, *Finnegans Wake* (London: Faber and Faber, 1975), 124.

5  Scott Morrison, "Google CEO Envisions a Serendipity Engine," *Wall Street Journal*, September 29, 2010.

6  Nicholas Carr, "The Industrialization of the Ineffable," *Rough Type*, January 3, 2012.

7  Apple website.

8  Jeff Parsons, "Mark Zuckerberg Announces Wireless Oculus Rift Headset," *Daily Mirror*, October 7, 2016.

9  Joshua Meyrowitz, *No Sense of Place: The Impact of Electronic Media on Social Behavior* (Oxford: Oxford University Press, 1986), viii.

10  Ray Oldenburg, *The Great Good Place* (New York: DaCapo, 1989).

11  Roland Kelts, "Private Worlds," *Adbusters* 86 (November–December 2009).

12  Daisuke Inoue and Robert Scott, "Voice Hero: The Inventor of Karaoke Speaks," *Off the Map* 1, no. 4 (October 2013).

13  Edward T. Hall, *The Silent Language* (New York: Anchor, 1990), 161.

**14** Charles M. Blow, "Friends, Neighbors, and Facebook," *New York Times*, June 12, 2010, A21.

**15** Leslie Davis and Kim Parker, "A Half-Century after 'Mister Rogers' Debut, 5 Facts about Neighbors in U.S.," Pew Research Center, August 15, 2019.

**16** 시카고대학교 NORC에서 수행한 연구.

**17** "Our Epidemic of Loneliness and Isolation: The U.S. Surgeon General's Advisory on the Healing Effects of Social Connection and Community," 2023.

**18** Juana Summers, Vincent Acovino, Christopher Intagliata, and Patrick Wood, "America Has a Loneliness Epidemic. Here Are 6 Steps to Address It," *All Things Considered*, National Public Radio, May 2, 2023.

**19** Oldenburg, *Great Good Place*, 24–25.

**20** "What Is Google Lens?," Google website.

**21** Wallace Stevens, *The Necessary Angel: Essays on Reality and the Imagination* (New York: Vintage, 1965), 18.

**22** Bruce Jennings, "In Place," *Minding Nature* 5, no. 1 (May 2012).

**23** William H. Whyte, *The Social Life of Small Urban Spaces* (New York: Project for Public Spaces, 1980). 영화는 유튜브에서 볼 수 있다. 다음도 참조하라. Christine Rosen, "Technology, Mobility, and Community," in *Localism in the Mass Age*, edited by Mark T. Mitchell and Jason Peters (Eugene, OR: Front Porch Republic, 2018): 243–49; Christine Rosen, "The New Meaning of Mobility," in *Why Place Matters: Geography, Identity, and Civic Life*, edited by Wilfred M. McClay and Ted V. McAllister (New York: New Atlantis, 2014), 180–87.

**24** Matt Alt, "The Walkman, Forty Years On," *New Yorker*, June 29, 2020.

**25** Keith N. Hampton, Oren Livio, and Lauren Sessions Goulet, "The Social Life of Wireless Urban Spaces: Internet Use, Social Networks, and the Public Realm," *Journal of Communication* 60, no. 4 (December 2010): 701–22.

**26** Megan Gambino, "How Technology Makes Us Better Social Beings," *Smithsonian*, July 10, 2011.

**27** John Freeman, "Not So Fast," *Wall Street Journal*, August 21, 2009.

**28** Richard Sennett, *The Fall of Public Man* (New York: W. W. Norton, 1992), 222.

**29** Sherry Turkle, "A Conversation with Sherry Turkle," *Hedgehog Review* 14, no. 1 (Spring 2012).

**30** Virginia Sole-Smith, "Let's Get Together and Feel Alright," *Real Simple*, April 2015, 195–99.

31    Sole-Smith, "Let's Get Together."

32    David Sax, "Why Strangers Are Good for Us," *New York Times*, June 17, 2022, A24. 다음도 참조하라. Gillian M. Sandstrom and Elizabeth W. Dunn, "Social Interactions and Well Being: The Surprising Power of Weak Ties," *Personality and Social Psychology Journal* 40, no. 7 (July 2014).

33    Erving Goffman, *Relations in Public: Microstudies of the Public Order* (New York: Basic Books, 1971), 238.

34    Jackson Toby, "Some Variables in Role Conflict Analysis," *Social Forces* 30 (1962): 323–37.

35    Hisashi Murakami, Claudio Feliciani, Yuta Nishinari, and Katsuhiro Nishinari, "Mutual Anticipation Can Contribute to Self-Organization in Human Crowds," *Science Advances* 7, no. 12 (March 17, 2021). 다음도 참고하라. Matt Simon, "People Who Text While Walking Actually Do Ruin Everything," *Wired*, March 17, 2021.

36    Erving Goffman, *Interaction Ritual: Essays on Face to Face Behavior* (New York: Pantheon, 1982), 58, 48–49.

37    Sennett, *Fall of Public Man*, 264.

38    Drew Austin, "Always In," *Real Life*, June 3, 2019.

39    Exhibition catalogue, *Alberto Giacometti: A Retrospective Exhibition* (New York: Praeger and the Solomon R. Guggenheim Museum, 1974), 31.

40    Ian Leslie, "In Search of Serendipity," *Intelligent Life*, January–February 2012.

41    Will Doig, "Science Fiction No More: The Perfect City Is Under Construction," *Salon*, April 28, 2012.

42    Steven Johnson, "Anatomy of an Idea," *Medium*, December 14, 2011.

43    Anthony Daniels, "Loss and Gain," *New Criterion*, November 2012.

44    Mark Vernon, "The Return of Virtue Ethics," Big Questions Online, January 25, 2011.

45    Oldenburg, *Great Good Place*, 47.

46    Greg Lindsay, "Engineering Serendipity," *New York Times*, April 7, 2013, SR12.

47    Oldenburg, *Great Good Place*, 85, 296.

48    Walt Whitman, *Leaves of Grass* (New York: Modern Library, 1993).

49    Erin Griffith, "The Silicon Valley Elite Who Want to Build a City from Scratch," *New York Times*, August 25, 2023.

50    Eudora Welty, *On Writing* (New York: Modern Library, 2002), 54.

## 에필로그

**1**  2024년 2월 보도자료. "휴메인은 지능 시대를 위한 기술과 플랫폼을 만드는 경험 기업입니다. AI를 이용한 상황 인식은 신뢰와 프라이버시를 기반으로 구축됩니다. 휴메인은 친숙하고 자연스럽고 인간적인 느낌을 주는 기술의 미래를 믿습니다."

**2**  Niccolo Soldo, "The Dubrovnik Interviews—Marc Andreessen, Interviewed by a Retard," *Fisted by Foucault*, Substack, May 31, 2021.

**3**  Frank Hindriks and Igor Douven, "Nozick's Experience Machine: An Empirical Study," *Philosophical Psychology* 31, no. 2 (2018): 278–98.

**4**  Wendell Wallach, "Who Ultimately Will Have the Upper Hand? Machines or Humans?," *Washington Post*, January 8, 2016.

**5**  Jess Joho, "TikTok's algorithms knew I was bi before before I did. I'm not the only one," *Mashable*, September 18, 2022.

**6**  Meera Navlakha, "Why Have Some People Stopped Using BeReal?," *Mashable*, February 23, 2023.

**7**  Bryce Ward, "Americans Are Choosing to Be Alone. Here's Why We Should Reverse That," *Washington Post*, November 23, 2022.

**8**  Adrian J. Rivera and Patrick Healy, "We Asked 11 Americans Why It's So Difficult to Trust One Another," *New York Times*, June 15, 2023.

**9**  Ariel Kaminer and Adrian J. Rivera, "Listen to Us. What These 12 Kids Want Adults to Know," *New York Times*, March 21, 2023.

**10**  "The Common Sense Census: Media Use by Tweens and Teens, 2021," *Common Sense Media*, March 9, 2022.

**11**  "The TikTok Challenge: Curbing Social Media's Influence on Young Minds," Reboot Foundation, May 2023.

**12**  Lewis Mumford, *Technics and Civilization* (New York: Harcourt Brace, 1963), 283.

**13**  Isabella Paoletto, "What Killed Penmanship?," *New York Times*, March 24, 2023.

**14**  Teju Cole, "A Visual Remix," *New York Times Magazine*, April 19, 2015, 20. 다음도 보라. Erik Kessels, "24 Hours in Photos," erikkessels.com.

**15**  Nellie Bowles, "Human Contact as a Luxury Good," *New York Times*, March 24, 2019, SR1.

**16**  Janie Hahr, "California Man Learns He's Dying from Doctor on Robot Video," Associated Press, March 18, 2019.

**17**  Adrienne Matai, "The Contest over Our Data after We Die," *New York Times*, July 25, 2021, ST10. 다음도 참고하라. Patrick Stokes, *Digital Souls: A Philosophy of Online*

*Death* (London: Bloomsbury Academic, 2021).

**18** Farhad Manjoo, "A Carousel of Memories, with Google at the Controls," *New York Times*, November 15, 2018, B6.

**19** Ian Sample, "If They Could Turn Back Time: How tech billionaires are trying to reverse the ageing process," *Guardian*, February 17, 2022.

# The Extinction
## of Experience

# 경험의 멸종

초판 1쇄 발행 2025년 5월 20일
초판 3쇄 발행 2025년 6월 13일

**지은이** 크리스틴 로젠
**옮긴이** 이영래
**발행인** 김형보
**편집** 최윤경, 강태영, 임재희, 홍민기, 강민영, 송현주, 박지연, 김아영
**마케팅** 이연실, 송신아, 김보미, 김민경 **디자인** 송은비 **경영지원** 최윤영, 유현

**발행처** 어크로스출판그룹(주)
**출판신고** 2018년 12월 20일 제 2018-000339호
**주소** 서울시 마포구 동교로 109-6
**전화** 070-5080-4038(편집) 070-8724-5877(영업) **팩스** 02-6085-7676
**이메일** across@acrossbook.com **홈페이지** www.acrossbook.com

한국어판 출판권 ⓒ 어크로스출판그룹(주) 2025

ISBN 979-11-6774-206-3 03300

**만든 사람들**
**편집** 강민영 **교정** 윤정숙 **표지디자인** [★]규 **본문디자인** 송은비 **조판** 정은정